BASTEI
LÜBBE

Gewidmet meinem Sohn
Wolfram Michael
der, obschon seinerzeit erst vier Jahre alt,
ein Reisebegleiter war,
wie ich mir keinen besseren hätte wünschen können.

Wolfram zu Mondfeld

WIKING-FAHRT 2

Kultur-Reiseführer Schweden, Gotland, Öland

BASTEI LÜBBE

BASTEI-LÜBBE-TASCHENBUCH
Band 60 213

Lizenzausgabe: Gustav Lübbe Verlag GmbH,
Bergisch Gladbach
Printed in West Germany, Juli 1988
Einbandgestaltung: Dieter Kreuchauff
Titelfoto: BAVARIA
Layout: Wolfram zu Mondfeld
Satz: Kremer-Druck-Hartegasse GmbH, Lindlar
Druck und Bindung: Clausen & Bosse
ISBN 3-404-60213-7

Der Preis dieses Bandes versteht sich einschließlich
der gesetzlichen Mehrwertsteuer

Inhalt

Einführung

Die Wikinger.

Das Bild, das bei Nennung dieses Namens vor unserem geistigen Auge aufsteigt, dürfte, mit gewissen persönlichen Varianten, recht ähnlich sein:
Große, muskelbepackte, flachs- oder rothaarige Kerle, gehüllt in Felle und Kettenpanzer, Büffelhörner oder Adlerschwingen auf den Helmen. Mit grimmig verzerrten Gesichtern reißen sie an ihren Riemen. Peitschen ihre mit wilden Drachenköpfen geschmückten Schiffe einer friedlichen Küste entgegen. Springen brüllend und heulend von Bord. Fallen über Dörfer und Städte her. Plündern, rauben, morden, vergewaltigen, brennen, zerstampfen Kulturen. Und wenn sie abziehen, bleiben nur Leichen und rauchende Trümmer zurück.
Das Bild ist unbestreitbar richtig.
Und das Bild ist unbestreitbar falsch.
Es ist eine – aber eben nur eine! – Seite der Wikinger, der Nordgermanen, der Germanen schlechthin.
Über ethische Wertbegriffe kann man ebensowenig streiten wie über alles, was der Mode unterworfen ist. Ärgerlich ist nur, daß es manche Historiker nicht lassen können, sich aus dem Blickwinkel ihrer eigenen Mode-Ethik höhnisch lächelnd oder selbstgerecht moralisierend über andere Zeiten zu erheben. Für den Wikinger waren Kampf, Raub, Mord, Totschlag und Plünderung zu Land und zu Wasser »Gut Ding«, auf »Wiking-Fahrt« zu gehen moralisches und gesellschaftliches Muß, im Kampf zu fallen der einzig würdige Abschluß des Lebens.

Sie lehrten Europa beten: »A furore Normannum libera nos Domine!« – »Vor der Raserei der Nordmänner, rette uns o Herr!« Und sie waren nach den Römern die größte staatengründende Nation der Weltgeschichte.

Da war keine Küste, die nicht wieder und wieder von Überfällen heimgesucht worden wäre. Kein Meer, kein Fluß, die von den Drachenschiffen nicht unsicher gemacht wurden. Paris, Xanten und Worms wurden geplündert. Aachen, Mainz und Lissabon erobert und niedergebrannt. Neapel, Palermo und Bari erstürmt und besetzt. Nantes, London und Metz mußten sich freikaufen um hohes Lösegeld. Dublin und Hamburg wurden dem Erdboden gleichgemacht. Bremen verwüstet. Bonn und Köln gebranndschatzt. Rom gestürmt und geplündert. Das mächtige Byzanz belagert und um hohes Lösegeld erpreßt.

Und die Anführer dieser Horden verwegener Seefahrer und unbezwingbarer Eroberer führten Namen, die allein schon genügten, um ihnen – außer etwas Gutem – so ziemlich alles zuzutrauen: Harald Blauzahn (Blåtand), Erek der Rote, Robert der Teufel, Ivar der Knochenlose, Gorm Maske (Grimme), Björn Eisenseite, Harald der Harte (Hårdråde) oder Robert Schlaukopf, Olav Krähenbein, Gunnlaug Schlangenzunge, Halvdan der Schwarze, Harald Kampfzahn (Hiltetand), Thord Pferdekopf und Erik Blutaxt.

Sie brachen aus Reliquienschreinen die Edelsteine, schmolzen silberne Altarleuchter ein, soffen bei ihren Siegesfeiern aus Meßkelchen.

Und sie hatten einen eigenen hochgezüchteten (Broa/Oseberg, Borre, Jelling, Mammen, Ringerike), schließlich gar überzüchteten (Urnes) Kunststil.

Sie eroberten.

Und sie glichen sich geradezu verblüffend den Unterworfenen an. Übernahmen Sitten, Trachten, Gebräuche. Assimilierten klanglich sogar ihre Namen – aus einem Thorstein wurde ein Turstin, aus einem Ingvar ein Ivo, Yves, Ivar, Igor oder Ivan.

Und doch blieben sie die Herren. Überall, wo sie hinkamen.

Und sie waren gebildet.

Erheblich mehr gebildet als die Menschen aus dem Kreis des doch so hoch gerühmten Imperium Romanums.
Denn unter den Wikingern scheint es kaum Analphabeten gegeben zu haben. Im Gegenteil! Es gab eine offenbar sehr breite Schicht, die nicht nur des Lesens kundig war (sh. RUNEN und RUNENSTEINE), sondern auch eine formal ausgefeilte und hochkomplizierte Dichtkunst zu beurteilen und zu schätzen wußte, am Entschlüsseln von Kenningar (sh. KARLEVI), Zahlen- und Buchstabenrätseln (sh. RÖK) ihren ausgesprochen hohen intellektuellen Spaß hatte.
Die Wikinger: Objektiv, und nicht durch eine irgendwie geartete ideologische Brille gesehen, sind sie die Prototypen der Germanen mit all ihren positiven wie negativen Eigenheiten: Individualistisch, versponnen, rauflustig, sensibel, rücksichtslos, pragmatisch, künstlerisch, herrschsüchtig, irrational ...
Wäre es nicht die Lieblingsbeschäftigung aller Wikinger gewesen, sich gegenseitig totzuschlagen – denn nur der Nordlandheld war dem Nordlandhelden ein wirklich ebenbürtiger Gegner –, Europa wäre nicht von einer griechisch-römisch-christlichen Kultur geprägt worden, sondern von einer heidnisch-germanischen.
Dort, wo heute die Kathedrale von Chartres steht, ragte ein – künstlerisch vielleicht kaum weniger vollkommener – Tempel der Freja; und auf dem Vatikanischen Hügel in Rom stünde ein möglicherweise nicht weniger imposantes – Heiligtum des Wodan oder Thor. Vielleicht wäre Europa aber auch von Afrikanern oder Chinesen besiedelt, weil sich die germanischen Helden längst in bardenbesungenen Holmgängen gegenseitig ausgerottet hätten.
Der Norden Europas – zumal Schweden mit seinen Inseln Gotland und Öland –, bewahrt zahllose zivilisatorische und kulturelle Monumente der Wikinger und ihrer Vorfahren aus Eisen-, Bronze- und Steinzeit auf.
Dieses Buch will ein Führer sein zu den wichtigsten Stätten jener Epochen.
Hofhegnenberg, im Frühjahr 1986 *Wolfram zu Mondfeld*

Das Buch

Auswahl

Das vielleicht größte Problem, dem ich mich beim Schreiben dieses Buches gegenübersah, war die Auswahl der Objekte, die hier mehr oder minder ausführlich erwähnt oder beschrieben werden sollen.
Natürlich gibt es eine ganze Reihe von Monumenten, die ein schlichtes »Muß« in solch einem Buche sind: das Danewerk bei Schleswig, die Grabhügel von Jelling, das Oseberg- und Gokstadschiff, das Grabfeld von Lindhol Høj, die Stabkirche von Borgund und etliches mehr.
Natürlich hätte ich mir die Sache leicht machen können, indem ich mich auf eben diese mehr oder minder bekannten und berühmten Objekte beschränkt hätte, doch damit hätte ich das Ziel dieses Buches – zumindest so, wie ich es verstanden habe – gründlich verfehlt, war es doch meine Absicht, dem Interessierten auch jene Dinge vorzustellen, die außerhalb der obligaten Tourismuswege liegen.
Hier aber begann die Schwierigkeit, denn die Menge der Objekte ist ungeheuer.
Ein paar Zahlen mögen dies verdeutlichen: Reste von vor- und frühgeschichtlichen Befestigungsanlagen gibt es in Skandinavien über tausend, Runensteine 2000 bis 3000, Grabhügel der verschiedensten Epochen gut ebenso viele, Felszeichnungen weit über 4000, und allein an Bildsteinen der vergleichsweise kleinen Insel Gotland wurden bislang 416 Stück registriert . . .

Auch nur eine Aufzählung aller vor- und frühgeschichtlichen Funde und Monumente würde Bände füllen.
Auswahl war also unumgänglich.
Vielleicht darf ich Ihnen an einem Beispiel erläutern, wie ich dabei vorging: Die Karte unten zeigt einen Ausschnitt des Gebietes um Rickeby, südöstlich von Enköping, und jeder der fast 200 schwarzen Punkte markiert die Fundstelle von bronzezeitlichen Felszeichnungen. Herausgegriffen habe ich schließlich drei: Boglösa, Brandkogen und Rickeby. Boglösa ist ausgesprochen typisch in Stil und dargestellten Dingen (Schiff, Dorf-Kreis, Kultaxt, Viehherde) ebenso Rickeby, wo noch auffallend viele »Fußspuren« hinzukommen. Letzteres verfügt aber auch über ein großes, bislang ungedeutetes Zeichen, das als »Stuhl« oder »Segel« angesprochen wird. Beide Felsplatten haben zudem den Vorzug, leicht auffindbar und gut zugänglich zu sein. Das genaue Gegenteil ist die Branskog-Platte, auch was die Zugänglichkeit betrifft, mit ihrer bekannten und ausgesprochen atypischen Bootsdarstellung. Und auch das zweite Schiff dieser Platte ist dank seiner errechenbaren Originalgröße von gut 40 Metern auffallend.
Die für das Buch ausgewählten drei Felszeichnungen zeigen also einerseits das Typische, andererseits das Besondere der Hällristningar jener Gegend.
Und dies waren meine wichtigen Auswahlkriterien:

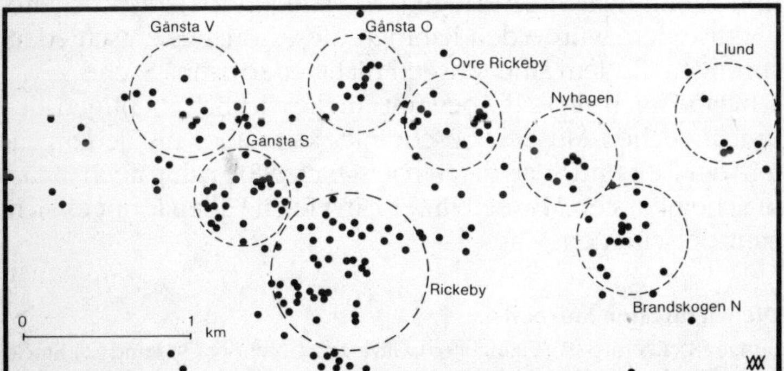

Berühmtes: Wurde in jedem Falle angeführt; auch Berühmtes, das aufzusuchen nicht lohnt, wie etwa die Wikingerfestungen von Aggersborg und Nonnebakken.
Typisches: Hier war die Auswahl oft am schwersten zu treffen. Eine hohe Zahl charakteristischer Merkmale, leichte Auffindbarkeit und Erreichbarkeit haben da oft eine entscheidende Rolle gespielt, nicht jedoch ästhetische Gesichtspunkte, wie z. B. beim Runenstein von Adala.
Historisch und kulturell Wichtiges: Wurde ebenfalls in jedem Fall in das Buch aufgenommen.
Schönes: Der Runenstein von Nasta etwa ist weder historisch noch kulturell sonderlich bedeutend, aber er ist einer der schönsten seiner Art, der durchaus den Weg lohn.
Besonderes: In vielen Fällen wurden auch von der Norm abweichende Objekte aufgeführt.
Am Wege liegendes: Wenn ein Runenstein, ein Grabhügel, eine Steinsetzung schon unmittelbar neben der Straße, die Sie auf dem Weg zu einem wichtigeren Objekt entlangfahren, steht, so sollte Ihnen auch darüber wenigstens kurz Aufschluß geboten werden, auch wenn es sich um kein Objekt handelt, das sonst in die obigen Kategorien eingereiht werden müßte.
Ein besonderes Problem stellten die Museen dar:
Tatsache ist, daß viele der kleineren und kleinen Provinz-, Heimat- und Ortsmuseen oft über erstaunliche Schätze der Vor- und Frühgeschichte verfügen. Sie alle jedoch entsprechend vorzustellen, würde den Rahmen dieses Buches entschieden sprengen. Zudem sind Museen nicht jedermanns Sache.
Ich habe mich also ganz bewußt auf die wirklich wichtigen, unumgänglichen Museen beschränkt, kann aber nur jedem raten, der Zeit und Spaß daran hat: schauen Sie ruhig auch in die unscheinbarsten Museen hinein, in vielen Fällen lohnt es sich ganz entschieden.

Die wichtigsten Museen:

Bunge (8), Eketorp (9), Enånger (6), Gävle (6), Göteborg (3), Lund (2), Stockholm (5), Uppsala (5), Visby (8).

Der Kulturkreis

Ursprünglich war das Buch »Wikingerfahrt« auf einen einzigen Band projektiert, der die »Stammlande« der Nordgermanen – Schleswig-Holstein, Dänemark, Norwegen und Schweden – umfaßte.
Doch als das Manuskript vorlag, stellte sich heraus, daß der geplante Umfang um das Doppelte überschritten war: ein Aufteilung des Themas in zwei Bände wurde unumgänglich!
Und damit steckte ich in einem Widerspruch mit mir selber:
Einerseits: Ich kaufe gerne und viele Bücher, aber ich lasse mich höchst ungern zum Kauf zwingen; mit anderen Worten, ich mag Bücher nicht, zu deren Verständnis ich einen weiteren Band benötige.
Andererseits: Wie immer ich den »Schnitt« legte, alphabetisch, zeitlich oder, wie nun geschehen, räumlich, die ungezählten Querverbindungen, die kulturelle Zusammengehörigkeit des Raumes ließ sich nicht auseinanderdividieren.
Ich habe das Problem nun so gelöst, daß ich in der Tat voneinander unabhängige Bücher zusammenstellte, das vorliegende über Schweden mit seinen Inseln Gotland und Öland, das andere über den Raum Dänemark, Norwegen und Schleswig-Holstein.
Jedes der beiden Bücher ist in sich abgeschlossen und bedingt nicht (!) Besitz oder Kenntnis des anderen Bandes!
Freilich konnte und wollte ich aber nicht die zahlreichen übergreifenden Kulturverbindungen zerreißen bzw. ignorieren, und so werden Sie in diesem Buch eine ganze Menge an Querverweisen auf den »Dänemark/Norwegen«-Band finden.
Keiner dieser Hinweise ist notwendig für das Grundverständnis des jeweiligen Objekts. Dieses Grundverständnis ist freilich, ich gebe das offen zu, manchmal kaum mehr als eine schematische Skizze, deren Feinheiten und Details mitunter erst die Ausführungen des anderen Bandes aufzuzeigen imstande sind. Als Beispiel denke ich da an die Schiffe: die gro-

ßen, bedeutenden Originalfunde – Hjortspring, Nydam, Oseberg, Gokstad, Ladby, Tune, Skuldelev – finden sich alle im Dänemark/Norwegen-Band, die schwedischen Funde von Björke, Galtabäck und Vendel sind dagegen eher unbedeutend. Die für die Entwicklung des Schiffbaues und der Seefahrt jedoch ebenso hochbedeutenden Hällristningar und Schiffssetzungen finden sich überwiegend im schwedischen Raum, ebenso wie die als Quelle gar nicht hoch genug einschätzbaren Schiffsdarstellungen auf den Bildsteinen Gotlands.
»Dk/N« vor einem Ortsnamen weist auf den Band »Dänemark – Norwegen – Schleswig-Holstein« hin.

Praktische Handhabung

Dieses Buch will – nicht ausschließlich, doch in erster Linie – ein Reiseführer sein.
So darf ich Ihnen kurz ein paar praktische Hinweise für die Handhabung dieses Buches geben.
Im ersten Teil finden Sie, alphabetisch geordnet, einige grundlegende Kapitel zu den verschiedenen Objekttypen, denen Sie begegnen werden. Da ich im zweiten Teil des Buches diese Kenntnisse voraussetze, wäre es zum Verständnis wohl angebracht, diese Kapitel – eventuell schon vor Antritt der Reise – einmal gründlich durchzulesen.
Im zweiten Teil finden Sie, wiederum alphabetisch geordnet, die Fund- und Standorte der verschiedenen Objekte. Hierzu wäre anzumerken, daß ich stets den »Fund-«, nicht den »Standort« als Stichwort verwendet habe. Der Standort wird in einer Unterzeile (so er sich vom Fundort unterscheidet) angegeben, und unter den Standorten (hauptsächlich Museen) werden die entsprechenden Fundorthinweise angeführt. Dies erscheint auf den ersten Blick vielleicht kompliziert, hat sich aber als die praktikabelste Lösung erwiesen.
Im dritten Teil finden Sie schließlich 9 Kartenskizzen mit allen

in diesem Buch aufgeführten Orten sowie, zur Orientierung, den wichtigsten Städten und Verkehrswegen.
Die im Objektteil nach den Ortsangaben in Klammern gesetzten Zahlen beziehen sich auf diese Kartenskizzen.
Die entsprechend den Zeitabschnitten verschieden gestalteten Zeichen machen es Ihnen dabei möglich, bei der Zusammenstellung einer Reiseroute genau jene Orte auszuwählen, an denen Sie die Dinge Ihres Interesses finden. Z. B.: Wenn Sie sich für die Wikinger begeistern, orientieren Sie sich an den Kreisen, im Falle der Bronzezeit an den Dreiecken usw.
Nach dem Vorbild des Baedecker habe ich die verschiedenen Objekte mit Sternchen ausgezeichnet.
Zum einen muß hierzu gesagt werden, daß natürlich gewisse persönliche Sympathien eine nicht unerhebliche Rolle spielten. Daß die Schiffe von Oseberg und Gokstad, die großen Museen von København, Oslo und Schleswig, der Fyrkat-Ringwall und etliche andere ihre drei Sterne bekommen mußten, war klar. Doch ob man dem Kultstein von Tirslund nun einen oder zwei Sterne geben sollte, das war oft eine Frage, die im Falle von Tirslund, da ich die Kultstätte nun einmal persönlich besonders beeindruckend finde, mit zwei Sternchen gelöst wurde.
Zum anderen muß gesagt werden, daß auch jene Objekte, die gar keinen Stern haben, deshalb keineswegs »minderwertig« sind, das verbot schon die grundsätzlich strenge Auswahl. Sie stehen nur, gemessen an anderen, eben erst an vierter Stelle.

Zur Wertigkeit der Sterne könnte man etwa so sagen:

*** *Das Objekt lohnt eine ganze Reise.*
** *Das Objekt lohnt einen größeren Umweg.*
* *Das Objekt lohnt einen kleineren Umweg.*

Und noch ein Zeichen muß erklärt werden:

◇ *Das Anfahren dieses Ortes lohnt nicht, da es dort nichts zu sehen gibt. Die Objekte befinden sich heute in der Regel in einem Museum.*

Zu den Abbildungen

Die verschiedenen Pläne und Kartenskizzen sind, so nicht anders angegeben, stets in Nord-Süd-Richtung ausgelegt.
Auf einigen der Fotos ist mein zur Zeit meiner großen »Nordlandreise« eben vierjähriger Sohn abgebildet – weniger aufgrund väterlichen Stolzes als wegen der Tatsache, daß er damals genau 100 Zentimeter maß und somit als Größenvergleich diente.

Touristische Anmerkungen

Das vorliegende Buch ist zwar ein Reise-, nicht aber ein Touristenführer.
Hinweise auf Hotels mit mehr oder minder vielen Sternen, Campingplätze oder Restaurants werden Sie hier also vermissen.
Was ich Ihnen hier anbieten kann und will, sind nur einige Grundinformationen:

Allgemein

Die Länder Skandinaviens sind keine Länder der Massen, sondern der Individualisten.
Höflichkeit, Rücksichtnahme und eine richtig verstandene Bescheidenheit sind gesellschaftliche Grundlagen, denen sich der Tourist anpassen muß, wenn er auf einen »grünen Zweig« kommen will.
Die Kenntnisse historischer Begebenheiten oder historischer Monumente sind in der einheimischen Bevölkerung erschütternd gering. Daß man Leute trifft, die in Sichtweite eines vielleicht nur von einem Gehölz versteckten Runensteines oder einer Steinsetzung, von deren Existenz nicht die mindeste Ahnung haben, ist eher die Regel als die Ausnahme. Frauen (zumal ältere) sind gewöhnlich besser informiert als Männer, je-

doch selten in der Lage einen Weg exakt zu beschreiben. Im übrigen habe ich mit Touristikbüros gemischte, mit Pfarr- und Schulhäusern als Informationsquellen beste Erfahrungen gemacht.
Von der Sprache her kommt man in Dänemark noch ganz gut mit Deutsch, ansonsten auf jeden Fall mit Englisch durch.
Die Preise in Skandinavien sind generell hoch, nördlich von Oslo in Norwegen und Sundsvall in Schweden extrem – Hotels und Restaurants haben Preise, die einem Normalverdiener nur noch kalte Schauer über den Rücken jagen. Und was für Frischobst und Frischgemüse in diesen Gegenden verlangt wird, ist für den Selbstversorger – sprich Camper – ebenfalls an der Grenze des Zumutbaren.
Persönlich bin ich kein Camping-Freund, doch angesichts der Preise ist dies für den Normalverdiener die einzige Möglichkeit, diese Länder zu bereisen.
Vom Zelt sei, allenfalls mit Ausnahme von Dänemark und Südschweden mit Gotland und Öland, dringend abgeraten, wenn Sie nicht erfrieren wollen. Zwar steigt im Sommer das Thermometer vielfach auf recht angenehme Temperaturen – stellenweise selbst um Narvik, also beträchtlich jenseits des Polarkreises –, doch ein paar regnerische oder auch nur windige Tage (und mit denen müssen Sie immer rechnen) läßt dieses Thermometer schnell auf recht unerfreuliche Temperaturen zurückfallen.
Mit dem Wohnanhänger werden Sie in Dänemark und weitgehend auch in Schweden ganz gut durchkommen, keinesfalls aber in Norwegen (!). Und auch in Dänemark und Schweden würde ich vom Wohnanhänger eher abraten, denn viele der interessanten Objekte sind nur über kleine, enge und schlechte Nebenstraßen erreichbar, und da wird dann das Fahren und vor allem das immer wieder nötige Zurücksetzen zur puren Qual.
Das Wohnmobil (eher kleiner als größer) ist, meiner Erfahrung nach, das einzig sinnvolle Reisefahrzeug auf solch einer Nordlandfahrt, wohin immer Sie diese führen möge.

Eine Alternative ist das ganz normale Auto, wenn Sie in den Hütten (schwedisch »hydda« oder »stuga«, norwegisch »hytte«) absteigen, die auf vielen Campingplätzen vor allem im Norden angeboten werden. Es sind kleine, beheizbare Häuschen aus Holz gezimmert, mit Schlaf- und meist Kochgelegenheit für rund DM 30,– pro Nacht, bei denen einem ansonsten die Einrichtungen des Campingplatzes zur Verfügung stehen.
Zum Verkehr sei gesagt: Mit ganz wenigen Ausnahmen bestehen auf allen Straßen Skandinaviens Geschwindigkeitsbeschränkungen. Halten Sie sich eisern daran! Überschreitungen werden von der Polizei mit hohen Geldstrafen bis zum Entzug des Führerscheins geahndet!
Und wenn Sie schon einmal einen Fehler machen und Sie werden von der Polizei gestoppt: Seien Sie höflich, höflich, höflich! Dazu ein kleines persönliches Beispiel: Ich hatte mich in Kolding verfahren, landete schließlich auch noch verkehrt in einer Einbahnstraße und wurde prompt von der zunächst recht grimmigen Besatzung eines Streifenwagens gestoppt. Ich entschuldigte mich in aller Form und – bekam nicht nur keinen Strafzettel, sondern wurde von dem Streifenwagen sogar noch zu dem gesuchten Museum gelotst.
Die Straßen- und Ortsbeschilderungen sind, mit gewissen Ausnahmen in Dänemark, recht gut, vielfach finden sich aus dankenswerterweise auf den Parkplätzen Karten oder Tafeln mit touristischen Hinweisen.

Kunst- und kulturgeschichtliche Monumente sind in ganz Skandinavien vielfach mit dem nebenstehenden Zeichen gekennzeichnet und dort, wo längere Anmärsche zu Fuß notwendig sind, wurden auch die Wege markiert. Ferner sind oft Tafeln mit kurzen Einführungstexten aufgestellt – alles Dinge, die wir ruhig von den Skandinaviern lernen könnten! –, wobei leider zu beobachten ist, daß solche Markierungen und Tafeln, zumal in Schweden, recht häufig mutwillig beschädigt oder zerstört wurden.

Schweden

Menschen: Meine Erfahrungen mit Schweden sind gemischt, teilweise sehr angenehm, teilweise aber leider auch höchst unerfreulich; eine Tendenz zu Selbstgerechtigkeit, Überheblichkeit und Arroganz Ausländern gegenüber ist bedauerlicherweise vielfach nicht zu übersehen.
Straßen: Die Haupt-, aber auch viele Nebenstraßen sind breit, bequem und geteert. Achtung! An Sonntagen öffnen die allermeisten Tankstellen erst am späten Nachmittag. Vor allem, wenn Sie längere Strecken fahren wollen, ist es ratsam, den Tank sofort nachzufüllen, wenn sich eine offene Tankstelle findet.
Hotels: Eher teuer, im Süden etwas preiswerter, im Norden teilweise extrem teuer; die Leistung entspricht im allgemeinen dem geforderten Preis.
Campingplätze: Sehr unterschiedlich, teilweise großzügig angelegt und sauber, teilweise freilich auch ausgesprochen schmuddelig. Die komfortableren Einrichtungen sind oft den schwedischen Campingclubmitgliedern vorbehalten und für Ausländer gesperrt, wozu auch etliche sehr schöne Kinderspielplätze gehören – und dann machen Sie einmal einem Vierjährigen klar, weshalb da andere Kinder spielen dürfen und er nicht! Hütten sind in Mittel- und Nordschweden häufig, im Süden selten.

Gotland und Öland

Menschen: Wie viele Inseln und Inselbewohner ihren ganz eigenen, vom zugehörigen Festland oft recht verschiedenen Charakter haben, so auch Gotland und Öland, die in Mentalität

und Stil weit mehr mit Dänemark gemein haben als mit Schweden (was kein Schaden ist!).
Straßen: Die Straßen sind in der Regel nicht übermäßig breit, jedoch gut im Zustand und bequem zu befahren.
Hotels: Vor allem in der Saison eher teuer. Beide Inseln sind stark auf Tourismus eingestellt, mit den dafür typischen Folgen in positiver wie negativer Hinsicht.
Campingplätze: Im allgemeinen sehr sauber und ordentlich. Hütten sind so gut wie unbekannt.

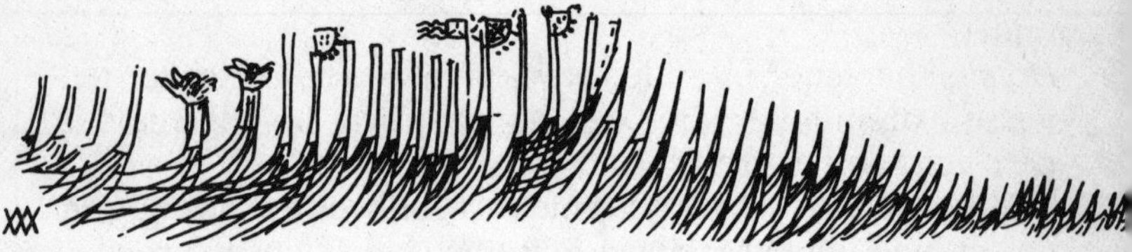

Die Objekte

Bautasteine

Generell werden in Skandinavien jene Steine ohne Inschriften und Bilder, die als Gedenk- und/oder Grabsteine errichtet wurden, als Bautasteine bezeichnet.
Zwar würde man eigentlich vermuten, daß die verschiedenen Formen der Steinsetzungen in der Gepflogenheit solche Einzelsteine zu errichten wurzeln würde, die umgekehrte Entwicklung war jedoch der Fall. Denn Steinsetzungen, insbesondere Schiffssetzungen, sind seit der Mitte der Bronzezeit (ca. 1000 v. Chr.) nachgewiesen, während Bautasteine erst in der Eisenzeit (ca. 500 v. Chr.–500 n Chr.) auftauchten, sich dann freilich großer Beliebtheit erfreuten.
Die beiden Grundtypen sind der relativ niedrige, abgerundete Stein aus Granit oder ähnlichem Material, der auf zahlreichen Grabfeldern vor allem der Wikingerzeit zu finden ist, und der in Einzelfällen bis zu vier Meter hohe, schlanke, fast zerbrechlich wirkende Stein aus Kalkstein, der meist als Nadel, auf Öland auch als Platte ausgebildet ist und der Eisenzeit zugerechnet werden muß. In allen Fällen sind die Steine unbearbeitet, d. h. man richtete sie so auf, wie man sie gefunden hatte, eine Gepflogenheit, die auch von den Runensteinen weitestgehend übernommen wurde.
Es ist überhaupt zu vermuten, daß die Runen- und Bildsteine ihren Ursprung in den Bautasteinen haben. Dieser Zusammenhang wäre nicht nur folgerichtig, zumindest zwei Fälle

von eisenzeitlichen Bautasteinen sind bekannt, die einfache Kreuz-Rad-Zeichen eingemeißelt haben (s. GREBBESTAD; Dk/N: SNOLDELEV). Von hier ist es dann nur noch ein Schritt zum Bildstein der Völkerwanderung (s. BILDSTEINE) einerseits und zum Runenstein (s. RUNENSTEINE) andererseits.

Vorkommen:
Eisenzeit ca. 500 v. Chr.–500 n. Chr.:
Blomsholm (3), Bro/Gotland (8), Fjärås (2/3), Grebbestad (3), Grimeton (2/3), Högsrum (9), Karums Alvar (9), Parboäng (9), Segerstad (9), Tingstad/Öland (4/9).
Eisenzeit bis Wikingerzeit ca. 100 v. Chr.–1000 n. Chr.:
Gettlinge (9), Mysinge (9).
Völkerwanderung bis Wikingerzeit ca. 300–1000 n. Chr.:
Hjortahammar (4), Vätteryd (2).

Befestigungen und Wehrdörfer

In Skandinavien hat man die Überreste von weit über 1000 Befestigungsanlagen entdeckt.
Obwohl nur wenige davon bislang Gegenstand genauerer archäologischer Untersuchungen waren, die Datierungen also noch recht vage sind, scheint bereits festzustehen, daß man erst gegen Ende der Bronzezeit damit begann, Befestigungen anzulegen und die Zahlen dann in der jüngeren Eisenzeit sprunghaft emporschnellten.
Nun muß dies ja einen Grund haben. Meine Meinung dazu ist folgende: Die Bronzezeit mit ihrem mediterranen Klima, den damit verbundenen reichen Ernten und allgemeinem Wohlstand, der kulturellen Hochblüte und den weitreichenden Handelsbeziehungen scheint für Skandinavien tatsächlich ein Goldenes Zeitalter gewesen zu sein, wo niemand daran dachte, einem anderen etwas wegzunehmen, da er selbst ja genug besaß. Erst mit der drastischen Klimaverschlechterung zu Ende der Bronzezeit, die auch einen wirtschaftlichen Zusam-

menbruch nach sich zog, hielten Neid, Mißgunst und schließlich Raub und Mord in jenen Ländern Einzug. Die Menschen sahen sich mehr und mehr gezwungen, sich und ihre Habe hinter Mauern und Gräben in Sicherheit zu bringen.
Bei den nordischen Befestigungsanlagen unterscheidet man zwei Grundtypen: die Burg und das Wehrdorf.
Die Burg war eher klein und diente, wie auch im späteren Mittelalter, zumeist einem Häuptling und seinem engeren Gefolge als Wohnsitz und zugleich Machtzentrum.
Die Burgen von Ringstadt (s.: RINGSTAD) und Kolbäck (s.: KOLBÄCK) gehören in diese Kategorie.
Die andere Gruppe sind die von den Bauern eines Landstriches angelegten Fluchtburgen, in die man sich im Fall der Gefahr zurückziehen konnte, wie beispielsweise Eketorp I (s.: EKETORP) oder die riesige Torsburgen (s.: TORSBURGEN). Und wenn es die Bauern schließlich vorzogen, auf Dauer innerhalb der Befestigungen ihren Wohnsitz aufzuschlagen, so wandelten sich diese Fluchtburgen zu Wehrdörfern, für die Borremose (s. Dk/N: BORREMOSE) das wohl typischste Beispiel darstellt.
Im Gegensatz zu den Burgen waren diese Wehrdörfer oft recht großzügig angelegt, mit einer beachtlichen Menge freier, unbebauter Fläche neben und zwischen den Häusern. Das erforderte zwar einen beträchtlichen Mehraufwand beim Bau der Mauern und Gräben, war jedoch unumgänglich, wenn man im Falle einer Belagerung das Vieh – und dies gehörte zum kostbarsten Besitz – auf längere Zeit auch innerhalb der Verteidigungsanlagen am Leben erhalten wollte.
Von den Anlagen selbst her unterscheidet man Höhen- und Tiefenburgen.
Die Höhenburgen setzten sich auf möglichst steilen Berg- und Hügelrücken fest, die dem Angreifer den Schwung nahmen und die ballistische Kurve der eigenen Geschosse ebenso vergrößerte wie sie die des Feindes verringerte. Man befestigte diese mit Steinwällen und Mauern, wobei es natürlich ideal war, wenn schroff abfallende Felswände einen Teil der Befesti-

gung übernahmen – die Torsburgen etwa verfügten auf drei Fünftel der gesamten Verteidigungslinie über solch natürliche Befestigungen. Hauptvorteil der Höhenburgen war ein günstiges Klima, Hauptnachteil, daß sie trotz allem erheblich leichter zu erobern waren als viele der Tiefenburgen.
Die Tiefenburgen wählten als Standort meist flache Rücken im Sumpfgelände, in dem jeglicher Angreifer hoffnungslos stekken blieb, und die ebenfalls mit einem System von Wällen und Gräben zusätzlich geschützt wurden, wie z. B. Lojsta Slott (s.: LOJSTA) oder Borremose (s. Dk/N: BORREMOSE). Hauptnachteil dieser Tiefenburgen war das feuchte Klima – rheumatische Erkrankungen dürften bei ihren Bewohnern die Regel gewesen sein –, Hauptvorteil war, daß Burgen und Wehrdörfer dieser Art praktisch uneinnehmbar waren, zumal wenn sie, wie in Borremose auch noch den einzigen Zugangsweg unter Wasser versteckten.
Ein eigenes Thema sind die Wikingerburgen Harald Blåtands (s. Dk/N: WIKINGERBURGEN) und die Befestigung des Danewerks bei Schleswig (s. Dk/N: DANEWERK).

Vorkommen:
Eisenzeit ca. 500 v. Chr.–500 n. Chr.:
Bårby (9), Eketorp (4/9), Fjärås (2/3), Gråborg (9), Ismantorp (4/9), Kolbäck (5), Lojsta (8).
Völkerwanderung und Wikingerzeit ca. 300–900 n. Chr.:
Ringstad (4), Tingstäde-See (8), Torsburgen (8)..

Bestattungsformen

Ibn Fadlan, Mitglied einer Handelsabordnung, die der Kalif von Bagdad 921 zu den bulgarischen Völkern sandte, und die auch mit den nordgermanischen »Russen« in Kontakt kam, schilderte nach seiner Heimkehr:
»Dann hörte ich eines Tages, daß einer ihrer angesehenen

Männer gestorben war. Sie legten ihn in das Grab und deckten es zu über ihm 10 Tage lang, bis sie fertig waren, seine Kleider zuzuschneiden und zu nähen. Zu den Sklavinnen des toten Mannes sagten sie: ›Wer will mit ihm sterben?‹ Eine von ihnen sagte ›Ich‹. Zwei Sklavinnen wurde auferlegt, auf sie achtzugeben und mit ihr zusammen zu sein, wo sie auch hingehe.
Als der Tag kam, an dem er und seine Sklavin verbrannt werden sollten, ging ich zum Fluß hernieder, wo sein Boot lag. Es war nun an Land gezogen und auf eine Art Holzgerüst gesetzt worden. Dann kamen sie mit einer Bank, setzten sie auf das Schiff und bedeckten sie mit Decken und Kissen aus byzantinischer Seide. Danach kam eine alte Frau, die der Todesengel genannt wird. Sie beaufsichtigte das Nähen der Kleider für den Toten und die Ausschmückung seiner Leiche. Ich sah, daß sie eine alte Hexe war, dick und finster von Aussehen.
Als sie das Grab erreichten, entfernten sie die Erde von dem Holzwerk. Danach nahmen sie das Holz fort. Dann zogen sie dem Mann die Kleider aus, in denen er gestorben war, und gaben ihm Hosen, Stiefel, Rock und einen Mantel aus Seide mit Goldknöpfen. Dann setzten sie ihm eine Mütze aus Seide und Pelzwerk auf den Kopf und trugen ihn in das Zelt, das auf dem Schiff stand. Dort setzten sie ihn auf die Decke und stützten ihn mit den Kissen. Dann kamen sie mit Brot, Fleisch und Zwiebeln, das wurde vor ihm niedergelegt. Dann kamen sie mit einem Hund, schnitten ihn in zwei Hälften und legten ihn in das Schiff. Danach kamen sie mit all seinen Waffen, sie wurden an seine Seite gelegt. Dann nahmen sie zwei Pferde und ließen sie laufen, bis sie schwitzten, sie wurden dann mit dem Schwert in Stücke gehauen und in das Boot gelegt. Sie kamen ebenfalls mit zwei Kühen, die auch in Stücke gehauen und ins Schiff gelegt wurden. Dann kamen sie mit einem Hahn und einem Huhn, auch sie wurden getötet und ins Schiff gelegt.
Als es Freitag nachmittag geworden war, nahmen sie die Sklavin und gingen mit ihr hin zum Boot. Hier nahm sie ihre beiden Armreifen und ihre beiden Knöchelringe ab und gab sie der alten Frau, die der Todesengel genannt wurde. Danach

führten sie sie auf das Schiff. Dann kamen die Männer, sie hatten Schilde und hölzerne Stöcke mit sich und reichten ihr einen Becher Bier. Sie sang darüber und trank ihn aus. Der Dolmetscher sagte da zu mir: ›Damit nimmt sie Abschied von ihren Freundinnen‹. Danach wurde ihr noch ein Becher gereicht. Sie nahm ihn und zog den Gesang sehr in die Länge; aber die alte Frau trieb sie nun an, um sie zum Austrinken zu bewegen, damit sie in das Zelt gehe, wo ihr Herr sich befand. Die Männer begannen nun mit ihren hölzernen Stöcken auf die Schilde zu schlagen. Nun gingen sechs Männer in das Zelt, und alle hatten sie geschlechtlichen Verkehr mit dem Mädchen und sie sagten zu ihr: ›Ich habe das aus Liebe zu dir getan.‹ (Womit bewiesen wurde, daß man eine höchst attraktive Sklavin für das Wohlergehen auch in sexueller Hinsicht für den toten Herren ausgewählt hatte.)
Danach legten sie sie neben ihren toten Herren. Zwei Männer nahmen ihre Beine und zwei andere ihre Arme, während die Frau, die der Todesengel genannt wurde, ein Seil um ihren Hals legte und die beiden Enden den beiden letzteren Männern reichte, damit sie daran ziehen sollten. Dann trat die Frau vor mit einem Dolch mit breiter Klinge und stieß ihn dem Mädchen zwischen die Rippen, während sie die beiden Männer erdrosselten.
Danach trat derjenige der Männer, der am nächsten mit dem Toten verwandt war, hervor. Er nahm ein Stück Holz und steckte es an. Dann ging er rückwärts zum Schiff und hatte das brennende Stück Holz in der Hand, während die andere Hand auf dem Gesäß ruhte und er war nackt.
So wurde das Holz angezündet, das sie unter das Boot gelegt hatten. Dann kam das Volk hinzu mit Holz und Feuer, und eine Stunde war nicht vergangen, ehe das Boot und das Holz und die Sklavin und der Herr zu Asche geworden waren.
Danach erbauten sie an der Stelle, wo das Boot gestanden hatte, einen runden Hügel, Mitten auf diesem Hügel errichteten sie ein hölzernes Denkmal aus Birke. Darauf schrieben sie den Namen des Mannes und den Namen ihres Königs, und

dann gingen sie ihrer Wege.« Dies ist die genaueste und späteste Beschreibung einer Feuerbestattung – im fernen Rus-Land gingen die Uhren noch beträchtlich langsamer als im germanischen Norden, wo die Feuerbestattung längst der Erdbestattung gewichen war. Die verschiedenen Begräbnisformen standen in engem religiösen und soziologischen Zusammenhang:

In der älteren Steinzeit hatte man seine Toten ohne besonderen Aufwand beigesetzt. Etwa um 2500 v. Chr. kam der erste große Umbruch im Bestattungsritus: Man begann für die Toten mächtige Monumente zu errichten (s. DOLMEN, GANGGRÄBER). Es zeugt nicht nur von einem bereits recht gut funktionierenden Gesellschaftssystem, ohne das solche Großsteingräber und Grabhügel gar nicht erbaubar gewesen wären. Das Ichbewußtsein muß um 2500 v. Chr. einen gewaltigen Sprung nach vorne getan haben, anders ist es nicht zu erklären, daß man solche Grabmäler errichtete. Diese Epoche, die sich bis zum Ende der älteren Bronzezeit hinzog (bis ca. 1000 v. Chr. also), war, das wissen wir aus der Darstellung des »großen Dramas« in Vitlycke I. (s.: VITLYCKE), patriarchalisch mit einer männli-

chen Hauptgottheit ausgerichtet. Wenn die ältere Steinzeit, wie viele Forscher vermuten, matriarchalisch war, so würde das Auftreten der ersten Großsteingräber zweifellos den Wandel im Religions- und Gesellschaftssystem signalisieren.
Mit Sicherheit ist solch ein Wandel Mitte der Bronzezeit um 1000 v. Chr. nachzuweisen, als die von Tacitus als Nerthus bezeichnete »große Göttin« die Macht übernahm und das Gesellschaftssystem ausgesprochen matriarchalisch wurde (s. Dk/N: Dejbjerg, Moorleichen). Die allgemein verbindliche Bestattungsform war die Feuerbestattung.
Mit Njord übernahm in der späten Völkerwanderung wieder ein männlicher Hauptgott die Herrschaft, die er um 1000 n. Chr. an den ebenfalls männlichen Christengott weitergab samt patriarchalischem Gesellschaftssystem und obligatorischer Erdbestattung.
So schwer eine Erklärung dafür zu finden ist, so leicht ist es, kulturhistorische Rhythmen festzustellen: In Nordeuropa scheint es ein Rhythmus von etwa 1500 Jahren zu sein, nach denen sich jeweils ein grundlegender gesellschaftlicher Wandel vollzieht. Und diesem Rhythmus nach ginge derzeit die patriarchalische Epoche eines männlichen Hauptgottes zu Ende.

Bildsteine

Zwar weisen viele Runensteine bildhafte Darstellungen auf, das »große Ungeheuer« etwa, doch sind Bildsteine im engeren Sinne, d. h. Steine, die nur mit Bildern und nur ausnahmsweise auch mit Runen geschmückt sind, eine typisch gotländische Entwicklung.
Von den Runensteinen unterscheiden sie sich auch dadurch, daß es sich stets um in Form gehauene Steine handelt – für Runensteine hingegen benützte man Felsbrocken so, wie man sie fand und glättete allenfalls die Bildfläche, ehe man sie bearbeitete.

Bei den gotländischen Bildsteinen unterscheiden wir drei klar voneinander abgesetzte Epochen.
Die erste von ca. 400–600 n. Chr. gehört der Völkerwanderung an. Die Steine sind in der Regel hoch und schlank. Sie sind mit Randborten eingefaßt und zeigen als Zentralmotiv häufig Wirbelräder (s.: HAVOR, SANDA), Schlingen- und Spiralräder oder auch das ebenfalls radförmig angeordnete Labyrinthmotiv (s.: MARTEBO); hierzu kommen manchmal sehr schlanke, elegante Schiffe mit hoch aufgebogenen Steven (s.: BRO, SANDA, MARTEBO).
Die zweite Epoche etwa zwischen 500 und 700 n. Chr. reicht von der späten Völkerwanderung bis zur frühen Wikingerzeit. Die Steine sind gedrungener, die Kanten stärker geschwungen, und vor allem unterscheiden sie sich in der Größe beträchtlich von ihren Vorgängern und Nachfolgern, die mitunter eine Höhe von drei Metern und mehr erreichen konnten, während diese »Zwergsteine« zwischen 50 und 70 Zentimeter messen. Auch in der Dekorationstechnik unterscheiden sie sich völlig von den beiden anderen Stilen, die beide flächig ar-

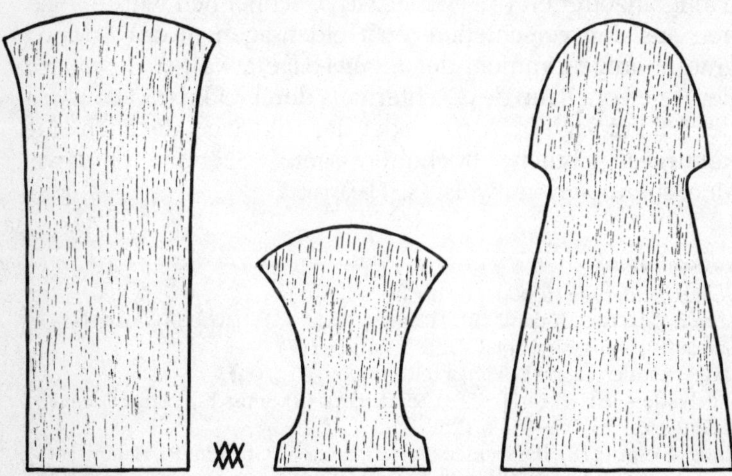

400–600 500–700 700–1100

beiten, während die Zeichnungen der »Zwergsteine« lediglich linear eingeritzt sind. Hauptmotiv sind Tierdarstellungen und mit Wammensteven (s. hierzu: BROA) ausgerüstete Boote (s.: SMISS/KIRCHSPIEL GARDA).
Die dritte Epoche dauerte ca. von 700 bis 850 n. Chr., deren leicht pilzförmige Steinform verschiedentlich auch von Runensteinen des 11. und 12. Jahrhunderts noch verwendet wurde. Diese Steine sind durchwegs mit einem reichen Schmuck an Figuren und Szenen bedeckt, die einem gewissen, wenn auch keinesfalls starren ikonographischen Grundschema folgen: Am Kopf des Steines befinden sich fast immer Szenen mit Göttern, häufig die Ankunft des Verstorbenen zu Pferd in Walhall (s.: TJÄNGVIDE). Ferner ist fast immer ein Schiff abgebildet – zusammen mit den Funden von Oseberg und Gokstad verdanken wir diesen Darstellungen unsere doch sehr genauen Kenntnisse des Schiffsbaus in Skandinavien jener Epoche (s. SMISS/KIRCHSPIEL STENKYRKA). Auch Szenen aus dem Leben, dem – selbstverständlich äußerst ruhm- und ehrenreichen – Tod und dem Begräbnis des Verstorbenen sind häufig anzutreffen (s.: TÄNGELGÅRDA). Schließlich wurden Szenen aus den verschiedensten Heldensagen in das Bildprogramm aufgenommen, der Sigurd-Sage etwa (s.: HUNNINGE), der Sage vom Raub des Dichtermets durch Odin (s.: HAMMARS), der Wiland-Sage (s.: ARDRE) oder der Hild-Sage, die auch eine kulturgeschichtlich hochinteressante Szene mit zwei Menschenopfern aufweist (s.: HAMMARS).

Vorkommen:

Völkerwanderung ca. 400–600 n. Chr.:
Austers (8), Bro/Gotland (8), Häggeby Kyrka (5), Havor (8), Martebo (8), Sanda (8), Smiss/Kirchspiel När (8), Vallstena (8).
Völkerwanderung bis Wikingerzeit ca. 500–700 n. Chr.:
Barshaldershed (8), Larsarve (8), Sandegårda (8), Smiss/Kirchspiel Garda (8).
Wikingerzeit ca. 700–850 n. Chr.:
Änge (8), Ardre (8), Barshaldershed (8), Broa (8), Gothem (8), Hammars (8), Hunninge (8), Levide (8), Lillbjärs (8), Riddare (8), Smiss/Kirchspiel När (8),Smiss/Kirchspiel Stenkyrka (8), Tängelgårda (8), Tjängvide (8).

Dolmen

War es ein Dorfhäuptling mit gigantisch übersteigertem Selbstbewußtsein, der den ersten Dolmen errichten ließ als seinen Begräbnisplatz? Oder war es der Dank einer Dorfgemeinschaft an einen schon halbgöttlich verehrten Helden aller Helden oder einen zauberkundigen Priester?
Wie auch immer, es muß ein hochbedeutender Anlaß gewesen sein, der da um 2500 v. Chr. ein ganzes Dorf Tage, vielleicht sogar Wochen hindurch mächtige Felsbrocken heranrollen, sie zu einer Art Hütte zusammenstellen und schließlich den gewaltigsten aller Felsen als Dach auf die anderen Steine wuchten ließ, während man zum Abschluß das Areal mit kleineren Felsen rund oder quadratisch einfaßte.
Und wie es mit vielleicht nicht unbedingt nützlichen, jedoch imponierenden Dingen so zu gehen pflegt, verbreiteten sich diese Megalith-(Großstein-)Gräber in kürzester Zeit über beachtliche Teile Europas, wobei Dänemark und Schleswig-Holstein zweifellos das Zentrum dieser Bestattungsform bilden. Hier sind heute noch Hunderte von Dolmen nachweisbar, wenige freilich, die die Zeit unbeschadet überstanden haben oder in jüngerer Zeit sachgerecht wieder restauriert worden sind.

Vorkommen:
Steinzeit ca. 2800–2200 v. Chr.:
Hajdeby (8), Skegri (2), Tanumshede (3).

Felszeichnungen

(Hällristningar)

In den Fels gehauene, geritzte, gemeißelte Darstellungen zählen zu den ältesten Zeugnissen von Zivilisation und Kultur im nordeuropäischen Raum.

Die ältesten bislang bekannten Felszeichnungen sind der Elch von Drammen bei Oslo (s. Dk/N: DRAMMEN) und die Pferde von Isnestoften im nördlichsten Norwegen (s. Dk/N: ISNESTOFTEN), die noch aus der Altsteinzeit stammen. Die jüngste ist die »Sigurdristningen« in Ramsund (s.: RAMSUND) am Mälar-See aus der Wikingerzeit. Die bekanntesten stammen aus der Bronzezeit und konzentrieren sich in den Gebieten von Tanum (s.: TANUM), Enköping (s.: RICKEBY, BOGLÖSA, BRANDSKOGEN), Norrköping (s.: HIMMELSTALUND), Simrishamn (s.: FRÄNNARP, SIMRISHAMN, JÄRRESTAD, KIVIK) und Trondheim (s. Dk/N: BORDAL, HEGRA, EVENHUS).

Die steinzeitlichen Felsbilder zeigen ausschließlich Tierdarstellungen, mitunter in geradezu verblüffender Könnerschaft in den Felsen gemeißelt (s. Dk/N: KORSNES, LØDING, NARVIK, TØMMERNES). Bei den bronzezeitlichen Hällristningar wird die Palette des Dargestellten ganz erheblich breiter: Menschen, Tiere, Symbole wie Räder, Kreise, Fußspuren, Labyrinthe, Lebensbäume u. a., Schiffe, Wagen und Kultszenen.

Die frühe Eisenzeit, um 300 v. Chr., hat noch einige wenige Bilder in den Fels gehauen (s.: LITSLEBY, TEGNEBY), danach verschwand diese Tradition.

Werfen wir einen kurzen Blick auf die wichtigsten auf bronzezeitlichen Hällristningar anzutreffenden Figuren:

Schälchen: Mehr oder minder kleine, rundliche Vertiefungen. Sie sind bei weitem das häufigste Zeichen und bei fast allen Fundstellen anzutreffen. In einigen Fällen geben sie Zahlen wieder (s.: Mondgott von ASPEBERGET) oder eine Grenzlinie (s.: VITLYCKE I), in der großen Mehrzahl der Fälle harren sie noch ihrer Deutung.

Tiere: Die Mischung aus Naturtreue und Stilisierung mancher steinzeitlicher Tierdarstellungen ist, etwa bei dem Meister von Korsnes (s. Dk/N: KORSNES), bis heute unübertroffen. In anderen Fällen, wie beim Elch von Drammen (s. Dk/N: DRAMMEN) wurden außer den Umrissen der Gestalt auch die Innereien (Herz, Lunge, Rippen, Darm) dargestellt oder wie in Nämforsen (s.: NÄMFORSEN) der im Mutterleib einer Elchkuh heran-

wachsende Embryo. Die bronzezeitlichen Tierdarstellungen wirken gegenüber jenen älteren fast primitiv, zumindest äußerst stark stilisiert, obwohl man Hirsche, Hunde, Pferde, Fische und Ochsen durchaus zu erkennen in der Lage ist.
Menschen: Auch sie werden – mehr oder minder – stark stilisiert, nicht selten in der Art von »Strichmännchen«. Trotzdem ließen die Zeichner keinen Zweifel über die Geschlechtszugehörigkeit der jeweiligen Figuren aufkommen: Lange Haare bei den Frauen und der aufgerichtete Penis bei den Männern ist nahezu obligatorisch.

Schiffe: Spielen auf den Hällristningar eine so große Rolle – sie erscheinen auf nahezu jeder Platte –, daß ich ihnen einen eigenen Abschnitt gewidmet habe (s.: HÄLLRISTNINGAR-SCHIFFE).
Gegenstände: Eine ganze Reihe von Gegenständen, die auf Felsbildern vorkommen, konnten auch durch Funde belegt und verdeutlicht werden. Da ist etwa der »Häufelpflug« (s.: ASPEBERGET, FINNTORP), wie er vereinzelt sogar bis in unser Jahr-

hundert verwendet wurde; oder die kultischen Hörner (s.: VITLYCKE VI), wie sie in Gallehus (s. Dk/N: GALLEHUS) in gleicher Form gefunden wurden; oder die Luren, kultische Blasinstrumente, und die ebenfalls kultischen Hörnerhelme ihrer Bläser, wie sie in Brudevaelte (s. Dk/N: BRUDEVAELTE) bzw. Veksö (s. Dk/N: VEKSØ) gefunden und heute in København im Nationalmuseet ausgestellt sind; oder die mächtigen Kultäxte und vieles andere mehr.

Symbole: Kreis und Swastika (offen als Hakenkreuz oder geschlossen als Kreis-Kreuz) gehören fast überall auf der Welt zu den ältesten Symbolen, die in der Regel mit der Sonne und Sonnenkulten in Zusammenhang standen.

Die Erfindung des Rades war eine der wichtigsten der menschlichen Frühgeschichte. Man hat die zahlreichen Räder auf Felszeichnungen oft ebenfalls als Sonnenzeichen gedeutet, in vielen Fällen jedoch sind sie wohl tatsächlich einfach Räder (s.: FRÄNNARP).

Labyrinthe zählen zu den ältesten Kultstätten der Menschheit (s.: ULMEKÄRR, LABYRINTHE), und es gibt natürlich auch zahlreiche Zeichen, die noch ihrer Deutung harren.

Fußspuren: Neben den Schälchen das häufigste Zeichen auf Felszeichnungen. Es gibt zwei Typen, entweder im Umriß mit einem Querstrich – man hat dies als Sandale oder Schuh mit Riemen zum Zubinden, oder auch als Sandale mit Absatz gedeutet –, und nackte Fußsohlen, bei denen dann die Zehen in der Regel herausgearbeitet sind.

Die meisten Forscher interpretieren diese Fußspuren – sie

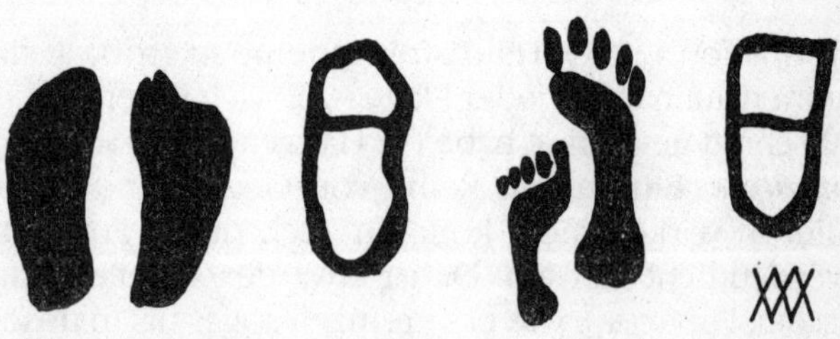

kommen einzeln und paarweise vor – als Zeichen für die Anwesenheit des »Großen Gottes«, den man selber nicht darstellen durfte: »Er hat den Felsen überschritten und seine Spuren hinterlassen.«

Die selteneren »Hände« dürften ähnlich zu interpretieren sein.

Waffen: Das Schwert war das Symbol des »wehrhaften Mannes«. An dieser Bedeutung hat sich bis in die Neuzeit, solange Klingenwaffen getragen wurden, nichts geändert, obschon rein waffentechnisch das Schwert zu keiner Zeit eine so große Rolle spielte, wie heute oft angenommen. Ganz gewiß war dies in der Bronzezeit so, denn die Bronzeklingen waren noch viel zu zerbrechlich, um einer massiven Kampfbelastung standhalten zu können.

Eine echte Kampfwaffe war der Speer – weniger zum Wurf als zum Stoß verwendet –, dem sowohl bei den Germanen wie etwa auch bei den Griechen eine überragende Bedeutung beigemessen wurde.

Die Axt war im Nahkampf »die« Waffe der Bronzezeit, wodurch ihr auch kultisch bald eine hohe Bedeutung zugewiesen wurde.

Pfeil und Bogen als Fernwaffen sowohl für den Kampf wie für die Jagd waren allgemein verbreitet und wurden auch auf zahlreichen Felszeichnungen dargestellt.

Der Schild diente dem Krieger als Schutz. In der ganzen Bronzezeit war er rund, aus Holz mit Metallbeschlägen, manchmal, wie Funde belegen, auch ganz aus Metall. Zu Beginn der Eisenzeit wurde er länglich und viereckig, wie er vereinzelt auf Hällristningar ebenfalls zu sehen ist.

Die meisten Forscher sprechen den Felsbildern jegliche Art von Gesamtkonzept ab und meinen, man müsse jede der Figuren für sich allein sehen, allenfalls gäbe es hier und da kleine zusammengehörige Gruppen, wie den Bullenzug von Aspeberget (s.: ASPEBERGET).

In der Regel mag dies durchaus zutreffen, da oft viele Jahrhunderte lang immer wieder neue Bilder in eine Felsplatte einge-

hauen wurden, mitunter über die alten Bilder hinweg (s. z. B.: LITSLEBY).
Allerdings gibt es durchaus auch Hällristningar, die sehr wohl über eine Gesamtkonzeption verfügen, so zweifellos dort, wo nur ein einziger Künstler das gesamte Bild gestaltete, wie in Fossum (s.: FOSSUM). Ein anderer Fall ist Frännarp (s.: FRÄNNARP), wo über lange Zeit verschiedene Künstler sich an dem Felsen versucht haben, thematisch jedoch das einzige Motiv Wagen, Pferde und Räder wiederholten. Wieder ein anderer Fall sind die acht Platten des Grabes von Kivik (s.: KIVIK), die weder stilistisch noch aussagemäßig zusammenzupassen scheinen. Und doch muß es ein Gesamtkonzept gegeben haben, wurden sie doch zur gleichen Zeit zum gleichen Zweck hergestellt: als Sarkophag zu dienen. Vitlycke I (s.: VITLYCKE) schließlich scheint genau jener Typ von Felsbild zu sein, mit zahllosen Figuren und Darstellungen verschiedenster Zeiten und ohne irgendeinen Zusammenhang, und gerade hier – läßt man die später hinzugefügten Figuren außer acht – konnte das kosmische »große Drama« entschlüsselt werden. Über jeden Zweifel erhaben sind der kultische Ursprung und die kultische Bedeutung aller Hällristningar. Und so nimmt es eigentlich nicht wunder, daß auch in der Bronzezeit noch vielfach die Felsbilder mit Steinwerkzeugen eingeschlagen wurden, wie dies durch Jahrhunderte der Brauch gewesen war.
Viele Felsbilder sind heute mit Farben – vorzugsweise Rot – hervorgehoben. Das ist durchaus legitim, denn wie erhaltene Farbspuren erkennen ließen, waren auch damals die Felszeichnungen farbig, um besser erkannt zu werden.

Vorkommen:

Steinzeit ca. 5000–1500 v. Chr.
Glösa (7), Landverk (7), Nämforsen (6/7).
Bronzezeit ca. 1500–500 v. Chr.:
Aspeberget (3), Boglösa (5), Brandskogen (5), Brastad (3), Finntorp (3), Fossum (3), Frännarp (2/4), Himmelstalund (4), Järrestad (2), Kalleby (3), Kasen (3), Kivik (2), Kville (3), Lilla Flyhov (3), Litsleby (3), Rickeby (5), Simrishamn (2), Vitlycke (3).

Eisenzeit ca. 500 v. Chr.–500 n. Chr.:
Tegneby (3).
Wikingerzeit ca. 700–1100 n. Chr.:
Ramsund (5).
Hällristningarstein
Bronzezeit ca. 1500–500 v. Chr.:
Klinta (9).

Ganggräber

Um das Jahr 2200 v. Chr. begann man damit, die großen Dolmen (s.: DOLMEN) aus welchen Gründen auch immer mit einer schützenden Schicht aus Erde bzw. Grassoden zu überdecken. Die eigentliche Grabkammer war nach wie vor aus mächtigen Steinen gefügt und mit Steinplatten abgedeckt (Kalksteinplatten, wie sie etwa in der Gegend von Falköping gebrochen wurden, eigneten sich hierzu natürlich ganz besonders). Der bei den Dolmen jedoch in der Regel nur angedeutete Zugang zur Grabkammer wurde nun ausgebaut, bis an die Außenseite des Hügels verlängert und ebenfalls mit Steinplatten bedeckt.
Dieser Zugang zur Grabkammer, nach dem der Grabtyp als »Ganggrab« bezeichnet wurde, hatte einen durchaus realen Sinn, denn die Ganggräber der jüngeren Steinzeit waren durchweg Massengräber – vielleicht sollte man besser von Familien-, Sippen- oder Dorfgemeinschaftsgräbern sprechen –, in denen man die Gebeine von mitunter hundert Toten fand, die hier im Laufe mehrerer Generationen einst beigesetzt worden waren.
Natürlich schickte man auch damals seine Toten nicht mittellos auf den beschwerlichen Weg zwischen Tod und neuer Geburt, und so versah man sie mit Waffen, Werkzeugen, Schmuck und vor allem auch mit irdenen Töpfen voll Speisen und Getränke. Da man einerseits die Ruhe der Verstorbenen nicht mehr als nötig stören wollte, indem man die eigentliche Grabkammer öfter als notwendig betrat – eine nebenbei bemerkt

recht mühsame Kriecherei auf allen Vieren oder in der Hocke –, es jedoch selbstverständlich war, die Abgeschiedenen auch noch etliche Zeit nach ihrem Tod mit Speise und Trank zu versorgen, so stellte man das entsprechende in Tontöpfen im Zugang zu Grabkammer ab. Dort fördern bei Ausgrabungen die Archäologen nun oft eine ganze Schicht an Tontopffragmenten zutage, die mancherorts zu wohl hundert und mehr Gefäßen gehört haben mochten.
Wenn man bedenkt, was frühere Ausgräber – bei bester Absicht – an wissenschaftlichem Unheil angerichtet haben, so ist es höchst dankenswert, daß heute Grabhügel nur noch recht selten geöffnet werden, während man ganz bewußt die meisten geschlossen für die noch besseren Untersuchungsmethoden künftiger Archäologengenerationen bewahrt.

Vorkommen:
Steinzeit ca. 2500–1500 v. Chr.:
Barsebäck (2), Hjortsberga (5), Ingatorp (3), Mysinge (9), Rössberga (3), Slutarp (3), Tanumshede (3).

Glockentürme

Die Glocke fand zusammen mit dem Christentum Eingang im germanischen Norden. Doch anders als in Mitteleuropa, wo der Sakralbau, sprich Kirche, und der die Glocken tragende Turm in der Regel eine zusammengebaute Einheit bilden, steht in Skandinavien ebenso wie im byzantinisch-italienischen Raum der Glockenturm in vielen Fällen getrennt von der Kirche.
Wie überhaupt im wikingerzeitlichen Sakralbau (s. Dk/N: STABKIRCHEN) ist der byzantinische Einfluß unverkennbar. Denn auch die Glockentürme jener Epoche fußen nicht nur, wie die Kirchen, auf dem byzantinischen Kreuzkuppelbau, der in Skandinavien zum Stabbau umgewandelt wurde, auch die

Dachkonstruktionen weisen nicht nur in die nordische Pultdach-Richtung (s.: TRÖNO) sondern auch in die byzantinische Kuppel-Richtung (s.: FRÖSÖ KYRKA).
Die aufgeführten Beispiele für Glockentürme dieser Art sind nur beispielhaft typisch, ähnliche Konstruktionen finden sich bei zahlreichen Kirchen Mittelnorwegens und vor allem Mittelnordschwedens.

Vorkommen:
Spätwikingerzeit ca. 1100–1300 n. Chr.:
Frösö Kyrka (6/7), Tröno (6).

Grabfelder

Seit mit Beginn der Bronzezeit das Gruppengrab wieder dem Individualgrab wich (s.: BESTATTUNGSFORMEN), finden sich bis zum heutigen Tag überall Grabfelder, Friedhöfe.
Die Ausgrabungen auf diesen Grabfeldern vermitteln uns vielfach intimste Einblicke in die soziologische Struktur der Zeit und des Kulturraumes.
Grundsätzlich können wir zwischen vier Grabfeldtypen unterscheiden:
Da sind zum ersten die ausgesprochenen »Volksfriedhöfe«, wo offensichtlich darauf geachtet wurde, daß keiner aus der Reihe tanzte, daß sein Grabmal also weder zu imposant, noch zu schäbig werden durfte. Die Grabfelder von Lindholm Høj (s. Dk/N: LINDHOLM HØJ), Vätteryd (s.: VÄTTERYD), Hjortahammar (s.: HJORTAHAMMAR) und Gålrum (s.: GÅLRUM) mögen hier als treffende Beispiele stehen. Zum anderen sind da ausgesprochene Prominentenfriedhöfe, die sich Königs- und Fürstenfamilien für sich und allenfalls allerwichtigste Gefolgsleute eingerichtet hatten, wie Badelunda (s.: BADELUNDA), Gamla Uppsala (s.: GAMLA UPPSALA) oder Borre (s. Dk/N: BORRE).
Im dritten Fall sammelten sich etliche der Gefolgsleute um das

Grab des Anführers, wodurch das Bild eines mächtigen, bedeutenden Grabes inmitten einer Anzahl kleinerer, unbedeutender Gräber entsteht. Blomsholm (s.: BLOMSHOLM), Gammel Lejre (s. Dk/N: : GAMMEL LEJRE) und Mysinge (s.: MYSINGE) sind hierfür typische Beispiele.
Die vierte Gruppe umfaßt schließlich all jene Grabfelder, die nicht in die drei vorgenannten Gruppen eingeordnet werden können, wie dies für die Grabfelder der Eisenzeit aber auch für viele Grabfelder der Wikingerzeit zutrifft.

Vorkommen:

Da manche Grabfelder sehr lange in Benutzung waren, umfassen auch die Datierungen entsprechend weite Zeiträume.
Steinzeit bis Wikingerzeit ca. 2000 v. Chr.–1050 n. Chr.:
Grimeton (2/3), Hajdeby (8), Mysinge (9).
Bronzezeit ca. 1000–500 v. Chr.:
Bredarrör (2).
Bronze- bis Eisenzeit ca. 1000 v. Chr.–500 n. Chr.:
Gålrum (8).
Bronze- bis Wikingerzeit ca. 1000 v. Chr.–1050 n. Chr.:
Karums Alvar (9), Segerstad (9), Stenkyrka (8).
Eisenzeit ca. 500 v. Chr.–500 n. Chr.:
Blomsholm (3), Fjärås (2/3), Grebbestad (3).
Eisenzeit bis Wikingerzeit ca. 500 v. chr.–1050 n. Chr.:
Folkeslunda (9), Gettlinge (9), Hjortahammar (4), Högsrum (9), Källa (9), Köpingsvik (9), Parboäng (9).
Völkerwanderung und Frühwikingerzeit ca. 300–800 n. Chr.:
Hallsberg (5), Sundsvall (6/7), Vätteryd (2), Vendel (5).
Wikingerzeit ca. 700–1050 n. Chr.:
Badelunda (5), Birka (5), Byxelkrok (4/9), Gamla Uppsala (5), Glanshammar (5), Helgö (5), Järvsta (6), Nässja (4), Örbyhus (5).

Grabhügel

Wer im Nordwesten Jyllands von Thisted nach Süden Richtung Holstebro fährt, der wird erleben, daß er über viele Kilometer hinweg rechts und links der Straße mindestens einen dieser

halbkugeligen, mit Gras bewachsenen Grabhügel im Blickfeld hat. Manche davon sind so nahe an der Straße, daß sich einer unmittelbar neben einer Tankstelle erhebt.
Um einen anderen herum hat man einen Parkplatz angelegt.
Grabhügel dieser Art finden sich in ganz Dänemark, in Schweden und Südnorwegen, wenn auch selten in der Dichte wie bei Thisted, zumindest wenn es sich um größere und große Hügel so etwa von 3 Metern Höhe und mehr handelt. Die kleinen, oft nur einen guten Meter durchmessenden und sich nur wenige Dezimeter erhebenden Hügelchen findet man oft zu Dutzenden und gar Hunderten zusammengeschart auf den großen Grabfeldern fast überall in Skandinavien.
Von außen sieht man es ihnen nicht an – nicht einmal ein Fachmann vermag dies in vielen Fällen –, aus welcher Zeit nun dieser oder jener Hügel stammen mag, denn mehr oder minder gleichen sich diese halbkugeligen, aus Grassodem aufgebauten Hügel alle. Und doch liegen zwischen der Entstehung der ältesten und der jüngsten dieser Hügel mehr als dreieinhalb Jahrtausende!
Die ältesten Grabhügel entstammen der jüngeren Steinzeit (um 2500 v. Chr.) und bedecken aus mächtigen Felsblöcken errichtete Grabkammern (im Grunde nichts anderes als Dolmen – s. DOLMEN –, die man zum Schutz mit einem Erdhügel abgedeckt hat), zu denen ein ebenfalls aus Felsblöcken gefügter Gang führt, und die daher die Bezeichnung »Ganggräber« führen (Näheres s. GANGGRÄBER).
Die zweite große Gruppe der Grabhügel entstand in der frühen und mittleren Bronzezeit (ca. 1750–900 v. Chr.). Anders als bei den Ganggräbern handelt es sich hier um Einzelgräber, so daß man auf den enormen Aufwand einer Grabkammer aus Felsblöcken verzichten konnten. Die in der Regel in einem Baumsarg Beigesetzten wurden zunächst mit einer Rollsteinschicht bedeckt, die dann ihrerseits von dem aus Sand und Grassodem errichteten Hügel überdeckt wurde (s. Dk/N: EGTVED, HARRISLEE). In der jüngeren Bronzezeit (ca. 900–500 v. Chr.) wurden zwar kaum noch neue Grabhügel errichtet, da-

für setzte man seine Toten um so lieber in alten Grabhügeln bei (auch solchen der Steinzeit, s. z. B. Dk/N: ULLERUP). Und da man mittlerweile dazu übergegangen war, die Toten zu verbrennen, bedurfte es nur eines mehr oder minder kleinen Loches im Hügel, um die Urne mit den Überresten des Verstorbenen beizusetzen – man hat bis zu 40 solcher nachträglicher Gräber in einem einzigen Hügel gefunden, der manchmal zu diesem Zweck noch erhöht und erweitert wurde.
Die Eisenzeit (ca. 500 v. Chr.–400 n. Chr.) setzte ihre Toten zwar in ungezählten kleinen Grabhügelchen bei – die großen waren dieser Epoche offenbar zu mühsam –, bis in der späten Völkerwanderung mächtige Herren und Könige diese alte Bestattungsform neu entdeckten und durch die ganze Wikingerzeit bis in die frühe christliche Epoche, d. h. bis nach dem Jahr 1000 n. Chr., hinein für sich kultivierten. Dazu wurde die Grabkammer im Inneren des Hügels nun aus Holz gezimmert (s. Dk/N: JELLING), mitunter diente aber auch ein Schiff als Grabkammer, das dann von einem Hügel überdeckt wurde (s. Dk/N: GOKSTAD, OSEBERG usw.). Die Grabhügel der Wikingerzeit haben mancherorts eine sonst ungebräuchliche Eigenheit: die Kuppenspitze ist kraterförmig vertieft (s. z. B. Dk/N: BORRE), wobei es bis heute nicht ganz geklärt ist, ob diese »Krater« von Anfang an so beabsichtigt und gebaut worden sind, oder ob sie dadurch entstanden, daß die hölzernen Grabkammern nach einiger Zeit vermorschten, zusammenbrachen und das darüber aufgehäufte Erdreich nachrutschte.
Vor allem auf den Inseln Gotland und Öland sowie in Südwestschweden errichtete man zahlreiche Grabhügel nicht aus Grassoden, sondern aus Steinen (hierzu s. ROLLSTEINHÜGEL).
Es gibt, dies sei offen zugegeben, keinen anderen Typ von vor- und frühgeschichtlichen Monumenten, bei denen das Interesse des »Nordlandfahrers« so rasch erlahmt wie bei Grabhügeln, denn mit wenigen Ausnahmen sieht tatsächlich jeder mehr oder minder wie der andere aus. Ich bin aus diesem Grunde bei der Auswahl noch strenger gewesen als sonst. Was blieb, sind jeweils ein oder zwei beachtenswerte Grabhügel,

wohin immer Sie Ihr Weg innerhalb Skandinaviens führen mag, ferner natürlich die wirklich bedeutenden und interessanten Grabhügel wie etwa Ullerup (s. Dk/N: ULLERUP), Stenstrup (s. Dk/N: STENSTRUP), die Ganggräber rund um Falköping (s. INGATORP) oder Barsebäckshamn (s. BARSEBÄCKSHAMN), schließlich jene, die zu großen, oft hochbedeutenden Friedhöfen gehören wie Sundsvall (s. SUNDSVALL), Badelunda (s. BADELUNDA), Borre (s. Dk/N: BORRE) oder gar Gamla Uppsala (s.: GAMLA UPPSALA).

Vorkommen:

Steinzeit ca. 2500–1500 v. Chr.:
Barsebäck (2), Mysinge (9).
Bronzezeit ca. 1500–500 v. Chr.:
Grimeton (2/3), Hasslöv (2).
Eisenzeit ca. 500 v. Chr.–500 n. Chr.:
Blomsholm (3).
Eisenzeit bis Wikingerzeit ca. 500 v. Chr.–1050 n. Chr.:
Parboäng (9), Segerstad (9).
Völkerwanderung ca. 300–600 n. Chr.:
Sundsvall (6/7).
Wikingerzeit ca. 600–1050 n. Chr.:
Badelunda (5), Gamla Uppsala (5), Glanshammar (5), Husby (5), Köping (5), Mysinge (9), Ottenby (9), Sundsvall (6/7).
Undatiert:
Fjärås (2/3).

Hällristningar-Schiffe

Schweden und Norwegen sind Länder, in denen das Wasser heute noch eine außerordentliche Rolle spielt, und Dänemark setzt sich gut zur Hälfte ohnehin aus Inseln zusammen. Wie viel mehr muß das der Fall in der Bronzezeit gewesen sein, als der Meeresspiegel noch rund 15 Meter (!) höher als heute stand.
Es ist daher kein Wunder, daß Schiffe – stark stilisiert (s.: FOS-

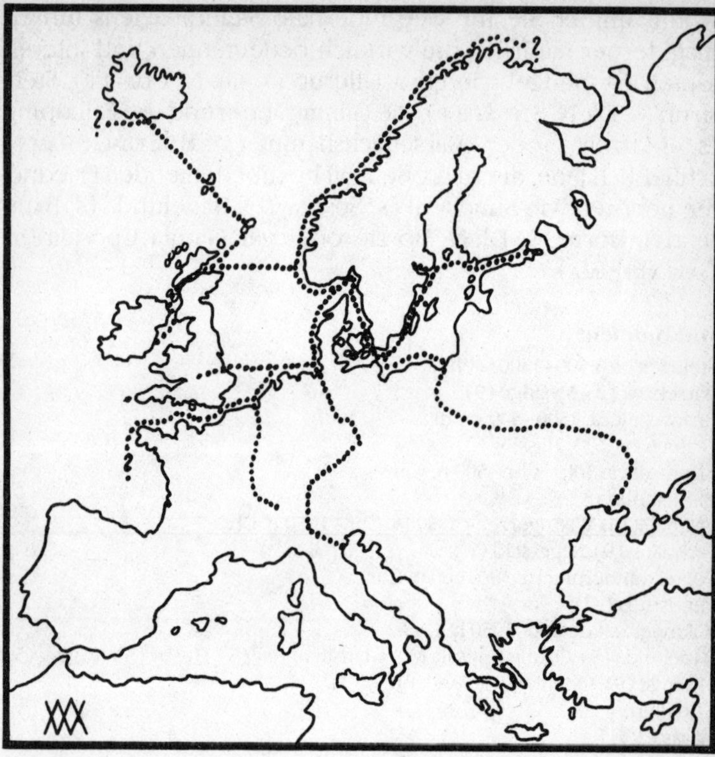

SUM) bis nahezu realistisch (s.: BRANDSKOGEN) – auf fast allen Felszeichnungen dieser Epoche auftauchen. Die Archäologen sind sich darüber einig, daß man mit diesen Schiffen nicht nur einen regen Handel über die Nordsee etwa mit England betrieb, es wurde auch nachgewiesen, daß man bereits damals nach Island, vielleicht sogar noch weiter vorgestoßen ist.
Worüber man sich freilich gar nicht einig ist, daß ist das Aussehen der Schiffe selbst. Man hat, ausgehend vom Hjortspringfund (s. Dk/N: HJORTSPRING) angenommen, daß es sich um relativ kleine, von Paddeln vorwärtsbewegte Fahrzeuge gehandelt habe. Wenn auch heute mancher Einhandsegler mit einer Jolle

die Welt umrundet, so wäre damals doch niemand auf die Idee gekommen, mit derartigen Fahrzeugen nach England oder gar Island fahren zu wollen! Die Theorie, daß jene kammartigen Striche, die sich bei vielen jener Boote finden, die Zahl der Besatzung (ein Mann = ein Strich) wiedergeben, ist durchaus glaubhaft, allerdings müßte dann so manches Fahrzeug runde 40 Meter lang gewesen sein – auch dies ist durchaus glaubhaft und ist auch durch die Schiffssetzungen (s.: SCHIFFSSETZUNGEN) zu untermauern.
Soweit wäre ja alles gut, hätte sich nicht die überwiegende Mehrzahl der Fachwissenschaftler in die Theorie verrannt, daß es sich um »Fellboote« – Boote aus mehr oder minder präparierten Tierhäuten, die über einen Rahmen von Weidenruten gezogen werden in der Art der Eskimo-Umiaks – handeln müsse, da die X-förmigen Zeichnungen auf einigen dieser Boote die, »durch die Hautbespannung durchscheinende, Binnenkonstruktion« darstelle. Denn ein Fellboot mit 30 oder 40 Metern würde im Seegang binnen kürze in Stücke geschlagen.

Es würde den Rahmen dieses Buches ganz entschieden sprengen, wollte ich nun im Detail jene Fellboot-Theorie zerpflükken und nur einige Belege dafür anführen, daß es sich bei den Hällristningarschiffen zweifelsfrei um Holzschiffe gehandelt hat, die sich vermutlich nicht allzusehr von den späteren Wikingerschiffen unterschieden haben: die Schiffe waren vermutlich Klinker aus Planken gebaut (s.: LITSLEBY), und diese Planken waren bunt bemalt (s.: HIMMELSTALUND), so daß sich jene »durchscheinende Binnenkonstruktion« eben als aufgemaltes Ornament entpuppt (s.: VITLYCKE I).

Kirchen und Klöster

Mit der Christianisierung Nordeuropas schossen die Kirchen wie Pilze nach einem warmen Sommerregen aus dem Boden – Konvertiten sind bekanntlich besonders eifrig!
Zunächst waren es Holzbauten – eine Tradition, die sich nur in Westnorwegen länger erhielt (s. Dk/N: STABKIRCHEN) –, bald aber auch Steinbauten, die rasch größer und prächtiger werdend das Land überzogen. Als Bischof Absalon zu Roskilde 1170 etwa mit dem Bau des Domes begann (s. Dk/N: ROSKILDE), hatten am gleichen Platz bereis eine Holz- und eine, vielleicht sogar zwei Steinkirchen gestanden.
Und, sofern man ältere Bauten nicht einfach abriß und neuere an ihre Stelle setzte, sind alle Kirchen der christlichen Wikingerepoche später zumindest umgebaut oder erweitert worden. Das heißt freilich nicht, daß jene ältesten Kerne nicht vielfach erstaunlich gut erhalten, durch Restaurierungen sogar wieder hervorgeholt worden wären.
Im Zuge der Christianisierung verbreiteten sich selbstverständlich auch die Klöster über das Land. Der Übereifer der Reformation hat sie in durchaus wörtlichem Sinne in Stücke geschlagen und geschleift, so daß heute von ihnen allenfalls noch Ruinen zeugen.

Vorkommen:
Spätwikingerzeit ca. 1000–1200 n. Chr.:
Dome:
Linköping (4), Lund (2).
Kirchen:
Åre (7), Bjärsjö (2), Bro/Gotland (8), Egby (9), Enånger (6), Frösö Kyrka (6/7), Gamla Uppsala (5), Gärslösa (9), Husaby (3), Källahamn (9), Karga Kyrka (4), Munktorp (5), Resmo (9), Rytterne (5), Sigtuna (5), Tröno (6), Valleberga (2), Väversunda (4), Visby (8).
Klöster:
Alvastra (4), Romakloster (8).

Kistensteine

Wie die Bildsteine sind sie eine typisch gotländische Denkmalsform.
Die Steine sind in der Regel zwischen 50 und 85 Zentimeter breit und etwas geringer in der Höhe, haben gerade Seitenkanten und oben ein aufgewölbtes Mittelteil und kleine abgesetzte Erhöhungen an den Ecken. Zu jeweils viert wurden sie zu einem kistenartigen Denkmal zusammengestellt und waren wie die Bildsteine reich verziert.

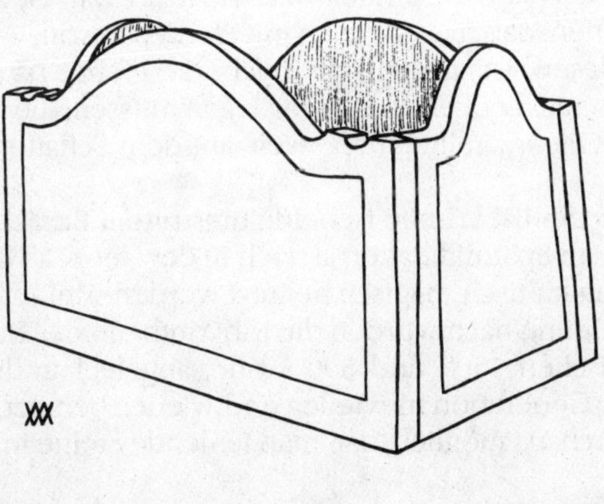

Die frühesten werden, wie die »Zwergsteine« (s.: BILDSTEINE), auf das 6. nachchristliche Jahrhundert datiert, blieben aber in Form und Größe bis ins 12. Jahrhundert hinein unverändert.

Vorkommen:
Völkerwanderung bis Wikingerzeit ca. 500–1100 n. Chr.:
Ardre (8), Barshaldershed (8), Ire (8), Sanda (8).

Labyrinthe

Von Kreta bis zum Polarkreis, vom Ural bis zum Atlantik – und in Asien und Afrika ebenso wie in Amerika – ist das Labyrinth eines der ältesten und häufigsten Zeichen religiös-kultureller Art (s.: AUSTERS, MARTEBO).
Im Norden Europas treten die als »Trojaburg«, »Trojeborg« oder »Trelleborg« bezeichneten Labyrinthe als Steinsetzungen auf, deren realtiv kleine Steine verschlungene, jedoch zielsicher zum Mittelpunkt und zurück zum Ausgang führende Wege – in diesem Sinne also keineswegs labyrinthisch – markieren.
Daß in ihnen kultische Reigentänze stattfanden, deren Grundsubstanz das »große Drama« (s.: VITLYCKE) war, ist allgemein unbestritten, daß man sie auch mit Pferden ausritt, wie manchmal zu lesen, ist unwahrscheinlich, die Pferde hätten dabei eine Geschicklichkeit an den Tag legen müssen, die jedweden Dressur-Olympiateilnehmer weit in den Schatten gestellt hätte.
Das Alter der Labyrinthe ist heftig umstritten. Tatsache ist, daß sie noch im Spätmittelalter, ja noch in der Neuzeit von der Bevölkerung kultisch-magisch benutzt wurden. Meiner persönlichen Meinung nach wurden die Labyrinthe in der Bronzezeit, d. h. zwischen 1500 und 500 v. Chr., angelegt und von den späteren Generationen wieder und wieder benutzt. Es ist jedoch durchaus möglich, daß man fehlende Steine immer wie-

der ergänzte, so daß die Steine der heutigen Labyrinthe vielleicht tatsächlich nur wenige hundert Jahre an ihrem Platz liegen, jedoch an einem Platz, der seit Jahrtausenden exakt vorgezeichnet war.
Näheres zum Thema Labyrinthe s. auch ULMEKÄRR.

Vorkommen:
Bronzezeit bis Wikingerzeit ca. 1500 v. Chr.–1050 n. Chr.:
Blå Jungfrun (9), Trojeborg (8), Ulmekärr (3).

Opferplätze

Es ist eine vielleicht nicht sehr moralische, jedoch unbezweifelbare Tatsache, daß man mit den Mächtigen dieser Erde ganz erheblich besser auskommt, wenn man sie sich gewogen macht, indem man sie beschenkt – besticht – abschmiert. Das gilt für die irdisch-realen Potentaten ebenso wie für die Götter – und der Christengott macht da keine Ausnahme.
Und so, wie es heute die Kirchen gibt, so gab es seinerzeit im germanischen Norden die Opferplätze, nur daß diese in der Regel unter freiem Himmel lagen, in heiligen Hainen, an Opferquellen, auf Bergrücken, am Rand von Mooren.
Wie es heute die kleine Dorfkirche gibt, so gab es damals den kleinen dörflichen Opferplatz für jenen Gott, unter dessen besonderen Schutz sich das Dorf gestellt hatte, entsprechend dem heutigen Kirchenpatron. Und es gab entsprechend unseren heutigen Domen und weltbekannten Wallfahrtsorten, auch damals die großen, überregionalen Opferplätze wie etwa in Uppsala (s.: GAMLA UPPSALA) oder am Polarkreis (s. Dk/N: POLARSIRKELEN).
Und was wurde geopfert?
Durch die im norddeutschen und dänischen Raum vorherrschende Sitte, die Opfergaben in Mooren zu versenken, sind wir gut über die Opferbräuche jener Region unterrichtet:

Zunächst waren da einmal die Speiseopfer, gesammelte oder angebaute Früchte, vermutlich lecker zubereitet und in irdenen Gefäßen den Göttern serviert, dazu wohl noch einen Krug Bier und, damit das Ganze nett aussah, einen Strauß Blumen. Und da die wenigsten Götter Vegetarier waren, mußte man ihnen zumindest zu besonderen Anlässen schon auch einmal ein Huhn, ein Schaf oder ein Schwein schlachten, in ganz besonders schwierigen Fällen auch ein Rind oder gar eines der überaus kostbaren Pferde.

Auch Dinge für den praktischen Gebrauch nahmen die Götter an, Handwerks- und Ackergerät etwa, lieber natürlich noch Luxuswaren und Schmuck. Da mußte sich schon manch ein Mann von einem kostbaren fränkischen Glas oder einem massiv-silbernen Armreif trennen und manche Frau von einer schönen Gewandnadel oder einem Halsband.

Kriegerische Götter verlangten nach einer gewonnenen Schlacht selbstverständlich ihren Anteil an der Beute an Waffen und eventuell Schiffen. Der Hjortspring-Fund ist dafür typisch (s. Dk/N: HJORTSPRING): Außer dem Boot fand man 150 Schilde, 170 Speere, acht Stahlschwerter und 20 Kettenhemden samt einigem sonstigen Gerät. Interessant ist die Aufteilung der Beute zwischen Göttern und Menschen: Grundzahl bilden die Schilde, 150, sie hat man ohne jede Frage geopfert, was bedeutet, daß also 150 Angreifer umgekommen sind. Die 170 Speere, 138 mit Eisenspitzen, 32 mit Horn- oder Beinspitzen, dürften ebenso der erbeuteten Zahl entsprechen. Geht man davon aus, daß nur die wichtigeren Persönlichkeiten sich einen Kettenpanzer leisten konnten, so sind 20 geopferte eher großzügig. Freilich fehlen sämtliche Helme (zumindest jene, die einen Kettenpanzer trugen, besaßen auch Helme), doch sie waren teuer und selbst für einen ansonsten ungepanzerten Mann allzu nützlich. Und ausgesprochen schofel war man mit den Schwertern – gute Stahlschwerter waren seinerzeit aber auch ein kleines Vermögen wert!

Auch mit der Opferung von Schiffen hielt man sich begreiflicherweise zurück. Ein Boot vom Hjortspringtyp faßte etwa 25

Mann, d. h. rein rechnerisch, daß die Mannschaften von sechs Schiffen umgekommen sind. Wir wissen nicht, wieviel Mann seinerzeit angegriffen haben, doch selbst wenn wir annehmen, daß einige Boote stark unterbemannt fliehen konnten, so blieb gewiß mehr als eines in der Hand der Sieger zurück – doch eben auch Schiffe und Boote, zumal solch hervorragend gebaute, sind rar und teuer.
Und auch das kostbarste aller Opfer durfte den Göttern nicht vorenthalten werden: der Mensch.
Vom alten Uppsala, dem Heiligtum der Heiligtümer Schwedens, wird berichtet, daß dort alle neun Jahre je neun männliche Exemplare jeder Gattung an den Bäumen des heiligen Hains erhängt wurden. Der gotländische Bildstein von Hammars I (s.: HAMMARS) zeigt solche Menschenopfer durch Erhängen und Durchschneiden der Kehle. Das waren die üblichsten Formen, neben Enthaupten und Ertränken in heiligen Brunnen, die ebenfalls erwähnt werden. Auch hier haben uns die Moore eine ganze Reihe der so Geopferten erhalten, die Moorleichen (s. Dk/N: MOORLEICHEN).

Und dann gab es noch jene seltenen, extremen Notfälle, in denen die Götter nur noch damit zu besänftigen waren, daß man ihnen das wertvollste vom Wertvollen, das kostbarste vom Kostbaren opferte, die hochheiligen Kultgeräte selbst: Luren (s. Dk/N: BRUDEVAELTE), Kultwagen (s. Dk/N: TRUNDHOLM, DEJBJERG), Hörner (s. Dk/N: GALLEHUS) oder Kulthelme (s. Dk/N: VEKSØ).

Vorkommen:

Steinzeit bis Wikingerzeit ca. 2000 v. Chr.–1050 n. Chr.:
Bro/Gotland (8).
Eisenzeit ca. 500 v. Chr.–500 n. Chr.:
Källa (9).
Wikingerzeit ca. 600–1050 n. Chr.:
Gamla Uppsala (5), Karga Kyrka (4).

Radgräber

Gräber, die in Form eines großen Rades gebaut sind, wurden ganz vereinzelt gefunden und auf die jüngere Eisenezit, also 200 bis 400 n. Chr. datiert.
Das schönste Exemplar befindet sich bei Linde (s.: LINDE) auf Gotland.

Vorkommen:

Eisenzeit ca. 200–400 n. Chr.:
Linde (8).

Richterringe

Kreisförmige Steinsetzungen (s.: RINGSETZUNGEN) werden z. B. in Schweden grundsätzlich als »Domarringar«, d. h. »Richterringe«, angesprochen.
Dies ist zweifellos Unsinn; die allermeisten Ringsetzungen sind Grabmäler.
Nur einige wenige, meist besonders große, wurden auch als Gerichtsstätten, d. h. »Richterringe«, verwendet; das prachtvollste Beispiel hierfür ist wohl Blomsholm (s.: BLOMSHOLM).

Vorkommen:

Eisenzeit bis Wikingerzeit ca. 400–950 n. Chr.:
Blomsholm (3), Nässja (4).

Ringsetzungen

Ähnlich wie die Schiffssetzungen (s.: SCHIFFSSETZUNGEN) scheinen auch die Ringsetzungen in Gotland oder Südostschweden entstanden zu sein, zumindest sind dort die ältesten, noch aus der Bronzezeit stammenden Ringe gefunden worden.
Mit großer Wahrscheinlichkeit stammt die Sitte der Ringsetzungen als Grabdenkmäler von den kreisförmigen Einfriedigungen von Grabstätten, wie man sie bereits bei etlichen Dolmen der Steinzeit, etwa in Knebel (s. Dk/N: KNEBEL) beobachten kann.
In der Bronzezeit waren viele Baumsarg-Gräber mit solchen Einrichtungen versehen (s. Dk/N: HARRISLEE), die dann freilich unter dem aufgeworfenen Grabhügel verschwanden.
Von hier ist es eigentlich nur noch ein kleiner Schritt dazu, sich das mühevolle Aufwerfen des Grabhügels zu ersparen, das Grab selbst in den Boden zu verlegen und sichtbar nur die Steineinfriedung stehen zu lassen.
Das »Penninggraven« in Bredarör (s.: BREDARÖR) mit seinem rund 20 Meter durchmessenden aus nicht großen, jedoch dichtgesetzten Steinen bestehenden Steinring dürfte diese älteste Form der Ringsetzung repräsentieren.
Zumal die Eisenzeit griff diese Form des Grabmonuments auf, wobei der Kreis in der Regel aus fünf, sieben oder neun Steinen gebildet wurde. Die Größen reichen von Ringlein mit kaum mehr als zwei Metern Durchmesser, die oft zu Dutzenden auf Grabfeldern beisammen liegen, bis zu prachtvollen Einzelexemplaren, wie der große Ring von Blomsholm (s.: BLOMSHOLM) mit einem Durchmesser von 33 Metern. Solch große Ringe wurden später als Gerichtsstätten verwendet (s. RICHTERRINGE).
Auch in der Völkerwanderung und Wikingerzeit gab es noch Ringsetzungen, sie spielten aber gegenüber anderen Steinsetzungsformen nur noch eine untergeordnete Rolle und waren auch eher bescheiden in der Größe.

Vorkommen:

Bronzezeit ca. 1500–500 v. Chr.:
Bredarör (2), Hajdeby (8), Stenkyrka (8).
Eisenzeit ca. 500 v. Chr.–500 n. Chr.:
Blomsholm (3), Smålandstenar (2/3), Vargön (3).
Eisenzeit bis Wikingerzeit ca. 100–1050 n. Chr.:
Grimeton (2/3), Hjortahammar (4), Högsrum (9), Källa (9), Köpingsvik (4/9), Parboäng (9).
Wikingerzeit ca. 600–1050 n. Chr.:
Hallsberg (5), Nässja (4).

Rollsteinhügel

Auf Gotland, Öland und in Südostschweden errichtete man vielfach Grabhügel nicht aus Grassodem, sondern aus rundlichen Feldsteinen. Auch diese Hügel besaßen eine Binnenstruktur, wie sie in Kauparve (s. KAUPARVE) im Detail wissenschaftlich untersucht und nun zu besichtigen ist.
Auch Rollsteingräber konnten recht unterschiedliche Größen haben, das größte und zugleich eines der interessantesten ist das Grab von Kivik (s.: KIVIK) mit einem Durchmesser von 75 Metern und einer Höhe von sieben Metern.
Im Gegensatz zu den Grabhügeln aus Grassodem (s.: GRABHÜGEL), die von der Steinzeit bis in die Wikingerzeit errichtet wurden, erbaute man die Rollsteinhügel vornehmlich in der Bronzezeit und nur ganz wenige Exemplare sind jüngeren Datums.

Vorkommen:

Bronzezeit ca. 1500–500 v. Chr.:
Bro/Gotland (8), Gålrum (8), Gösslunda (9), Hajdeby (8), Kauperve (8), Kivik (2), Köpingsvik (4/9), Stenkyrka (8).
Eisenzeit bis Wikingerzeit ca. 500 v. Chr.–1050 n. Chr.:
Gettlinge (9), Järvsta (6), Ottenby (9), Parboäng (9), Vallhagar (8).

Runen

Es ist so viel über die germanischen Runen, ihre Entstehung und Bedeutung geschrieben worden, daß ich es hier bei einigen Anmerkungen und Streiflichtern belassen möchte.
Die allgemein anerkannte Lehrmeinung geht dahin, daß zu Ende der Eisen- bzw. zur Völkerwanderungszeit die Germanen unter römischem Einfluß ein Alphabet entwickelt hätten. Das wird damit bewiesen, daß zu jener Zeit die ersten in Stein gemeißelten, ergo erhaltenen Runenzeichen überliefert sind (s.: TANUM, Dk/N: TUNE).
Daß die Runen ursprünglich in Holz, genauer gesagt in Holzstäbe (der Begriff »Stabreim« kommt daher) geschnitten wurden, lange ehe man sie in Stein schlug, ist unumstritten. Dies führt freilich zu der Frage, »wie lange vorher«, da die frühesten Runensteine ja schon auf das 5. Jahrhundert datiert werden können. Es berührt auch die Frage, weshalb das Runenalphabet, das »Futhark«, dem Lateinischen letztlich so wenig ähnlich ist, wenn man es dort doch angeblich übernommen hat, obschon Einflüsse unverkennbar sind.
Gewisse Eigenheiten waren freilich technisch bedingt, denn das Schneiden der Zeichen in Holzstäbe machte gewisse Formen problematisch, so alle Rundungen oder auch Schnitte längs der Faser, was zum Spalten des Holzes hätte führen können. So bestehen die Runenalphabete durchweg aus Buchstaben, deren Striche quer (senkrecht) oder schräg zur Holzfaser eines Stabes verlaufen.
Generell unterscheiden wir zwischen der »älteren Futhark« (»Futhark« nach den ersten Buchstaben des Alphabets) mit 24 Zeichen, die selbstverständlich regional und zeitlich gewissen Variationen unterworfen war, und die im gesamten germanischen Raum bis etwa 800 n. Chr. verwendet wurde. Um diese Zeit dann bildete sich von Südnorwegen-Nordwestschweden ausgehend die »jüngere Futhark« mit nunmehr 16 Zeichen heraus, die für die Wikingerzeit maßgeblich war. Freilich muß

man erwähnen, daß auch die jüngere Futhark nicht nur ihre beträchtlichen regionalen Varianten hatte, so daß z. B. von einem eigenen »Rök«-Alphabet (s.: RÖK) gesprochen werden muß, Buchstaben der älteren Futhark flossen lange Zeit immer wieder ein, oder sie wurden insgesamt als »Geheimschrift« benutzt.
Überhaupt liebten es viele Runenmeister, sich geheimnisvoll zu geben, mit Zahlen und Buchstaben zu jonglieren, Geheimtexte in die offensichtlichen Texte einzubauen, deren Inhalt gar so geheimnisvoll gar nicht war, wie der Erik-Stein (s. Dk/N: BUSDORF) etwa zeigt, ja die besonders hervorgehobene Tatsachen in »Geheimrunden« schrieben, um nur ja auf sie aufmerksam zu machen wie auf dem Rök-Stein (s.: RÖK).
Letzter Sinn jeder Runeninschrift war es natürlich, gelesen und gegebenen Falles dechiffriert zu werden. Geheimrunen, scheinbar wahllos zerrissene und dann in den Zeilen kunterbunt durcheinander gewürfelte Texte (s.: TANUM u. v. a.), die »Kenningar« (s.: KARLEVI) und welcher Mittel sich die Runenmeister sonst bedienten, um ihre Texte zu komplizieren, stellten also keine echte Verschlüsselung sondern eine Art Denksportaufgabe dar, ähnlich der, die verwickelten Windungen eines Drachen zu verfolgen und zu entwirren.
Nun entsteht dergleichen nicht im luftleeren Raum. Anders ausgedrückt: Denksportaufgaben dieser Art haben nur dann einen Sinn, wenn es das entsprechende Publikum gibt, das gebildet genug ist, um Spaß daran zu haben, an derlei Spielen seinen Intellekt zu schleifen. Und hier stoßen wir nun auf ein Phänomen, das ganz und gar nicht in die heute übliche Germanen-Schablone paßt, derzufolge diese im allgemeinen und die Wikinger im besonderen eine Horde barbarischer Primitivlinge waren, die nichts anderes als zu zerstören verstanden und selbstverständlich von jeglicher Kultur restlos unbeleckt waren. Wie unzivilisiert, wie unkultiviert aber ist ein Volk, das – im Gegensatz zu späteren, christlichen Zeiten – zum allergrößten Teil wenn schon nicht des Schreibens, so zumindest des Lesens kundig ist? Noch heute existieren rund 3000 Runen-

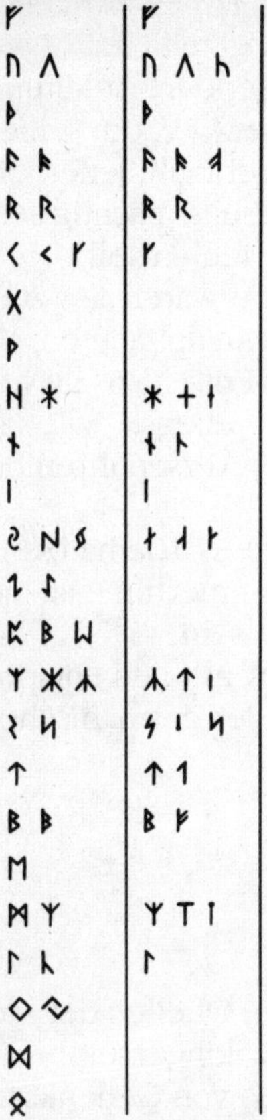

f	*fehu*	Vieh, Besitz, Fahrhabe
u	*ūruz*	Ur (Auerochse), männliche Kraft
þ	*þurisaz*	Thurse, Riese, Unhold
ą	*ąnsuz*	Ase, Wodan
r	*raiðō*	Fahrt, Ritt, Wagen
k	*kaunan* *kēnaz* *kanō*	Krankheit, Geschwür Fackel (Kien) Kahn, Boot
ʒ	*ʒebō*	Gabe
w	*wunjō* *winjō* *wulþuz*	Wonne, Freude Weideland, heilige Wiese Herrlichkeit
h	*haʒlaz* *haʒlan*	Hagel Verderben
n	*nauðiz*	Not, Zwang, Unfreiheit
i	*īsaz, īsan*	Eis, schleichendes Unheil
j	*jēran*	fruchtbare Jahreszeit, Ernte
ë	*eihwaz*	Eibe, Zauberbaum
p	*perþō*	Fruchtbaum
z/R	*alʒiz*	Elch, göttlicher Zwilling, Abwehr
s	*sōwilō*	Sonne
t	*teiwaz*	Ziu, der alte Himmelsgott
b	*bērkanan*	Birkenzweig, junges Leben
e	*ehwaz*	Pferd, Sonnenroß
m	*mannaz* *mannuz*	Mann Stammvater Mannus
l	*laʒuz* *laukaz*	Wasser Lauch
ng	*ingwaz*	Gott Ing, Fruchtbarkeit
ð	*ðaʒaz*	heller Tag, heiliges Feuer
o	*ōþalan*	festes Eigentum, ererbter Besitz

Links ältere, rechts jüngere Fūthark.

Zur Aussprache:

ą nasaliertes *a*, entstanden aus *an*
ð entspricht dem englischen stimmhaften *th* wie *the*
ʒ stimmhaftes *g* wie norddeutsch *Wagen*
þ entspricht dem englischen stimmlosen *th* wie *thick*
z stimmhaftes *s* wie *sagen*
R palatales *r*, entstanden aus *z*, das in der Wikingerzeit in *r übergeht*

steine, in der Hochblüte der Wikingerzeit gab es zweifellos einvielfaches davon! Nun braucht man, um einen Grabhügel, eine Schiffssetzung zu verstehen, keine besondere Anleitung. Einen Runenstein hingegen muß man »lesen« (!), um seinen Sinn zu verstehen, was bedingt, daß die Mehrzahl jener, die dieses Monument sehen, tatsächlich des Lesens mächtig sein muß, wenn das Ganze nicht seinen Sinn verfehlen soll.
Die Nordgermanen des 6. bis 11. Jahrhunderts waren also zum größten Teil offensichtlich nicht nur keine Analphabeten, sie waren vielfach sogar gebildet genug, um am Entschlüsseln von Buchstaben-, Zahlen- und Symbolrätseln ebenso wie an höchst kunstvoll und kompliziert geformten Versen ihren hohen intellektuellen Spaß zu haben.
Der Raum dieses Buches verbietet mir, dieses Thema bis in seine Verzweigungen weiter zu verfolgen, immerhin mag das Erwähnte Anstoß zu eigenen Überlegungen sein . . .
Beigefügt sei die ältere und neuere Futhark mit den entsprechenden modernen Lautumsetzungen und den germanischen Symbolbegriffen zu jedem der Buchstaben.

Runensteine

Sie gehören zu den wichtigsten historischen Quellen der späten Völkerwanderung und vor allem der Wikingerzeit bis in die christliche Epoche herauf. Das Errichten von Gedenksteinen hatte schon fast ein Jahrtausend Tradition, als zum ersten Mal jemand Schrift- oder Bildzeichen in einen dieser Steine meißelte, zum »ewigen Gedenken«. Wir wissen nicht, wann genau und wo der erste Runenstein errichtet wurde, vieles aber spricht für das nordwestschwedische Bohuslän oder das südostnorwegische Østfold. Es ist eine Gegend, die nicht nur im Zeichnen auf Stein (s. FELSZEICHNUNGEN) eine uralte Tradition hatte, sondern wo auch auf relativ engem Raum einer der ganz wenigen mit einem Bildsymbol geschmückten eisenzeitlichen Bautasteine (s. BAUTASTEINE) auf dem Grabfeld von Grebbestad (s.: GREBBESTAD) steht, und in Tanum (s.: TANUM) zwei, wenige Kilometer nördlich in Tune (s. Dk/N: TUNE) ein weiterer Runenstein gefunden wurde, die zu den ältesten gehören, die man bislang entdeckt hat.

Formal müssen wir zwischen zwei Grundtypen der Runensteine unterscheiden: dem reinen »Schriftstein« und dem »Schlangenbandstein«.

Der »Schriftstein« ist zweifellos der ältere Typ und ist mit einem oder mehreren geraden, vielfach senkrechten Zeilen mit Runen bedeckt. Berühmte Exemplare dieses Runensteintyps sind beispielsweise die Steine von Busdorf (s. Dk/N: BUSDORF), Glavendrup (s. Dk/N: GLAVENDRUP), Karlevi (s.: KARLEVI) oder Rök (s.: RÖK). Der »Schriftstein«-Typ hat kein eigentliches Zentralgebiet, was das Vorkommen anbelangt, ist aber in Norwegen, Westschweden und Dänemark die vorherrschende Form.

Der »Schlangenbandstein« – die Runenschrift zieht sich vom Kopf eines Drachens oder einer Schlange über deren vielfach gewundenen und verschlungenen Körper bis zum Schwanzende hin – ist als Typ zweifellos ein gutes Stück jünger als der reine »Schriftstein«. Er entwickelte sich mit dem Ringerike- und Urnes-Stil (ca. 980–1100 n. Chr.) zur höchsten Blüte, wenn wir an die Prachtexemplare von Tullstorp (s.: TULLSTORP), Frösö (s.: FRÖSÖ), Nasta (s.: NASTA), Hansta (s.: HANSTA) oder Simris (s.: SIMRIS) oder den hier abgebildeten Stein aus Vårfrukyrka/Uppland denken, den zwei Töchter von dem berühmten Runenmeister Balle zum Andenken an ihren Vater aufrichten ließen. Auf vielen dieser Steine erscheint bereits das christliche Kreuz, und je mehr es dominiert, um so schwächer und dürftiger wird das Drachen-Schlangen-Motiv. Ein recht gutes Beispiel dafür geben die Runensteine auf dem Gelände der Universität von Uppsala (s.: UPPSALA). Der »Schlangenbandstein« hat sein Zentrum in Ost- und Mittelschweden, von wo dieser Typ ausstrahlt, jedoch außerhalb Schwedens so gut wie nie vorkommt.

Auf ein paar Sonderformen sollte wohl noch hingewiesen werden:

Da sind einmal die Runensteine der christlichen Epoche auf Gotland, die die Form der gotländischen Bildsteine übernommen haben (s.: ARDRE, HOGRÄN, SJONHEM), oder die von Gotland exportiert wurden, wie etwa jener Stein in der Kirche von Köping auf Öland (s.: KÖPING/ÖLAND), und die formal eigentlich fast zu den Bildsteinen (s.: BILDSTEINE) gerechnet werden müßten.

Überhaupt scheint man auch auf dem Festland immer wieder zumindest ein bißchen mit dem Bildstein geliebäugelt zu haben – ein Ergebnis davon ist zweifelsfrei der Typ des »Schlangenbandsteines« –, so daß man manchen »Runenstein«, im wörtlichen Sinne durchaus als »Bildstein« bezeichnen müßte: Den mächtigen im Mammen-Stil gehaltenen Stein von Källby Hallar (s.: KÄLLBY HALLAR), die im Ringerike-Stil ausgeführten Steine von Tullstrop (s.: TULLSTROP) oder eben von Ringerike (s. Dk/N: HØNEFOSS), der dem ganzen Stil den Namen gab, oder der Stein von Skokloster (s.: SKOKLOSTER), dessen Reiter noch aus der späten Völkerwanderung stammt und ganz gewiß beträchtlich älter als seine Runenschrift ist.

Eine eigene kleine Gruppe bilden die »Maskensteine«, wie sie in Ostjylland um Århus beliebt waren (s. Dk/N: ÅRHUS, SJELLEBRO, SKERN).

Der Sinn der Runensteine war generell der von Gedenksteinen – nicht mit Grabsteinen zu verwechseln, denn auf Gräbern standen diese Steine nur in ganz vereinzelten Ausnahmen. Gewiß, in der Mehrzahl der Fälle wurden Runensteine von Ehefrauen, Kindern, Gefolgsleuten zu Ehren eines Verstorbenen errichtet – und oft seine Geschichte, die Umstände seines Todes, sein Rang und seine Macht auf dem Stein in mehr oder minder kurzen Worten festgehalten. In anderen Fällen, wie in Jelling Harald Blåtand, wurden historisch wichtig erscheinende oder tatsächlich wichtige Tatsachen festgehalten, und in manch anderen Fällen schließlich setzte ein nicht eben von Minderwertigkeitsgefühlen geplagter Mann sich selbst solch einen Runenstein und verkündete lauthals seine eingebildete oder tatsächliche Bedeutung. Die Texte reichen von einer schlichten Widmung wie »Asbjörn errichtet diesen Stein nach (= für) Hrold, seinen Vater«, über mehr oder minder detaillierte Angaben zu sozialer Stellung und Todesursache, Segenswünsche wie »Thor segne diese Runen« bzw. »Christus sei seiner Seele gnädig« auf christlichen Steinen, bis zu magischen Beschwörungen (s. Dk/N: GLAVENDRUP u. a.) und zu literarischen Ergüssen (s.: KARLEVI).

Vorkommen:

Völkerwanderung bis Frühwikingerzeit ca. 450–750 n. Chr.:
Nur Schrift: Tanum (3).
Heidnische Wikingerzeit ca. 750–1050 n. Chr.:
Nur Schrift: Ås (3), Bro/Uppland (5), Bunge (8), Karlevi (4/9), Köping/Öland (9), Rök (4), Rytterne (5).
Mit Bild: Adala (5), Badelunda (5), Ed (5), Fresta (5), Hällestad (2), Högby (4), Källby Hallar (3), Lerkaka (9), Nasta (5), Norrsunda (5), Seby (9), Sjörup (2), Skokloster (5), Tingstad/Östergötland (4), Tullstorp (2), Turinge (5), Vallentuna (5), Väsby (5).
Christliche Wikingerzeit ca. 1000–1150 n. Chr.:
Nur Schrift: Bro/Gotland (8), Källby Hallar (3), Sigtuna (5), Sundsvall (6/7), Tingstad/Östergötland (5), Uppsala (5).
Mit Bild: Ardre (8), Frösö (6/7), Grinda (5), Gripsholm (5), Häggeby (5), Hansta (5), Hogrän (8), Järvsta (6), Kålsta (5), Köping/Öland (9), Lingsberg (5), Malsta (6), Norslunda (5), Övergran (5),Överjärna (5), Rytterne (5), Simris (2), Sjonhem (8), Södersluss (5), Spånga (5), Täby/Östergötland (4), Täby/Uppland (5), Uppsala (5), Växjö (2/4), Virserum (4).

Gotländische Form:
Ardre (8), Hogrän (8), Köping/Öland (9), Sjonhem (8).
Behauener Findling:
Sjusta (5).
Runengrabstein:
Bro/Gotland (8).
Stein mit Geheimrunen:
Rök (4), Virserum (4).

Schiffsfahnen

Fahnen, Flaggen, Wimpel wurden, so zeigt es das Krondokument der Spätwikingerzeit, der Bildteppich von Bayeux, am Masttop gefahren.
Wie und wo jene auf uns gekommene Schiffsfahnen gefahren wurden, ist weniger klar.
Ein in Bergen gefundener und im Bryggens Museum in Bergen aufbewahrter Runenstab mit der Darstellung der »Laidang«-Flotte (s. Dk/N: BERGEN) zeigt, daß derartige Fahnen am Vordersteven, nicht am Masttop gefahren wurden. Andererseits verfügen die aufgefundenen Fahnen über Löcher an der unteren Kante, die bezeugen, daß dort ein Stoff, Fahnen-Wimpelstoff angeschlagen war – auf dem Runenstab von Bergen nicht sichtbar –, so daß sich die Frage erhebt: waren jene Schiffsfahnen, wie der Stab von Bergen zeigt, am Vordersteven angeschlagen oder doch mit einem Stoffstreifen, den die Bergen-Schiffe vermissen lassen, am Mast?
Von den bislang gefundenen Schiffsfahnen stammt eine aus dem südnorwegischen Heggen (s. Dk/N HEGGEN), zwei weitere kommen aus dem gotländischen Källunge (s. KÄLLUNGE) und dem mittelschwedischen Söderala (s. SÖDERALA).

Vorkommen:
Wikingerzeit ca. 950–1050 n. Chr.:
Källunge (8), Söderala (5).

Schiffsfunde

Wir sind seit dem Hjortspring-Fund (s. Dk/N: HJORTSPRING), der in die ältere Eisenzeit datiert wird, gut, und seit der Wikingerzeit ganz hervorragend über die Schiffe, die im nordgermanischen Raum verwendet wurden, informiert.
Unter den Schiffsfunden müssen wir drei Gruppen unterscheiden:
Die älteste sind die Opferfunde der Eisenzeit. Hierzu zählen das Hjortspring- (s. Dk/N: HJORTSPRING) und Nydam-Boot (s. Dk/N: NYDAM).
Die zweite größte Gruppe umfaßt die Totenschiffe, wo Verstorbene in ihren Schiffen beigesetzt wurden (s. SCHIFFSGRÄBER).
Die dritte Gruppe umfaßt Funde von Schiffen, die eigentlich eher zufällig erhalten blieben. Das Glanzbeispiel hierfür sind die Skuldelev-Schiffe (s. Dk/N: SKULDELEV).

Vorkommen:
Eisenzeit bis Wikingerzeit ca. 100–1100 n. Chr.:
Björke (6), Galtabäck (2/3), Vendel (5).

Schiffsgräber

Das »Totenschiff« ist in zahllosen Religionen und auch im germanischen Norden (s.: SCHIFFSSETZUNGEN) tief eingewurzelte Tradition.
In der frühen Wikingerzeit, etwa 500 bis 800 n. Chr., begann man tatsächlich Tote in Schiffen, zunächst freilich nur Booten, beizusetzen (s.: VENDEL).
Später, in der Glanzzeit der Wikinger zwischen 800 und 1000 n. Chr., waren es dann große Schiffe, die man für Bestattungen verwendete; wir verdanken dieser Sitte die wohl aufsehenerregendsten Funde der nordischen Frühgeschichte, wie die

Funde von Oseberg (s. Dk/N: OSEBERG) und Gokstad (s. Dk/N: GOKSTADT), und in seiner Weise auch Ladby (s. Dk/N: LADBY) und, wäre er nicht gar so unsachgemäß ausgegraben worden, Borre (s. Dk/N: BORRE).

Entgegen so mancher Darstellung muß freilich ganz, ganz deutlich gesagt werden: Schiffsgräber waren ausschließlich eine Sache der ganz Reichen, der ganz Mächtigen, der ganz Großen (selbst in Vendel mit seinen vergleichsweise kleinen Booten!).

Schiffe – das war immer so und das wird immer so sein – sind teuer. Extrem teuer! Selbst ein größeres Boot ist es. Dergleichen konnten sich nur wirklich große Könige und Fürsten leisten, und dementsprechend sind diese Gräber dann auch sonst ausgestattet: prachtvolle Waffen, Schmuck, Pferde (ein Pferd repräsentiert damals den Wert von etwa 20 Milchkühen), beste Hausratsgegenstände, kostbarste Stoffe, herrliche Schnitzereien und erlesene Metallwaren, Exotika wie fränkische Gläser oder gar ein Pfau!

Entgegen den »Schatzgräbern« des 17. und 18. Jahrhunderts, der blindwütigen Ausgrabungsbegeisterung des 19. Jahrhunderts ist man doch heute außerordentlich behutsam geworden. Man läßt Grabhügel – z. B. Vestfold, westlich des Oslofjords, wo man die Funde von Gokstad, Oseberg und Borre machte – unberührt, obschon man mit ziemlicher Sicherheit dort Schiffsgräber vermuten darf, um sie künftigen, besser ausgerüsteten Archäologengenerationen zu erhalten.

Vorkommen:

Wikingerzeit ca. 500–800 v. Chr.:
Vendel (5).

Schiffssetzungen

Unter den verschiedenen Formen der Steinsetzungen sind die

Schiffssetzungen die zweifellos eigenwilligsten und bemerkenswertesten.
Die ägyptische Ra-Barke, Charons-Nachen usw., Schiffe spielten im Totenglauben zahlloser Völker eine höchst bedeutsame Rolle. Man hat Schiffe – Modelle und echte – den Toten mit ins Grab gegeben, doch die Idee, steinerne Grabmonumente in Form eines Schiffes zu errichten, blieb den Gotländern der Bronzezeit vorbehalten.
Etwa Mitte der Bronzezeit, um 1000 v. Chr. also, begann man mit der Errichtung derartiger Grabmäler. Zunächst aus nicht allzu hohen, dicht Stein an Stein gesetzten Felsbrocken – die sogenannte »enge Setzung« –, wobei stets die Stevensteine an Bug und Heck entsprechend einem echten Schiff höher waren. Man legte auch großen Wert darauf, den Sprung des Dollbords korrekt zu formen, d. h. mittschiffs am tiefsten und zu den Enden, den Steven also in einer mathematischen Kurve ansteigend wie die Schemaskizze unten zeigt (s. auch: TJELDERS). Später wurde dann die »weite Setzung« üblich, wobei zwischen den einzelnen Steinen ein mehr oder minder großer Freiraum belassen wurde (s. z. B.: BADELUNDA). In einem solchen Schiff wurden die verbrannten Gebeine der Toten – seit der frühen Wikingerzeit der unverbrannte Körper – samt Grabbeigabe beigesetzt. Die Größe der frühen Schiffssetzungen schwankt beträchtlich: Die Mehrzahl mißt zwischen 8 und 16 Metern Länge, es gibt aber auch beträchtlich größere, etwa das Schiff bei Gannarve (s.: GANNARVE)mit 29 Metern und die beiden Schiffe von Gnisvärd (s.: GNISVÄRD), von denen das kleinere 37 Meter, das größere gar 45 Meter Länge aufweist. Interessant ist das Verhältnis Breite zu Länge: Es beträgt bei den großen Schiffen bis zu 1 : 6, bei kleinen jedoch nur 1 : 4 oder gar 1 : 3; das bedeutet nichts anderes, als daß hier tatsächliche

Maße und Proportionen verwendet wurden, und dies heißt wiederum nichts anderes (auch wenn das so manchem Schiffshistoriker nicht schmecken will), daß man bereits in der Bronzezeit in Skandinavien Schiffe mit einer Länge von 30, ja 40 und mehr Metern gebaut hat!
Rund 350 solche der Bronzezeit entstammenden Schiffssetzungen hat man auf Gotland bislang entdeckt, teils einzeln, teils in ganzen kleinen Flotten. Die Idee wurde alsbald begeistert auch auf dem skandinavischen Festland aufgegriffen und bis zum Ende der heidnischen Wikingerzeit, also bis etwa 1000 n. Chr., eifrig gepflegt.
Und auch hier schwanken die Größen ganz beträchtlich: Die Schiffe der typischen »Volks«-Friedhöfe, wie z. B. Vätteryd (s.: VÄTTERYD), Hjortahammar (s.: HJORTAHAMMAR) oder gar Lindholm Høj (s. Dk/N: LINDHOLM HØJ), wo nicht weniger als 132 Schiffssetzungen dicht bei dicht liegen, waren in der Regel nicht sonderlich groß, manche kaum mehr als 2,5 Meter, wenige über 8 Meter Länge.
Doch natürlich gibt es auch die »großen Schiffe« der großen Herren, wie das besonders schöne von Blomsholm (s.: BLOMSHOLM) aus der Eisenzeit mit 42 Meter, oder aus der Wikingerepoche die Schiffe von Nässja (s.: NÄSSJA) mit 44 Metern und Badelunda (s.: BADELUNDA) mit 51 und 54 Metern und schließlich den Giganten von Kåseberga (s.: KÅSEBERGA) mit 67 Metern Länge. Doch auch hier sind die Breiten-Längen-Proportionen exakt nach den Originalschiffen eingehalten. Es handelt sich also auch hier offensichtlich um die steinernen Abbilder tatsächlicher Fahrzeuge. Selbst das Kåseberga-Schiff – nach den üblichen Berechnungsformeln ein 52räumiger Drekar (s.: WIKINGERSCHIFFE) – hatte gewiß nicht gerade eine »gängige« Größe, ist jedoch in den Sagas belegt, und wurde von dem 60(!)-räumigen Drekar König Knuts des Mächtigen sogar noch um etliches an Größe übertroffen.
Die Schiffssetzungen stellen also nicht nur eine für Nordeuropa ebenso typische wie einmalige Form des Grabmonumentes dar, sie haben absolut realistischen Bezug zum jeweiligen

Stand der Schiffsbautechnik und ahmen zumindest im Umriß tatsächlich vorhandene Schiffe nach (die in vielen Fällen wohl einst Eigentum des Bestatteten waren). Sie könnten also, was bislang noch niemandem in den Sinn kam, in bezug auf Größen und Proportionen durchaus als Quellen für den Schiffsbau jener Epochen herangezogen werden.

Vorkommen:
Bronzezeit ca. 1500–500 v. Chr.:
Bredarör (2), Gålrum (8), Gnisvärd (8), Karums Alvar (9), Tjelders (8).
Eisenzeit ca. 500 v. Chr.–500 n. Chr.:
Blonsholm (3), Gettlinge (9).
Eisenzeit bis Wikingerzeit ca. 100–1050 n. Chr.:
Hjortahammar (4), Vätteryd (2).
Wikingerzeit ca. 600–1050 n. Chr.:
Badelunda (5), Byxelkrok (4/9), Kåseberga (2), Nässja (4).

Schleifrinnen

Es sind dies langgestreckte, ovale Schleifspuren in Felsen oder auf losen Steinblöcken, mitunter sogar Bildsteinen und eine ausgesprochen gotländische Besonderheit.
Man hat bislang etwa 2000 an über 500 Plätzen auf der Insel entdeckt, fast immer in Zusammenhang mit Wasser. Doch was dort geschliffen wurde, zu welchem Zweck oder auch nur wann – die Vermutungen reichen von der Steinzeit bis ins Hochmittelalter –, ist bislang ungeklärt. Nur eines scheint ziemlich sicher, daß es mit irgendwelchen kultischen Ritualen zu tun gehabt haben muß.

Schmuck und Schatzfunde

Die Nordgermanen hatten seit frühester Zeit einen ausgesprochen sicheren Geschmack was Schmuckstücke anbelangte. Sie gestalteten sie ebenso kunstfertig wie materialgerecht und machten sich allenfalls in der Wikingerzeit da und dort der, nichtsdestoweniger handwerklich sehr gekonnten, Überladenheit schuldig.

Bereits in der Steinzeit kannte man nicht nur meterlange Bernsteinketten, sondern auch Goldschmuck (s. Dk/N: GREVINGE). Die Bronzezeit liebte das ihr typische Material auch für Schmuck. Typisch sind die spiraligen Armreifen, die großen Gürtelplatten (s. Dk/N: EGTVED) und die gedrehten Halsreifen (s. Dk/N: RYGGE), doch auch Gold war natürlich nach wie vor ein höchst begehrtes Material für Schmuck. Die Eisen- und frühe Wikingerzeit arbeitete vorwiegend mit vergoldeter Bronze, nur die wirklich ganz Reichen und Mächtigen leisteten sich pures Gold. Und auch diese zogen meist vergoldete Bronze vor (s.: VENDEL, Dk/N: BORRE), nicht, weil sie es »nicht gehabt« hätten, sondern weil es um einen Schönheitseffekt, nicht um eine Kapitalanlage ging.

Dies änderte sich auch in der Wikingerzeit nicht (s. Dk/N: MAMMEN, SOLLESTED), freilich entwickelten die Wikinger eine Begeisterung für Silber, die schon fast an Fetischismus grenzte. Die Schmuck- und vor allem die verschiedentlichen Schatzfunde jener Epoche kennen selbstverständlich auch Gold, in der Regel jedoch setzen sie sich aus Silber zusammen: Silber als Armreifen, Silber als Halsreifen und Halsketten (handwerklich nicht selten Stücke von erlesenster Qualität darunter), Silber als Münzen – nordische, mitteleuropäische, byzantinische, arabische bunt gemischt, vielfach »beschnitten«, d. h. auf »Normgewicht« gebracht –, Silber als schmale Rohbarren (s.: BIRKA), Silber als Schmuckstücke ausländischer, zumal slawischer Herkunft.
Die wichtigen Museen – København, Oslo, Schleswig, Stockholm, Trondheim, Visby – verfügen alle über ihre entsprechenden »Schatzkammern« mit den herrlichsten Stücken, die in der hier geübten Art aufzuführen jedoch schier unmöglich ist, weshalb ich zu diesem Punkt eben auf jene Museen verweisen möchte.

Städte

Städte sind ein gesellschaftspolitischer Luxus. Einerseits unfähig sich selbst noch zu ernähren, stellen sie andererseits ein Überangebot an handwerklich-industriellen Produkten her.
So ist es unumgänglich, daß eine Stadt als Spinne in einem weitverzweigten Netz von Verbindungen, Straßen und Handelswegen sitzen muß, um einerseits die nötigen Lebensmittel zu erhalten, andererseits die eigenen Erzeugnisse abzusetzen. Und wer in solch einem Spinnennetz sitzt, der beginnt früher oder später – gewöhnlich früher – damit, sich und seine Umelt zu »verwalten« und dazu sich kaninchenhaft vermehrende »Staatsdiener« zu benötigen, die von der Allgemeinheit ernährt sein wollen. So ist es denn nicht verwunderlich, daß erst in der späten Wikingerzeit Städte im Norden Europas entstanden – und oft schon nach kurzer Zeit wieder verschwunden oder zur Bedeutungslosigkeit herabgesunken waren.
Wir können drei Stadttypen unterscheiden:
Einmal die »Kaufmanns-Stadt«: Sie saß an wichtigen Knotenpunkten des Handels, brachte es mitunter in kurzer Zeit zu beachtlichem Reichtum und versuchte sich in der Regel aus den Streitigkeiten der umgebenden Herren herauszuhalten – tat sie es nicht, wie Haithabu (s. Dk/N: HAITHABU), so konnte das schnell ihr Ende bedeuten.
Doch selbst wenn eine Kaufmanns-Stadt aus diesem oder jenem Grunde unterging, entstand sehr schnell in der Nachbarschaft eine Neue, am Mälaren-See etwa, wo in der Frühwikingerzeit Helgö (s.: HELGÖ) blühte, das im 9. bis 11. Jahrhundert von dem nur wenige Kilometer entfernten Birka (s.: BIRKA) abgelöst wurde, das Ende der Wikingerzeit seinerseits dem aufstrebenden Stockholm (s.: STOCKHOLM) Platz machen mußte.
Zum anderen die »Königs-Stadt«: Im Vergleich zu den Kaufmanns-Städten waren bis Ende der Wikingerzeit die Königs-Städte relativ klein, oft fast unbedeutend. Da die Tribute bzw. Steuern in Naturalien entrichtet wurden, blieb den Königen

lange Zeit keine andere Wahl, als mit Kind und Kegel und Gefolge von Ort zu Ort zu ziehen und die Tribute »aufzuessen« – eine Gewohnheit, die die Nordlandherrscher mit den fränkischen Königen und römisch-deutschen Kaisern jener Zeit durchaus teilten.

Die altehrwürdige »Residenzstadt« Schwedens, Uppsala (s.: GAMLA UPPSALA) bestand daher de facto aus dem Thingplatz, dem monumentalen Grabfeld und einer Tempelanlage – von einer »Stadt« im eigentlichen Sinn keine Spur. Unter dem Druck der Priesterschaft verlegten die ersten christlichen Könige Schwedens ihre Residenz nach dem neue gegründeten Sigtuna (s.: SIGTUNA). Ein knappes Jahrhundert später kehrten sie nach Uppsala – d. h. nach Östra Aros, dem »neuen« Uppsala (s.: UPPSALA) – zurück, um schließlich nach dem aufblühenden Stockholm zu übersiedeln.

Schließlich die »Dom-Stadt«: Die Gründungen dieser »christlichen« Städte fiel nicht nur in jene Zeit, wo die Stadtgründungen in jenen Gegenden ohnehin häufiger wurden, in der Regel bewahrten auch die Interessen der Kirche jene Gründungen vor einem allzu schnellen, allzu drastischen Abstieg.

Trondheim beispielsweise »überlebte« seinen Gründer, den brilliant-ungebärdigen Olav Tryggvasson dank der Wallfahrt zu seinem braven Nachfolger, Olav dem Heiligen (s. Dk/N: TRONDHEIM). Lund (s.: LUND) und Odense (s. Dk/N: ODENSE) verschwanden dank ihrer Dome nicht mehr von der Landkarte, auch wenn sie ihre einstige Bedeutung einbüßten, und Roskilde (s. Dk/N: ROSKILDE) wurde zwar nicht zur Hauptstadt des Dänenreiches, wie Harald Blåtand sich das vorgestellt hatte, doch einen guten Teil des alten Glanzes konnte die Stadt retten.

Natürlich gibt es kaum eine bedeutendere Ansiedlung in Skandinavien (København, Oslo und Stockholm inbegriffen), die nicht ihre Gründung auf die Wikinger zurückführen würde. Und niemand würde bestreiten, daß tatsächlich zur Wikingerzeit, vielleicht sogar schon eine ganze Reihe von Jahrhunderten früher, dort irgendwelche Ansiedlungen gewesen wären.

Bedeutend freilich wurden die meisten der heute wichtigen Städte erst Jahrzehnte, manchmal erst Jahrhunderte nach dem Ende der Wikingerzeit.

Vorkommen:
Birka (5), Helgö (5), Linköping (4), Sigtuna (5), Stockholm (5), Uppsala (5), Visby (8).

Steinkugeln

Ein besonderer Grabschmuck, der in der späten Eisenzeit aufkam und bis in die Wikingerzeit erhalten blieb, also etwa von 500 bis 1050, waren auf Gotland und Öland runde Steinkugeln, die man oben auf das Grab setzte. In der Regel haben sie einen Durchmesser von 20 bis 50 Zentimetern, konnten aber auch recht gewaltige Dimensionen annehmen (s.: FOLKESLUNDA).

Vorkommen:
Eisen- bis Wikingerzeit ca. 500–1050 n. Chr.:
Folkeslunda (9), Ingelstad (2), Stenkyrka (8).

Steinreihen

Gerade, mehr oder weniger eng gesetzte Reihen von Steinen sind ziemlich selten.
Die bekannteste dieser Steinreihen, die leider nur sehr teilweise erhalten und zu besichtigen sind, befindet sich in Jelling (s. Dk/N: JELLING). Sie besteht aus zwei V-förmig angeordneten Reihen, auf deren Mittelachse die Mittelpunkte der beiden Grabhügel wie auch die Runensteine liegen.
Eine zweite Reihe aus 14 erhaltenen Steinen befindet sich

auf dem Grabfeld von Badelunda (s.: BADELUNDA) bei Västerås. Etliche Archäologen äußerten die Meinung, daß es sich hier um die Reste einstiger Schiffssetzungen handle und datierten demnach die Steinreihen in Jelling bis in die Bronzezeit zurück. Worüber sich diese Herren offenbar keine Rechenschaft abgelegt haben, ist die Dimension solch einer Schiffssetzung, deren Proportionen sich mit wenigen Ausnahmen in ganz Skandinavien ähneln, und aus denen sich somit Monumente von ein bis zwei Kilometer (!) errechnen lassen. Und – bei aller Achtung vor den Leistungen der Germanen der Vor- wie Frühgeschichte – solange kein vollständig erhaltenes Monument dieser Größe gefunden wurde, halte ich dergleichen doch für ziemlich ausgeschlossen.
Sehr viel wahrscheinlicher ist da die Theorie, daß es sich bei diesen Steinreihen um die Einfriedungen von Kultplätzen gehandelt hat, vielleicht auch um die Begrenzung ganz besonderer und herausragender Begräbnisstätten, was auf Jelling und Badelunda voll zutreffen würde.

Steinsetzungen

Die Sitte, Grabstätten mit Steinsetzungen zu schmücken, kam vermutlich auf Gotland oder im Südosten Schwedens während der Bronzezeit auf.
Die ältesten Formen solcher Steinsetzungen sind die Schiffssetzungen (s.: SCHIFFSSETZUNGEN) und die Ringsetzungen (s.: RINGSETZUNGEN).
In der jüngeren Eisenzeit kamen zwei weitere Steinsetzungsformen in Gebrauch, und zwar Viereckssetzungen und Dreieckssetzungen, die sich wohl aus stark stilisierten Schiffssetzungen entwickelten – das »Starkoters grav« bei Matfors (s.: MATFORS) zeigt diesen Übergang recht deutlich.
Wie alle Steinsetzungen sind auch Dreiecks- und Viereckssetzungen zumal der Wikingerepoche in den unterschiedlich-

sten Größen erhalten und auch in den verschiedensten örtlichen Varianten.

Vorkommen:

Viereckseztungen:
Eisenzeit ca. 500 v. Chr.–500 n. Chr.:
Matfors (6/7), Ottenby (9).
Eisenzeit bis Wikingerzeit ca. 100–1050 n. Chr.:
Grimeton (2/3), Hjortahammar (4), Karums Alvar (9), Vätteryd (2).
Wikingerzeit ca. 700–1050 n. Chr.:
Nässja (4), Parboäng (9), Segerstad (9).
Dreiecksetzungen:
Eisenzeit bis Wikingerzeit ca. 500 v. Chr.–1050 n. Chr.:
Grimeton (2/3), Hjortahammar (4), Källa (9), Sövall (3).
Wikingerzeit ca. 700–1050 n. Chr.:
Parboäng (9), Vätteryd (2).

Taufbecken und Taufquellen

»Ich taufe nur mit Wasser, der nach mir kommt wird euch mit (heiligem) Geist und Feuer taufen« (Matthäus, Kapitel 3, Vers 11).
»Geist« und »Feuer« waren nur schwierig zu beschaffen, Wasser hingegen nicht.
Und so taufte das Christentum weiter mit Wasser, im Falle des germanischen Nordens natürlich besonders gerne mit dem Wasser »heiliger« Quellen, die im heidnisch-germanischen Mythos eine überragende Rolle spielten (s.: BRO/GOTLAND, eine Quelle übrigens, bei der es mißlang, ihr einen christlichen Stempel aufzudrücken).
Andere Quellen (s.: HUSABY) unterwarfen sich der Forderung der neuen Zeit, die in ihren Sakralbauten (= Kirchen) spezielle Taufwasserbecken aufstellte. Eine Reihe jener damals angefertigten Taufbecken sind heute noch erhalten und in Benützung.

Vorkommen:
Taufbecken:
Spätwikingerzeit ca. 1000–1200 n. Chr.:
Alnö (6/7), Bro/Gotland (8), Egby (9).
Taufquelle:
Spätwikingerzeit ca. 1000–1100 n. Chr.:
Husaby (3).

Thingstätten

Demokratie, zu deutsch »Volksherrschaft«, ist eine germanische Erfindung!
Allzu pro-germanische, dem Führerprinzip huldigende, wie, nach der Niederlage, allzu anti-germanische Tendenzen, versuchten aus dem einen oder anderen Grund vergessen zu machen, daß die Germanen – nicht nur die, schließlich ja auch von der Ostseeküste stammenden Archaier, Dorer und Jonier – schlechthin Demokraten im durchaus modernen Sinne waren.
Überall in Nordeuropa finden sich die Thingstätten, sei es, daß sie noch erhalten sind, sei es, daß sie in der Volkstradition oder in Ortsnamen weiterleben. Die meisten davon hatten nur regionale Bedeutung, es gab aber auch die großen – denken wir an Uppsala (s.: Gamla Uppsala) –, wo die Politik für das ganze Land gemacht wurde.
Ein Thing, eine Volksversammlung also, glich (bis auf die nicht vorhandenen Aktenberge natürlich) weitgehend einem modernen Parlament, nur daß im Thing nicht gewählte Abgeordnete, sondern jeder Freie rede- und stimmberechtigt war.
Eine Gruppe von Ältesten, oft Priester, leitete die Versammlung, achtete auf die Einhaltung des Thingfriedens, zu dem gehörte, daß auf dem Thingplatz niemand Waffen tragen durfte, und darauf, daß jeder, der sich meldete, zu Wort kam und auch ausreden durfte (!).
Schließlich führten die Ältesten die verschiedenen Abstimmungen durch.

Ein Thing begann in der Regel mit der »Regierungserklärung«, der Rede des Königs oder Fürsten, dann folgte die allgemeine Debatte, die sich oft über viele Tage hinzog, und schließlich stimmte man über die verschiedenen Vorschläge und Anträge ab.
Dabei passierte es dann gar nicht so selten, daß der König niedergestimmt und zu einer anderen Verfahrensweise gezwungen wurde.
Natürlich konnte der König den Beschluß des Things in den Wind schlagen, nur mußte er dann sehr schnell und sehr gründlich mit seiner Methode Erfolg haben, denn das Thing konnte von jedem Freien einberufen werden, er mußte nur alle Stimmberechtigten benachrichtigen und ihnen eine angemessene Frist zur Anreise geben.
Auch war es vielerorts unzulässig, ein Thing etwa in der Saat- oder Erntezeit oder im tiefsten Winter einzuberufen, um wirklich jedem Gelegenheit zur Teilnahme zu geben.
War das Thing dann wieder zusammengetreten, so war solch ein widerspenstiger König mitunter sehr schnell kein König mehr, dafür, wie reichliche Erfahrung lehrte, oft bald ein sehr toter Mann.
Zu den wichtigsten Rechten des Things gehörte es nämlich, auch die Könige und Fürsten wählen zu können. Königssöhne hatten dabei zwar eine Art »Familienbonus« (unserem heutigen »Kanzlerbonus« nicht unähnlich), der sie oft, aber keineswegs immer auf den Thron des Vaters hob.
Theoretisch galt die Wahl auf Lebenszeit. Praktisch konnte sie aber jederzeit widerrufen werden, freilich nicht durch eine Absetzung, sondern nur durch ein »konstruktives Mißtrauensvotum«, d. h. die Wahl eines neuen Herrschers.

Vorkommen:

Wikingerzeit ca. 600–1050 n. Chr.:
Badelunda (5), Gamla Uppsala (5), Ismantorp (9), Kåseberga (2), Kungsälv (3), Tingstad/Öland (4/9), Tingstad/Östergötland (4), Tingstäde-See (8).

Waffenfunde

Heutzutage ist eine Waffe kaum etwas anderes als ein mehr oder minder brutaler Tötungsmechanismus.
Zwar stand auch früher die Waffe in jenem Dualismus von Sieg oder Tod, doch es war ein freiwillig gewähltes, kein aufgezwungenes Schicksal:
Wer eine Waffe trug, der demonstrierte damit, daß er Herr über sich selbst und seine Entscheidungen war und gegebenen Falles gewillt, dies mit der Waffe in der Hand zu verteidigen, ja sogar dafür zu sterben, er war ein »Freier«. Wer keine Waffe trug oder sie wegwarf, der war natürlich nicht mehr Herr seiner selbst und wurde automatisch zum Sklaven, dessen Leben freilich in der Regel geschützt war, denn »einen Unbewaffneten tötet man nicht«.
Aus dieser Grundhaltung heraus ist es zu verstehen, daß von der frühesten Steinzeit an den Waffen eine ganz besondere Aufmerksamkeit gewidmet wurde, daß man sie exquisit arbeitete, sie prächtig schmückte, daß sie in vielfacher Form in Kult und Religion Eingang fanden und daß sie in vielen Fällen dem toten Eigentümer mit ins Grab gelegt wurden.
So sind wir von der frühen Steinzeit bis zum Ende der Wikingerzeit exakt über Waffen und Waffentechnik der Nordgermanen orientiert.
Die Waffenfunde lassen sich in zwei große Gruppen einteilen: die Grabfunde und die Opferfunde.
Bei den Grabfunden handelt es sich, wie schon die Bezeichnung sagt, um die einem Toten auf den Weg ins Jenseits mitgegebenen persönlichen Waffen: in frühester Zeit ein Steinbeil etwa und einige Speere mit Stein- oder Knochenspitze. Seit der Bronzezeit ist das Schwert das Zeichen des Freien, dazu

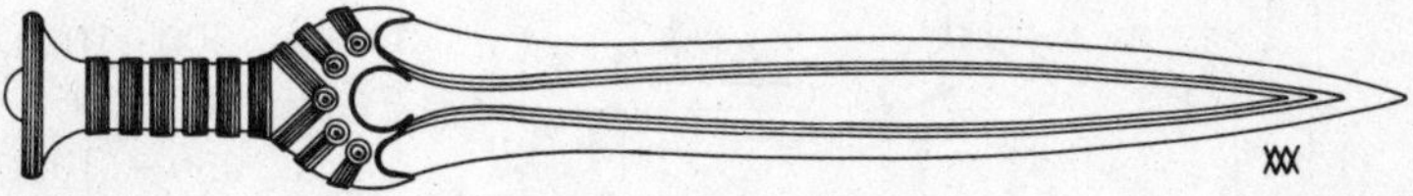

kamen vielfach ein Speer mit Bronzespitze und eine Bronzeaxt und auch der Schild. Diese Zusammenstellung an Waffen blieb bis zum Ende der Wikingerzeit in etwa gleich, nur das Material ändert sich und seit der Völkerwanderung legte man auch Helme und sogar Kettenpanzer mit in die Gräber (s. z. B.: Vendel).

Und selbstverständlich war auch eine »freie Frau« nicht unbewaffnet, so daß man in vielen Frauengräbern zumindest ein Messer entdeckte.

Natürlich waren gute Waffen teuer, ganz besonders, wenn sie einem Häuptling oder einer anderen wichtigen Persönlichkeit gehört hatten. Und so ist es gar nicht so unverständlich, daß eine ganze Reihe gerade von Häuptlingsgräbern geplündert waren und daß dabei mit Sicherheit auch die Waffen entwendet worden waren (s. z. B. Dk/N: Gokstad, Ladby).

Die zweite große Gruppe der Waffenfunde sind die Opferfunde, wo, zumal in Norddeutschland und Dänemark, die Opfergaben in Mooren versenkt wurden. (s. Dk/N: Mooropfer). Zu den bedeutendsten dieser Waffenfunde gehören die von Hjortspring (s. Dk/N: Hjortspring), Nydam (s. Dk/N: Nydam),

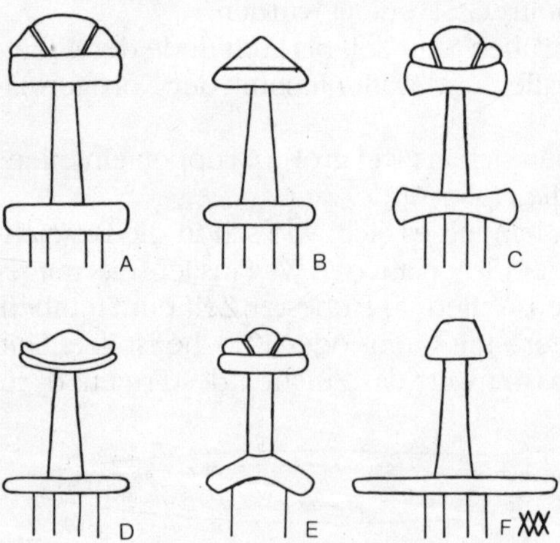

Die Griffe der abgebildeten Wikingerschwerter gehören folgenden Zeiten an:

A – ca. 800 – 900,
B – ca. 850 – 1000,
C – ca. 950 – 1000,
D – ca. 900 – 1000,
E – ca. 1000 – 1050,
F – ca. 1050 – 1100.

Thorsberg (s. Dk/N: THORSBERG) und Illerup (s. Dk/N: ILLERUP). Im letzten Fall hat man über 1000 (!) Waffen ausgegraben, von denen ein beträchtlicher Teil jedoch – schon bevor sie im Moor niedergelegt wurden – zerstört und unbrauchbar gemacht worden waren. Es war eine mehrfach zu beobachtende Vorsichtsmaßnahme, die einerseits davor schützen sollte, daß den Göttern etwas gestohlen wurde, die aber auch verhindern sollte, daß derartige Waffenarsenale möglicherweise einem Feind in die Hände fallen konnten.

Waffenhäuser

Daß einst Mord und Totschlag nicht einmal vor Kirchen halt machten, beweist die Inschrift auf dem Runenblock von Sjusta (s.: SJUSTA), wo ein gewisser Spjallbuthi in der Olavskirche von Holmgård (= Nowgorod) umgebracht worden war.
Um dergleichen, der Heiligkeit des Raumes nun ganz gewiß nicht zuträgliche Zwischenfälle zu unterbinden, kam im frühen Mittelalter, genauer schon in der christlichen Spätwikingerzeit, die Gewohnheit auf, daß jedermann, der die Kirche betreten wollte, sich zunächst seiner Waffen zu entledigen hatte.
Da aber niemand bereit war, seine kostbaren Mordinstrumente den Unbilden der Witterungen ausgesetzt vor der Kirchentüre herumliegen zu lassen, errichtete man vielerorts am Eingang zum Kirchhof bzw. Friedhof (der Ausdruck »Friedhof« beinhaltet ebenso die Ruhe, den Frieden der dort Begrabenen wie den Frieden, der innerhalb der Mauern von den Lebenden zu halten war) spezielle »Waffenhäuser«, wo man seine Schwerter, Dolche und dergleichen vor dem Gottesdienst abzugeben hatte und wo sie gut beschützt lagen, bis sie der Besitzer wieder nach der Messe abholte.
Zahlreiche Kirchen Skandinaviens verfügen über derartige Waffenhäuser, die schönsten und interessantesten stehen heute noch in Åre und Vendel (s.: ÅRE und VENDEL).

Vorkommen:
Spätwikingerzeit ca. 1100–1300 n. Chr.:
Åre (7), Vendel (5).

Wikingerschiffe

Es hat immer wieder Versuche einer Synthese gegeben, doch letztlich sind die Anforderungen an ein Kriegsschiff einerseits und an ein Handelsschiff andererseits zu grundverschieden, als daß sie sich auf einen Nenner bringen ließen.
Für die Wikinger galt dies ebenso wie für alle anderen seefahrenden Völker und Nationen.
Als man 1880 etwas nördlich von Sandefjord das Gokstad-Schiff (s. Dk/N: GOKSTAD) ausgrub, glaubte man den absoluten Kriegs-Handelsschiffstyp gefunden zu haben. Und als gar 1893 Kapitän Magnus Andersen in 28 Tagen von Bergen mit einem exakten Nachbau des Gokstad-Schiffes zur Weltausstellung nach Chikago segelte und dabei Geschwindigkeiten von 11 Knoten erreichte – ein Tempo, das man erst ein volles Jahrtausend später, im 19. Jahrhundert würde überbieten können! –, glaubte man, das »Wikingerschiff« zu kennen, das einerseits als Kriegsschiff, andererseits als Frachter, etwa nach Island, eingesetzt werden konnte. Selbst heute geistern noch solche Ideen durch die populärwissenchaftliche Literatur.
Dabei ist kaum eine Epoche der Seefahrt und des Schiffbaus vor 1650 derart exakt dokumentierbar wie eben die Wikingerschiffe, teils dank der Sitte, hervorragende Tote in ihren Schiffen beizusetzen (s.: VENDEL; Dk/N: BORRE, GOKSTAD, LADBY, OSEBERG), als auch dank ausgesprochener »Zufälle«, die uns die fünf Skuldelev-Schiffe (s. Dk/N: SKULDELEV) in die Hand gespielt haben.
Wie gesagt, wir kennen vor der Mitte des 17. Jahrhunderts keine Epoche des Schiffbaus so exakt wie die der Wikinger. Da gab es: Die Langschiffe, die in erster Linie geruderten Kriegs-

schiffe also, wobei den Sagatexten zufolge ein Schiff mindestens 13 Riemenpaare haben mußte, um als »Langskip« (Langschiff) eingestuft zu werden, und mindestens 25 Riemenpaare, um als »Storskip« (Großschiff) zu gelten. Berechnet wurde die Größe von Langschiffen nach »rúm« bzw. »sesser« (»Räumen« oder »Sitzen«). Rúm meint dabei den Raum von Spant zu Spant, der auf Wikingerschiffen bei drei Fuß (etwa 96 Zentimetern) lag und dem Platz für je einen Ruderer steuerbord und backbord bzw. dessen sesse entsprach. Da sich an diesem Bauprinzip durch Jahrhunderte nichts änderte, lassen sich so recht gut die Schiffsgrößen errechnen und zwar: Anzahl der Riemenpaare = rúm oder sesser × 3 Fuß + 25% der Summe jeweils für Vor- und Achterschiff. Das Gokstad-Schiff mit 16 Riemenpaaren würde nach dieser Formel 72 Fuß messen, tatsächlich ist es 72 1/4 Fuß lang.

Die beigefügte Tabelle gibt Aufschluß über die verschiedenen Kriegsschiffgrößen wobei ⊗ Standardgrößen bedeutet, X durch Sagatexte belegte Größen, 0 seltene Größen und ? genannte, jedoch recht unwahrscheinliche Größen – ein Schiff mit 100 rúm hätte eine Länge von rund 120 Metern gehabt . . .

Von den Schiffsfunden gehört Skuldelev 5 in die Klasse der »Skuta«, das Schiff von Oseberg ist eine »Karfi«, die Schiffe von Gokstad und Ladby zählen entweder noch zur »Karfi«- oder schon zur »Snekkja«-Klasse und Skuldelev 2 ist eine »Snekkja«.

rúm/ sesser	8	10	12	13	14	15	16	20	25	30	32	35	37	40	50	60	70	100
Riemenanzahl	16	20	24	26	28	30	32	40	50	60	64	70	74	80	100	120	140	200
Langskip				0	×	×	×	×	×	×	×	×	×	×				
Storskip								×	×	×	×	×	×	×	0	0	?	?
Skuta	×	×	×	×	×													
Karfi				⊗	⊗	⊗	×											
Snekkja							⊗	⊗	×	×								
Skeith										⊗	×							
Dreki										⊗	⊗	⊗	⊗	×	0	0	?	?

Gerade die Schiffsfunde belegen jedoch, daß, je nach Verwendungszweck, die Schiffe der gleichen Klasse höchst unterschiedlich gebaut sein konnten. Den normalen Langschifftyp repräsentieren zweifellos das Gokstad-Schiff (älterer Typ) und das Skuldelev 2-Schiff (neuerer Typ) sowie in der kleinen Klasse das Skuldelev 5-Schiff (ebenfalls neuerer Typ), die alle drei zwar als Ruderschiffe gebaut, gleichzeitig jedoch hervorragende Segler waren.

Das leichter und eleganter gebaute Oseberg-Schiff ist ein ausgesprochenes Repräsentationsfahrzeug, eine königliche Luxusjacht.

Das Ladby-Schiff hingegen mit seiner flachen und schlanken Form war ebenfalls ein typisches Kriegsschiff, jedoch als reines Ruderschiff konzipiert.

Mit dem Skuldelev-Fund sind wir nun auch über die reinen Handelsschiffe der Wikinger bestens informiert, denn Skuldelev 1 ist eine hochseetüchtige Knorre, jener Typ, mit dem die Besiedlung von Island und die Vorstöße nach Grönland und Amerika durchgeführt worden sind, Skuldelev 3 ist ein kleinerer Küstenfahrer, wie er wohl vor allem auch in der Ostsee eingesetzt worden sein mag, und Skuldelev 6 ist ebenfalls ein kleineres Küstenfahrzeug, das man als Fähre oder Fischereifahrzeug einzustufen versucht.

Die Fundorte

Adala

* Runenstein, Wikingerzeit ca. 950–1050 n. Chr.
  Karte 5, Ostmittelschweden

Unmittelbar östlich an der Straße 73 von Stockholm nach Nynäshamn.

Stünde er nicht an einer wichtigen Straße, kaum ein Mensch würde diesen Runenstein zur Kenntnis nehmen.

Verglichen etwa mit den Steinen von Nasta (s. NASTA), Simris (s. SIMRIS), Källby Hallar (s. KÄLLBY HALLAR), Karlevi (s. KARLEVI) und etlichen anderen ist die etwas wacklige Runenschlange mit ihrem doch arg mißglückten Kopf wohl mit mehr gutem Willen als handwerklichem Können eingemeißelt.
Er ist wirklich nichts besonderes, der Runenstein von Adala. Von seiner Art gibt es in Uppland, Västmanland, Södermanland und Östergötland Dutzende und Dutzende – und genau deshalb ist er eben doch der Beachtung wert: Die in diesem Buch und auch in anderen Büchern abgebildeten Runensteine sind nämlich durchaus geeignet, das Gesamtbild der Runensteine der Wikingerzeit zu verzerren. Denn was da abgebildet wird, sind – natürlich (!) – die besonderen, die stilistisch auffallenden, handwerklich gekonnten Steine, mit einem Wort: die Ausnahmen. Der Adala-Stein hingegen ist der typische, normale Runenstein der Wikinger in heidnischer Zeit (nach der Christianisierung fügte man noch ein Kreuz hinzu), der in Gestaltung wie handwerklicher Ausführung in der Regel eben doch eher bescheiden war.

Alnö

** Taufbecken, Spätwikingerzeit ca. 1150 n. Chr.
Karte 6/7, Nordostschweden

Bei Sundsvall über die Brücke nach Alnö und weiter zur Ny Kyrka (Neuen Kirche).

Die Ny Kyrka von Alnö birgt einen kunst- und kulturhistorisch absolut einmaligen Schatz: ein mit Holzplastiken geschmücktes Taufbecken aus dem 12. Jahrhundert.
Taufbecken aus der Spätwikingerzeit aus Stein mit entsprechenden Steinplastiken sind zwar auch selten, doch gelegentlich anzutreffen, Holzplastiken hingegen an einem Taufbekken gibt es nur hier.

Änge

✻ Bildsteine, Wikingerzeit ca. 700–800 n. Chr.
Karte 8, Mittelgotland

Von Visby auf der Straße 143 nach Buttle, auf der Landstraße gut 1 km westwärts, dann ca. 500 m südlich.

Die Bildsteine von Änge, im Kirchspiel Buttle, gehören nicht nur zu den wenigen noch an ihrem Originalplatz stehenden Steinen, der rechte ist mit rund 370 Zentimetern auch der größte bislang auf Gotland aufgefundene – mein 100-Zentimeter-Sohn dient als Größenvergleich.
Der links davon stehende Stein ist erheblich kleiner.
An ihrer Basis wurden Bruchstücke von fünf weiteren Bildsteinen sowie Reste von Holzkohle, Tierknochen und Scherben gefunden, offensichtlich Reste von Totenopfern bzw. Totenmahlzeiten.
Für das Auge des Betrachters sind die beiden Steine »blind«, mit Spezialbeleuchtungen konnten auf dem großen Stein unten Reste der Zeichnung eines Schiffes, darüber in sieben Streifen verschiedene, freilich ungedeutete Szenen ausgemacht werden.

Ardre

****** Bildstein, Runenstein, Kistensteine, Wikingerzeit ca. 700–1100 n. Chr.
◇ Karte 8, Ostmittelgotland

Die Steine sind heute alle in Stockholm, Statens Historiska Museum, ausgestellt.
Die in Ardre entdeckten Steine gehören alle verschiedenen Stilen an.

Der Runenstein

Er gehört zu den wenigen Exemplaren seiner Art auf Gotland und stammt aus der Zeit von 1050–1150 n. Chr.; er ist mit 72 Zentimetern eher klein.
Runensteine kamen erst mit der Christianisierung nach Gotland (s. HOGRÄN, SJONHEM). Die Steine selbst behielten zwar die traditionelle Form, die Dekoration lehnte sich allerdings an den auf dem Festland gebräuchlichen Urnes-Stil an.
Der Ardre-Stein ist wohl der jüngste dieser Runensteine. Aus

den verschlungenen Tieren des Urnes-Stils ist mittlerweile eine durchaus gotländische Variante entstanden. Und es ist nicht einmal sicher, ob es sich hier um einen christlichen Stein handelt, denn weder Bildmotiv – auf der einen Seite ein, auf der anderen Seite zwei »große Ungeheuer« – noch der Text lassen christliche Motive erkennen.

Der Bildstein

Er stammt aus der Zeit zwischen 700 und 800 n. Chr. und ist mit 210 Zentimetern von beachtlicher, wenn auch nicht extremer Größe.
Im obersten Bildfeld reitet der Verstorbene auf dem Götterpferd Sleipnir nach Walhall (s. hierzu TJÄNGVIDE), darunter ist ein Schiff zu sehen und rechts einige nur noch schwer erkennbare Szenen.
Den linken unteren Teil des Bildsteines nehmen Szenen aus der Wiland-Sage ein. Wiland, der berühmte Schmied, wurde nach einem Streit mit König Nidud mit durchschnittenen Kniesehnen auf einer Insel festgesetzt und sollte dort kostbare Kleinodien für den König schmieden. Seine Rache war fürchterlich: Er köpfte die Söhne des Königs und schuf aus ihren Hirnschalen goldbeschlagene Trinkbecher für den Vater. Sodann verführte er die Tochter Niduds und floh schließlich mit Vogelflügeln, die er sich kunstvoll geschmiedet hatte (die Parallele zu Daidalos ist unverkennbar). All dies ist auch auf dem Bildstein zu sehen: die Schmiede, dahinter die Leichen der Königssöhne, davor die Königstochter und schließlich die Flügel, mit deren Hilfe Wiland die Flucht gelang.

Die Kistensteine

Eindeutig christlich sind die Kistensteine, die in einem höchst gekonnten Urnes-Stil dekoriert sind und ebenfalls in die Zeit von 1000 bis 1100 datiert werden müssen. Die eine Seite zeigt ein Ranken- und Schlangen-Ornament, die andere Platte den hl. Christophorus mit dem Christuskind auf dem Rücken (oben, etwas links von der Mitte), wie er über die Drachen und Ungeheuer des Flusses schreitet; daß diese Drachen und Ungeheuer hier das Heidentum symbolisieren, dürfte ziemlich sicher sein. Die noch recht deutlich erhaltenen Farbspuren machten eine Rekonstruktion der Bemalung möglich: es war heller Naturstein (in der Zeichnung weiß) auf hellrotem (in der Zeichnung schwarzem) Untergrund.
Die Runeninschrift lautet:

»Söhne Liknats (ließen machen) ein schönes Denkmal für Ailika, die gute Ehefrau, Mutter (Gottes und der Gottesmutter Gnade) für sie (d. h. Ailika) und die, welche das Denkmal machten (das größte, das) Menschen sehen werden.«

Åre

** Kirche und Waffenhaus, Spätwikingerzeit
ca. 1020 n. Chr.
Karte 7, Nordschweden

Südlich an der Straße E 75 zwischen Trondheim und Östersund gelegen.

Die Kirche von Åre wurde nur kurze Zeit nach der Taufe des ersten christlichen Königs von Schweden, Olaf Slötkonung (Olaf Schloßkönig), in Husaby durch den irischen Missionar St. Sigfrid (s. HUSABY) errichtet und ist in ihrem Grundbau – von etlichen »Modernisierungen« abgesehen – in diesem Zustand erhalten geblieben.
Ein besonderes Augenmerk verdient das »Waffenhaus« der Kirche. Waffenhaus deshalb, weil man dort einst vor dem Gottesdienst seine Waffen abgab, um Mord und Totschlag innerhalb der geheiligten Räume zu verhindern. Fast alle alten Kir-

chen verfügen über ein derartiges Waffenhaus, was ein bezeichnendes Licht auf das Gesellschaftssystem jener Tage wirft. Das Waffenhaus von Åre ist in seinem Unterbau aus Stein gemauert, in seinem Oberteil aus Holz gefertigt, und seine Form verweist einmal mehr auf den russisch-byzantinischen Raum, woher man einst so manche Konstruktions- und Formprinzipien nach Skandinavien rückimportierte.

Alvastra

✻ Kloster, Spätwikingerzeit ca. 1143 n. Chr.
Karte 4, Mittelschweden

Von Jönköping auf der Straße E 4 und weiter auf der Straße 50 nordwärts Richtung Örebro am Ostufer des Vättern-Sees entlangfahren, kurz nach Ödeshög westlich der Straße.

Wie nahezu alle anderen Klöster auch wurde in der Reformation die 1143 gegründete Zisterzienserabtei von Alvastra, Schwedens ältestes Kloster, geschleift und abgebrochen, so daß heute nur noch Ruinen zu besichtigen sind, Ruinen freilich, die immer noch den Besuch lohnen.
Es mag ein wenig befremdlich erscheinen, daß ausgerechnet die Klöster der Zerstörungswut der Reformatoren zum Opfer fielen, hatten doch gerade sie sich – wie überall in Europa – als Zentren der Zivilisation und Bildung betrachtet. Doch, diese Frage müssen sich die Klöster in Skandinavien wohl gefallen lassen: Waren sie denn auch tatsächlich solche Zentren? Oder hatten sie nicht weit mehr dafür gesorgt, daß eine durchaus eigenständige Kultur auf allgemeineuropäisches Gleichmaß abgehobelt wurde? Daß solch unbequeme Künste wie Le-

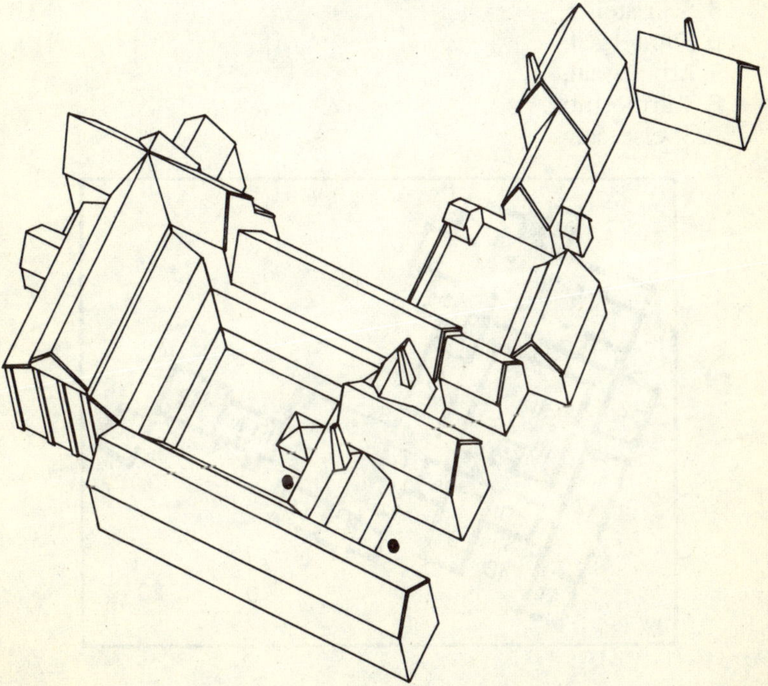

sen und Schreiben tunlichst verschwanden, indem man das Runenalphabet abschaffte und das lateinische einführte, um aus einem relativ gebildeten Volk (s. RUNEN, RUNENSTEINE) jene bequem zu führende Masse von Analphabeten zu machen? Den Reformatoren mit Spitzhacke und Brechstange war dies selbstverständlich nicht bewußt, und doch spiegelt sich im unrühmlichen Ende der Klöster Skandinaviens so etwas wie eine späte Rache für die Vernichtung der kulturellen Identität Nordeuropas.

Die Nummern des Planes bedeuten:
1. Kirche,
2. große Seitenkapelle,
3. kleine Seitenkapelle,
4. Bibliothek,
5. Sakristei,
6. Kapitelsaal,
7. Arbeitssaal,
8. Wärmestube,
9. Speisesaal,

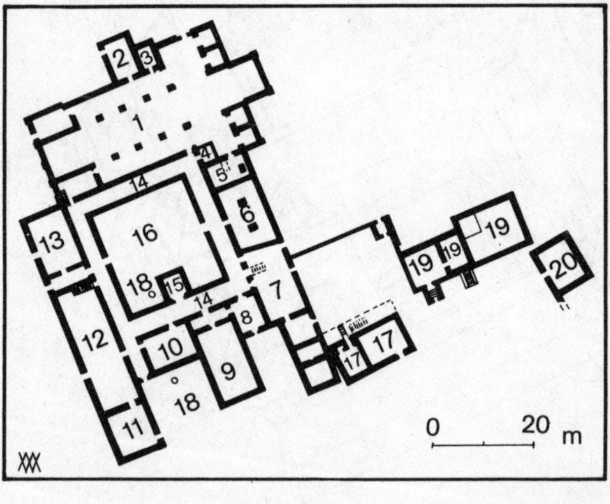

10. Küche,
11. Arbeitssaal der Laienbrüder,
12. Speisesaal der Laienbrüder,
13. Kapitelsaal der Laienbrüder,
14. Kreuzgang,
15. Waschraum,
16. Garten,
17. Abtswohnung,
18. Brunnen,
19. Gästehäuser,
20. Krankenhaus.

Ås

Runenstein, Wikingerzeit ca., 1000–1050 n. Chr.
Karte 3, Mittelwestschweden

Von Göteborg auf der Straße 40 Richtung Jönköping bis Tolken, dort nördlich nach Ås abbiegen; der Stein befindet sich bei der Kirche.

Die Inschrift lautet:
»Thori errichtete diesen Stein für Karl, seinen Fahrtgenossen, einen sehr achtbaren Mann.«
Interessant an diesem Stein ist, daß Thori für seinen Freund noch einen zweiten Stein mit nahezu identischer Inschrift aufrichten ließ, und zwar in Hobro in Nordjütland, wobei nicht ganz geklärt ist, ob die beiden aus Ås stammten und Karl in Hobro starb, oder ob sie in Hobro beheimatet waren und Karl in Ås ums Leben kam (s. Dk./N: HOBRO).
Eine Anmerkung noch zu dem Begriff »draengR«, der hier mit »Mann« übersetzt ist, und der in zahlreichen Runeninschriften auftaucht. Er kann je nach Zusammenhang auch mit »Gefolgsmann«, »Krieger« oder »freier Bürger« übersetzt werden, möglicherweise ist es eine militärische Rangbezeichnung.

Aspeberget

****** Felszeichnungen, Bronzezeit ca. 1500–500 v. Chr.
Karte 3, Westschweden

Etwa 3 km südlich der Kirche von Tanum, östlich der Straße. Detailkarte s. TANUM.

Auf den verschiedenen Seiten des Berges finden sich nicht weniger als 13 Felsbilder, die größten im Norden am Weg nach Tuvene und Nordosten auf mächtigen Felsplatten, an deren Fuß in der Bronzezeit die Wellen einer weiten Meeresbucht schlugen, deren Wasserstand um 15 Meter höher war als heute. Beherrscht wird das nordöstliche, wichtigste Felsbild von einem Zug von fünf mächtigen Bullen, geleitet von einem Hirten mit Stecken und einem Bogenschützen, einem pflügenden Bauern und der göttlichen Fruchtbarkeitsschlange.
Neben zahlreichen Menschen, Tieren, Schiffen und Symbolen sowie einer elf Personen umfassenden Prozession ist besonders bemerkenswert die Darstellung eines offenbar von Pferden gezogenen vierrädrigen Wagens, ferner eines Schiffes, vollbeladen mit Tieren.

Ein anderes Motiv, das auch in Vitlycke I (s. VITLYCKE) und Fossum (s. FOSSUM) auftritt, hat allerlei Spekulationen ausgelöst: eine runde Scheibe umgeben von zweig- oder flammenartigen Gebilden. Nach einer Deutung handelt es sich hierbei um die Sonne mit ihren Flammenstrahlen; nach einer anderen um die Erdkugel, aus der Gewächse sprießen. Die unfreiwillig komischste Interpretation will in diesem Bild einen Pferch sehen, aus dem die Hörner der Tiere herausragen – nur ist mir leider kein Haustier bekannt, das drei (!) Hörner hätte!

Die Version des Motivs in Aspeberget, die größte und ausgeführteste Art, zeigt eine ziemlich große, von baumartigen Auswüchsen umgebene Kreisfläche mit zwei Frauen, einem kleinen und einem größeren (trächtigen?) Tier, einer kleinen Menschengestalt (Kind?) und einem Boot.

Es ist eine recht idyllische Szene, die man durchaus als Darstellung eines von Bäumen umstandenen Dorfes – diese waren ja in der Regel rund – mit seiner Zivilbevölkerung interpretieren könnte.

An einer anderen Stelle balanciert eine Gottheit auf ihrer riesigen rechten Hand 4 mal 7 gleich 28 Schälchen – die Zahl der Tage des Mondumlaufs, unterteilt in die Tage der Mondphasen. Zweifellos eine Mondgottheit also.

Austers

✻ Bildstein, Völkerwanderung ca. 400–600 n. Chr.
◇ Karte 8, Nordgotland

Heute steht der Stein in Visby, Gotlands Fornsal.

Die übliche Deutung dieses im Kirchspiel Hangvar gefundenen Steines sieht in diesem Bild den Kampf Sigurds, des wohl beliebtesten Helden der nordischen Erzähler, mit dem Drachen Fafnir. Wenn dem so ist, dann handelt es sich um die älteste Darstellung dieser wieder und wieder aufgegriffenen Sage (s. Ramsund).
Meiner persönlichen Deutung nach handelt es sich hier freilich nicht um Fafnir, sondern um die Mitgårdschlange, den großen Meeresdrachen, der sich hier tausenfüßlerartig um die Weltscheibe legt, die ihrerseits durch die vier Labyrinthe – Nord, Ost, Süd, West – gezeichnet ist. Die Schräglage des Ach-

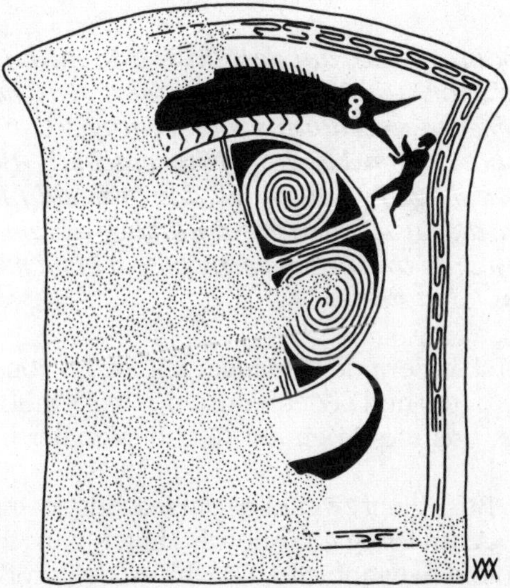

senkreuzes könnte durchaus eine Andeutung der Schräglage der Polarachse sein, die den damaligen Menschen – die ganz erheblich bessere Naturbeobachter waren, als wir ihnen heute im allgemeinen zuzugestehen gewillt sind – sehr wohl vertraut gewesen sein muß.
Gerade die Labyrinthe, seit Urzeiten kultische Symbole höchsten Ranges (s. ULMEKÄRR), lassen auf eine höhere, »kosmische« Dimension dieser Darstellung schließen, zumal, wenn man den Bildstein von Martebo (s. MARTEBO) zum Vergleich heranzieht, wo ebenfalls die Schlange und die Weltscheibe mit den Labyrinthen auftritt, der »Drachentöter« jedoch fehlt.

Badelunda

*** Grabfeld mit Grabhügeln, Steinsetzungen, Schiffssetzungen, Runenstein, Völkerwanderung bis Wikingerzeit ca. 500–1050 n. Chr.
Karte 5, Mittelschweden

Von Stockholm westlich auf der Straße E 18 Richtung Västerås fahren. Kurz vor Västerås bei der Ausfahrt »Flughafen« nach Norden abbiegen und dann dem Richtungsschild »Tortuna« wieder östlich folgen bis zum Hinweisschild »Badelunda« bzw. »Anundshögen«. Sollten Sie das Grabfeld nicht auf Anhieb finden, die Ausschilderung ist nämlich extrem schlecht, so haben Sie Geduld und geben Sie nicht so schnell auf, die Mühe des Suchens lohnt sich!

Von den Grabfeldern der Wikingerzeit ist das von Badelunda eines der größten und bedeutendsten, vor allem aber ist es das vielfältigste, was die Typen der Grabdenkmäler bzw. Gräber anbelangt.
Den ersten Blick zieht zweifellos ein mächtiger Grabhügel auf sich, der »Anundshög« (»Anunds-Hügel«), nach dem das ganze Grabfeld benannt wird. Er zählt zu den größten Königs-

hügeln überhaupt und man bringt ihn mit Bröt-Anund aus derYnglinga-Saga, der im 6. Jahrhundert gelebt haben soll, in Zusammenhang.
Neben dem gewaltigen Anundshög erscheinen die anderen 10 Grabhügel – viele davon mit dem für die Wikingerzeit vielerort typischen »Krater« in der Kuppenmitte – doch arg bescheiden, obwohl einige, stünden sie allein, von durchaus beachtlicher Größe wären.
Das nächste, was dem Besucher ins Auge springt, sind zwei übergroße Schiffssetzungen, die eine mit einer Länge von 54, die andere mit einer Länge von 51 Metern, die aus je rund zwei Dutzend teils übermannshohen Steinblöcken geformt worden sind. Das eigentliche Grab liegt unter dem »Mast-Stein«, einem verhältnismäßig kleinen Stein in der Mitte des Fahrzeuges an jener Stelle, wo sich auf einem echten Schiff der Mast erheben müßte.
Auffallend und überraschend bei diesen, wie auch bei fast allen anderen Schiffssetzungen, ist die eher große Breite des Schiffes im Verhältnis zur Länge. Doch dieses Breiten-Längen-Verhältnis entspricht bis auf etliche Stellen hinter dem Komma genau den Proportionen, wie sie aus den Originalschiffs-Funden für die Schiffe der Wikinger (s. WIKINGERSCHIFFE) ermittelt werden konnten. Neben den beiden großen finden sich noch drei kleinere Schiffssetzungen auf dem Grabfeld von Badelunda.

Von den verschiedenen Steinsetzungen ist besonders bemerkenswert eine schnurgerade Reihe ziemlich weit gesetzter Steine, die sich von der Straße aus gesehen vor dem Anundshög hinzieht. 14 Steine sind heute noch erhalten, einst mögen es durchaus mehr gewesen sein. Wie in Jelling (s. Dk/N: JELLING) erhebt sich die Frage, welchem Zweck sie einst gedient haben mögen. Wenn man in diesen Steinreihen, wie manche Archäologen meinen, Teile einer Schiffssetzung sehen will, so müßte diese einst – hier wie auch in Jelling – eine Länge von gut einem Kilometer gehabt haben. Bei allem Zutrauen in den Leistungswillen und die Leistungsfähigkeit der nordgermanischen Völker, bin ich doch der Meinung, daß dergleichen Gigantomanie nicht in ihrem Wesen lag. Bliebe die andere Möglichkeit, daß es sich, wie auch aller Wahrscheinlichkeit nach in Jelling, um die Abgrenzung eines Kultbereiches handelt, vielleicht des Bereiches der Thingstätte, innerhalb derer unbedingte und absolute Waffenruhe erstes Gebot war.

Das Areal der Anundshög diente nämlich nicht nur als Begräbnisstätte, sondern, wie z. B. auch Gamla Uppsala (s. GAMLA UPPSALA), gleichzeitig und noch bis ins 13. Jahrhundert hinein als Thingplatz, wobei der Anundshög in gleicher Weise wie die Grabhügel von Gamla Uppsala dem König bzw. Fürsten und den anderen Sprechern als Rednerbühne diente.

Im späten 10. Jahrhundert wurde in die Steinreihe ein hoher, schlanker Runenstein integriert mit der Inschrift:

»Folkvid errichtete diesen Stein für seinen Sohn Heden, den Bruder Anunds; Vred meißelte die Runen.«

Zwar fehlen entsprechende schriftliche Hinweise, doch die Tatsache, daß sich hier – unter noch nicht einmal zwei Dutzend Gräbern insgesamt – drei von außergewöhnlicher Größe und etliche durchaus nicht kleine befinden, gibt dem Ganzen einen gewissen Hauch von Exklusivität. Es läßt den Gedanken aufblitzen, hier habe sich einst eine sehr mächtige Herrscherdynastie ihren Privatfriedhof geschaffen, der nur den unmittelbarsten Mitgliedern des Clans offenstand.

Bårby

Burganlage, Eisenzeit ca. 400 n. Chr.
Karte 9, Südwestöland

Knapp westlich des südlichen Teils der Straße 136 kurz nach der Abzweigung nach Mörbylånga gelegen.

Vom Standort der Burg- bzw. Wehrdorfanlagen auf Öland (s. EKETORP, ISMANTORP) unterscheidet sich die Bårby-Burg durch einen, vom Gelände her bedingten, halbkreisförmigen Grundriß.
Wie die anderen Burgen auf Öland entstammt auch die Bårby-Burg der jüngeren Eisenzeit, dem 4. oder 5. nachchristlichen Jahrhundert also, und der älteste Fund innerhalb ihrer auf dem höchsten Punkt der Insel (57 Meter über dem Meeresspiegel) errichteten Mauern ist eine römische Goldmünze Kaiser Justinians, der in der Zeit von 518 bis 527 regierte.

Barsebäck

✻ Ganggrab. Steinzeit ca. 2500–1800 v. Chr.
Karte 2, Südwestschweden

Von Malmö nördlich die Straße E 6 Richtung Helsingborg bis zur Ausfahrt Barsebäck und dort westlich in Richtung Barsebäckhamn fahren; der Grabhügel liegt gut beschildert südlich der Straße.

Der »Gillhög« genannte ziemlich flache, aber weite Grabhügel birgt das am besten erhaltene und begehbare Ganggrab

der Region. Durch den ziemlich langen Gang krabbelt man in die 6 Meter lange eigentliche Grabkammer, die aus mächtigen Felsblöcken gefügt ist.
Wie alle Ganggräber entstammt auch dieses der jüngeren Steinzeit, also der Epoche zwischen 2500 und 1800 v. Chr. Es war, ebenfalls wie alle anderen Ganggräber, ein Massengrab, besser gesagt eine über Generationen verwendete Familien-, Clan- und Dorfgrabstätte, wo man seine Toten mit mehr oder minder reichen Beigaben beizusetzten pflegte.
1931 wurde der Gillhög ausgegraben und die Funde an das Universitets Historiska Museum in Lund überstellt.
Im übrigen entdeckte man an den Seiten des Grabhügels zwei sogenannte Steinkisten, ebenfalls Gruppengräber aus der Jungsteinzeit, die beweisen, daß der Gillhög noch bis zum Anfang der Bronzezeit (ca. 1500 v. Chr.) in Benützung war.

Barshaldershed

- ✻ Bildstein und Steinkistenfragment, Wikingerzeit ca. 650–1000 n. Ch.
- ◇ Karte 8, Südgotland

Auf einem Gräberfeld bei Barshaldershed, Kirchspiel Grötlingbo, wurden ein Bildstein und das Fragment einer Steinkiste gefunden.

Bildstein

* Wikingerzeit, ca. 650–750 n. Chr.

Heute befindet sich der Stein in Stockholm, Statens Historiska Museum.

Der Stein selbst zeigt die für die Zeit nach 700 typische Form. Das Bild ist freilich nur in Konturlinien eingeritzt in der Art, wie sie in der vorhergegangenen Epoche gebräuchlich war (s. SMISS / KIRCHSPIEL GARDA), stellt also möglicherweise eine Übergangsform dar. Gezeigt wird ein Schiff mit gerefften Segeln, hohen Steven und »Wammen« (s. HUNNINGE, BROA).

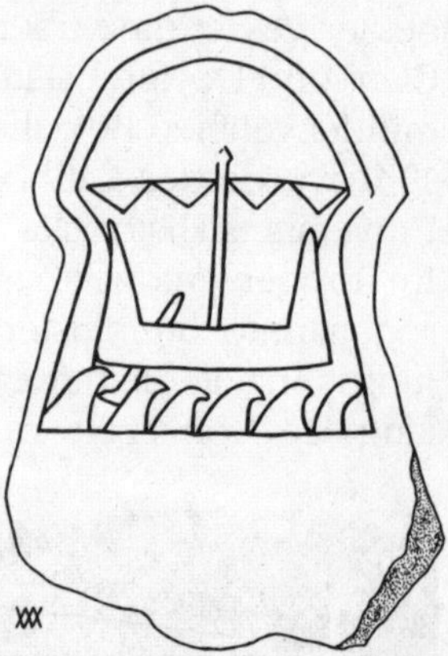

Steinkistenfragment

* Wikingerzeit, ca. 700–1000 n. Chr.

Heute befindet sich der Stein in Visby, Gotlands Fornsal.

Stolz steht der Verstorbene auf dem hohen Wagen (s. hierzu auch Dk/N: OSEBERG) und lenkt das flott vorantrabende Pferd, während ihm oben eine geflügelte Walküre das Methorn mit dem Willkommenstrunk darbietet.

Birka

** Stadt, Wikingerzeit ca. 800–1050 n. Chr.
Karte 5, Mittelschweden

Von dem nordwestlichen Stockholmer Stadtteil Bromma fährt man von Stockholm aus über Drottingholm, Ekerö, Munsö, Adelsö und der Fähre nach der Insel Björkö an deren Nordende (direkt bei der Fährstelle) Birka liegt.

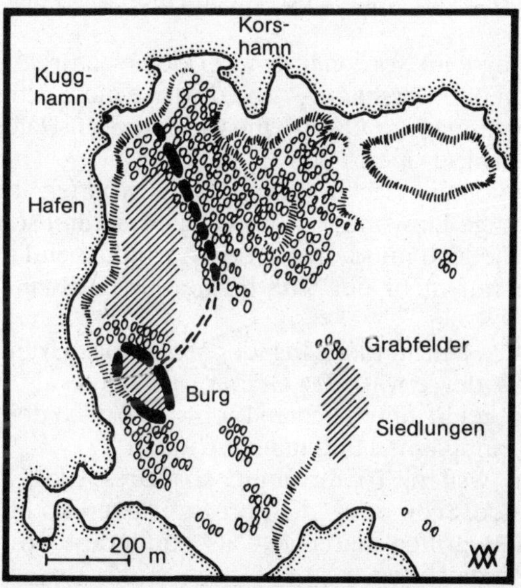

Die Geschichte von Birka im Mälaren-See ist nicht unähnlich der von Haithabu (s. Dk/N: HAITHABU), der großen Konkurrentin an der Schlei.

Während Haithabu im Laufe seiner Existenz wohl die verschiedensten Regierungsformen erlebte, stand Birka von Anfang bis Ende unter strikter königlicher Aufsicht. Es hatte zwar ein eigenes Thing, wurde aber de facto von einem Vertreter des Königs regiert.

Dieser Herr saß in der Höhenburg am südwestlichen Ende der Siedlung, und als man im 10. Jahrhundert einen Wall um die Stadt errichtete, band man diesen an die Burg an. Wie in Haithabu ist dieser Wall etwa halbkreisförmig, ist jedoch ziemlich häufig unterbrochen, was entweder auf Tore schließen läßt – so viele Tore hätten allerdings keinen praktischen Nutzen, stellen eher eine befestigungstechnische Gefahr dar, was dann nur mit kultischen Zusammenhängen erklärt werden könnte (s. ISMANTORP) – oder darauf, daß zwischen den Wallstücken hölzerne Wehr- und Wachtürme eingebaut gewesen sind.

Birka verfügte im Norden über zwei kleine natürliche Häfen – Kugghamn und Korshamn –, und da diese nicht genug Schutz boten, legte man im Osten einen künstlichen Hafen an, das heutige Salviksgropen.

Birka war von der Fläche wie von der Einwohnerzahl her – ca. 1000 ständige Einwohner – nur etwa ein Drittel so groß wie Haithabu, jedoch mindestens ebenso wohlhabend – oder hat man hier nur mehr der Sitte reicher Grabausstattungen gefrönt?

Ende des 19. Jahrhunderts ließ der Archäologe Hjalmar Stolpe rund 1200 der etwa 3000 Gräber, die heute als unzählige kleine Buckel in einem lichten Laubwald östlich der Siedlung zu sehen sind, öffnen und untersuchen.

Man fand Waffen, Töpferwaren, kostbares Glas, Bronzegeschirr, Seide, Schmuck – die dort Bestatteten könnte man in heutigen Begriffen durchweg als zumindest »recht wohlhabend« bezeichnen.

Zum typischen Frauenschmuck jener Epoche, wie er auch in zahlreichen Frauengräbern in Birka gefunden wurde, gehörten neben Ringen, Armreifen und Spangen vor allem zwei große, ovale Fibeln, mit denen auf dem Schlüsselbein ein Latzschürzen-ähnliches Übergewand zusammengehalten wurde, sowie eine meist runde Fibel in der Mitte, die den Mantel hielt.

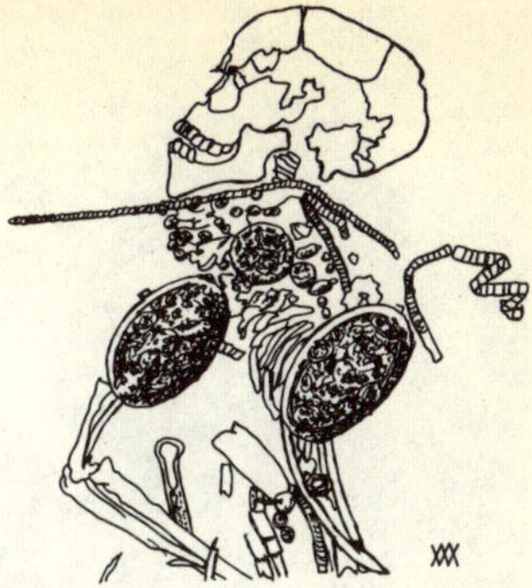

Ein besonders reich ausgestattetes Grab trägt die archäologische Nummer 854. Natürlich hatte man die Tote mit all ihrem Schmuck, Ketten, Spangen, Fibeln und einem Eisenreif mit Thorshämmern als Anhängern, beerdigt. Zudem hatte man ihr eine große Bronzeschüssel, ein Kästchen mit Kamm und gläsernem Gnidelstein, einen Weinkrug und einen kostbaren gläsernen Weinbecher aus dem Rheinland sowie zwei Eimer mit ins Grab gelegt.

Ein besonderes Stück war eine Platte aus Walknochen. Schön geschnitzt und fast immer in Verbindung mit einem runden, gläsernen »Stein« finden sich solche Platten in den Gräbern von wohlhabenden Frauen vor allem in Norwegen, aber auch in Schweden und Dänemark.

Man hat eine geraume Weile an ihrem Verwendungszweck gerätselt, bis man herausfand, daß es sich ganz schlicht um wikingerzeitliche »Bügelbretter« handelt, auf denen man mit der Glaskugel Falten in den Stoff preßte – Plisseeröcke waren damals nicht nur bei Frauen, sondern auch bei Männern mitunter große Mode (s. Dk/N: Vang).

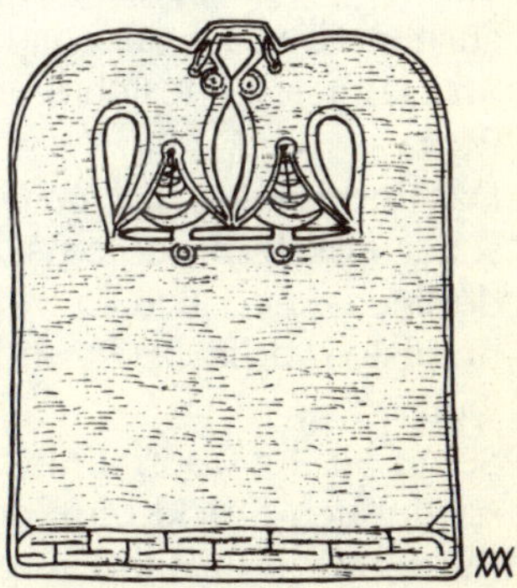

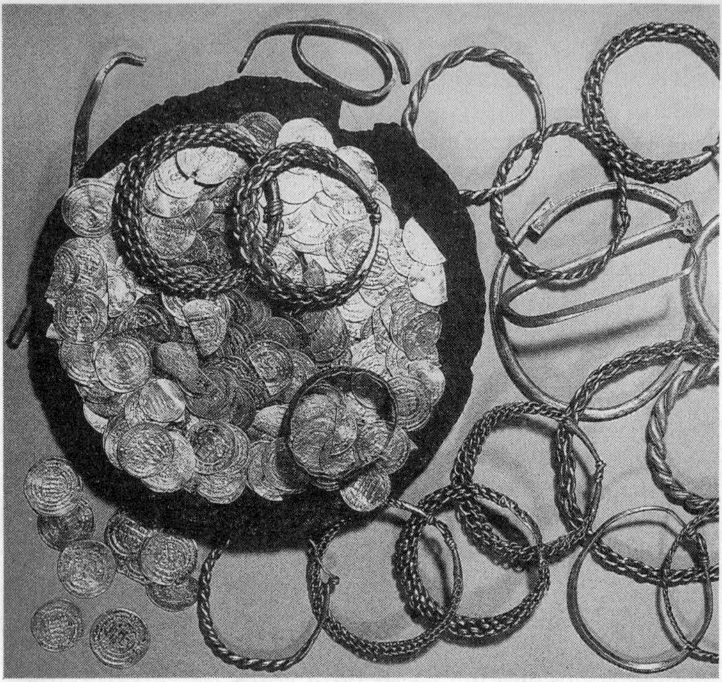

Auch Birka erlebte seine stürmischen Zeiten, wovon ein etwa um 970 vergrabener Silberschatz zeugt, der nunmehr wieder ausgegraben im Statens Historiska Museum in Stockholm (s. STOCKHOLM) zu besichtigen ist wie auch die anderen Funde aus Birka.

Das Ende Birkas war, im Gegensatz zu Haithabu, nicht kriegerischer, sondern geologischer Natur, als Mitte des 11. Jahrhunderts das Land sich so weit gehoben hatte, daß die Häfen hoffnungslos verlandeten und die Schiffahrtsstraßen unpassierbar wurden.

Seine Rolle übernahm zunächst Sigtuna (s. SIGTUNA) und schließlich Stockholm, dessen Aufstieg mit dem Niedergang Birkas Hand in Hand ging.

Bjäresjö

** Kirche, Spätwikingerzeit, ca. 1100 n. Chr.
Karte 2, Südschweden

Von Malmö aus auf der Straße E 14 Richtung Südosten, südlich der Straße kurz vor Ystad.

St. Laurentius in Bjäresjö muß zu den ältesten Kirchen Schwedens gezählt werden.
Die ältesten Teile der Kirche – Langhaus und Apsis – stammen aus der Zeit um 1100 n. Chr., sind möglicherweise sogar noch ein paar Jahrzehnte älter, und ihre Größe läßt darauf schließen, daß der heute freundlich-verschlafene kleine Ort einst von recht beachtlicher Bedeutung gewesen sein muß.
Im Inneren der Kirche wurden mittelalterliche Fresken aufgedeckt mit Szenen aus dem Alten und Neuen Testament, von denen einige dem 13., einige sogar dem 12. Jahrhundert zugeordnet werden müssen. Es nimmt nicht wunder, daß diese Fres-

ken in ihrem Stil byzantinische Einflüsse erkennen lassen, wie sie jene Männer, die sich als Söldner nach Byzanz verdingt oder die eine Zeit im normannischen »Südreich« (Sizilien/Apulien) verbracht hatten, beispielsweise in den goldglitzernden Mosaiken von Monreale in der Nähe von Palermo kennengelernt und in ihre nordische Heimat mit zurückgebracht hatten.

Björke

****** Boot, Eisenzeit ca. 100 n. Chr.
◇ Karte 6, Nordostschweden

Das Boot befindet sich heute im Länsmuseet in Gävle.

Seit man 1947 bei Deicharbeiten in Björke, wenig nördlich von Gävle, die Reste eines alten Bootes ausgrub, die heute im Länsmuseum in Gävle ausgestellt sind, hat das »Gävle-Boot« (wie es allgemein genannt wird, obschon »Björke-Boot« natürlich korrekt ist) seinen festen Platz in der Entwicklungsgeschichte des Schiffbaus. Denn wie sich Archäologen und Geologen, die den Fund untersuchten, einig sind, stammt das Boot aus der Zeit um 100 n. Chr.
Mit einer Länge von 7,22 Metern und einer größten Breite von 1,24 Metern ist das Fahrzeug tatsächlich ein »Boot«, kein »Schiff« – bautechnisch ein wesentlicher Unterschied! – und stammt eindeutig aus der Einbaumtradition. Denn der breite Bodenteil besteht aus einem ausgehöhlten Lindenstamm, 65

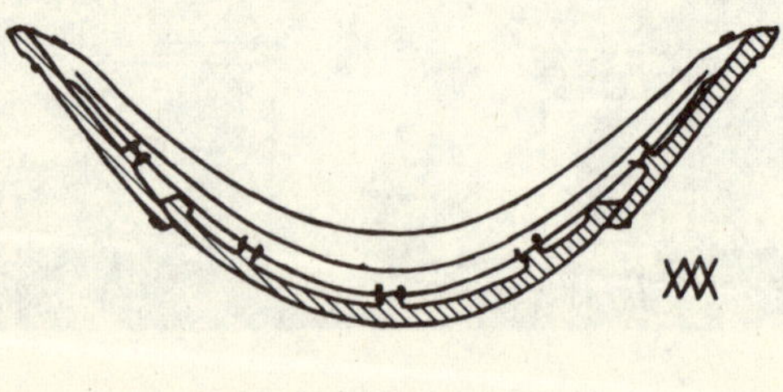

Zentimeter im Mittel stark und an den Enden schwächer werdend, dem seitlich je eine Kiefernholzplanke aufgesetzt ist, um den Freibord entsprechend zu vergrößern. Sechs Spanten aus natürlich krummgewachsenen Fichtenholz waren mit Weidenruten an den aus dem Vollen herausgearbeiteten Klampen der Planken angebunden.

Eine Neuheit – zumindest soweit sich dies anhand der bisherigen Funde ermitteln läßt – stellt die Tatsache dar, daß man zur Verbindung der Seitenbretter mit dem Bodenteil sowie der Spanten an der Reling erstmals Eisennieten verwendete.

Etliche Fachwissenschaftler erklären das Gävle-Boot gegenüber dem Hjortspring-Boot (s. Dk/N: HJORTSPRING) als eindeutig »fortschrittlicher« und »richtungsweisend im Schiffbau«, und was die Technik des Nietens anbelangt, mag dies auch so sein. Im übrigen freilich würde ich mit derlei Aussagen sehr zur Vorsicht raten, denn alles in allem ist das Gävle-Boot ganz erheblich primitiver als das Hjortspring-Boot gebaut. Ferner

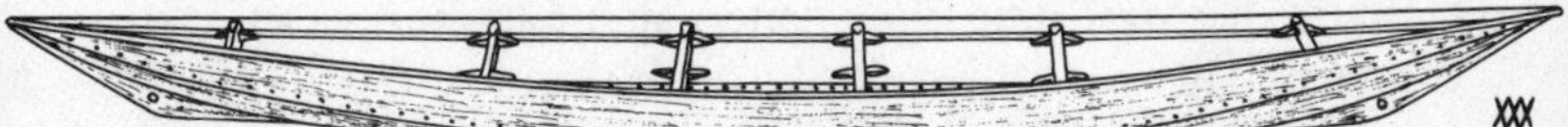

sind beides Boote, die mit »Schiffen« in Konstruktion und Bau nicht unbedingt identisch zu sein brauchen. Und schließlich liegt uns bislang zwar kein Fund eines Schiffes der Bronzezeit vor, doch nach dem, was wir von diesen Schiffen wissen, steht zu vermuten, daß es in der Eisenzeit zunächst einmal einen ganz gewaltigen Rückschritt in der Entwicklung des Schiffbaues gab, der erst mit der Wikingerzeit wieder den Stand von einst zu erreichen vermochte.
Das Gävle-Boot, das heute in der Eingangshalle des Museums als Glanzstück der Ausstellungen steht, ruht in einer dünnen, ganz dicht anliegenden Schale aus glasfiberverstärktem Kunststoff, so daß seine Rumpfform voll zu erkennen ist. Ein großer runder Stein, der bei der Ausgrabung in dem Schiff gefunden wurde und dort ganz gewiß nicht zufällig hingerollt ist, liegt auch heute noch im Bootsrumpf.

Blå Jungfrun

Labyrinth, Bronzezeit ca. 1500–500 v. Chr.
Karte 9, Sund von Kalmar

Die etwa 10 km vor der Westküste von Öland gelegene Insel erreicht man von Byxelkrok mit dem Boot; die andere Möglichkeit ist die regelmäßige Schiffsverbindung von Oskarshamn aus. Das Labyrinth liegt an der Südspitze der Insel.

Die Granitkuppel der Blå Jungfrun (Blaue Jungfrau) gilt als die schönste Insel im Sund von Kalmar und ist heute ein Nationalpark. Der Platz des Labyrinths an der Südspitze der knapp einen Kilometer durchmessenden Insel erscheint für eine Kultstätte geradezu wie geschaffen und wird heute, wie viele Labyrinthe, »Trojeborgen« genannt. Zur Bedeutung der Labyrinthe s. LABYRINTHE. Im Mittelalter hatten sich »Zauberer« und »Hexen« (sic!) in die Höhlen der Insel, die heute ein wunderschönes Naturreservat ist, zurückgezogen.

Blomsholm

*** Schiffssetzung, Richterring, Bautastein, Grabhügel, Völkerwanderung ca. 400–600 n. Chr.
Karte 3, Nordwestschweden

An der Straße E 6 – Göteborg – Oslo – etwa 20 km südlich von Svinesund, d. h. der Grenze nach Norwegen, kurz nach der Abzweigung nach Strömstad, s. Kartenskizze.

In der unmittelbaren Umgebung des Gutes Blomsholm finden sich vier frühgeschichtliche Monumente, von denen zwei zu den bedeutendsten ihrer Art in ganz Skandinavien zählen.

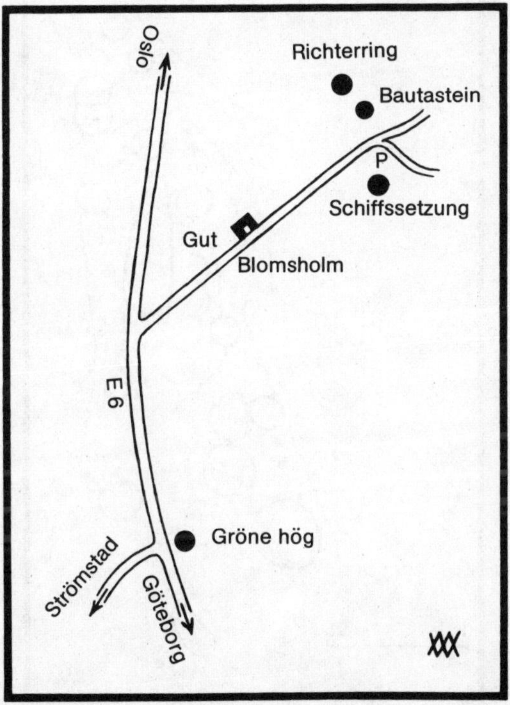

Grabhügel, »Gröne hög«

Östlich der Straße E 6 unmittelbar gegenüber der Abzweigung nach Strömstad gelegen.

Ein großer und drei kleinere aus Grassodem aufgebaute Grabhügel, wie wir ihnen in Westschweden und vor allem in Dänemark begegnen können.

Schiffssetzung

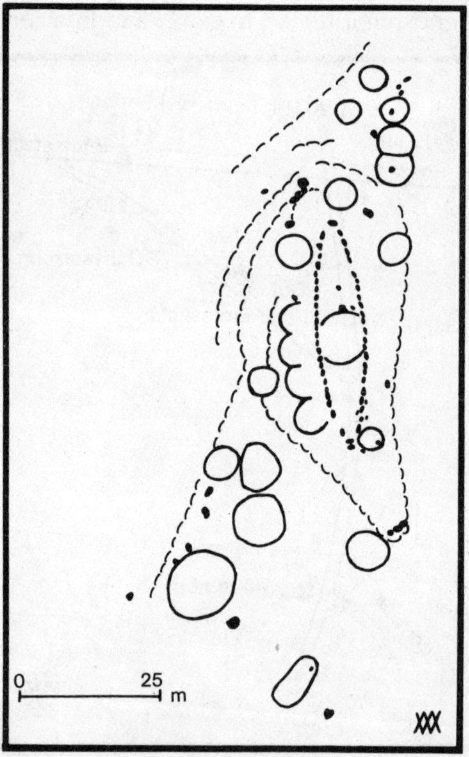

Etwa 1200 m nach »Gröne hög« nordwestlich Richtung Blomsholm abbiegen und der Beschilderung bis zum Parkplatz folgen. Fast genau im Süden, zunächst nur von einigen Gebäuden und Gesträuch verborgen, liegt die Schiffssetzung.

Mit ihrer Länge von 42 Metern ist die Schiffssetzung von Blomsholm eine der größten, und zweifellos ist sie eine der schönsten, nicht nur der landschaftlichen Lage, sondern vor allem auch der Linienführung des Schiffes nach. Dieses entspricht nicht nur in seinem Breiten-Längen-Verhältnis exakt den Schiffen dieser Epoche, es ist auch der Relingssprung (= der Verlauf der Reling von Steven zu Steven) exakt nachgebildet worden, indem sich dem aufragenden »Vordersteven« zunächst recht hohe Steine anschließen, die »mittschiffs« zu immer kleiner und niedriger werden, um dann nach dem »Achtersteven« wieder höher und höher anzusteigen.
Die flachen, schlanken Steine weisen deutlich auf die Eisenzeit hin, und im Zusammenhang mit anderen Funden datierte man die Schiffssetzung auf die späte Eisenzeit bzw. die Epoche der Völkerwanderung.
Der gleichen Zeit gehören auch die rund eineinhalb Dutzend Gräber an, die sich vor allem im Nordosten und Südwesten

um die Schiffssetzung gruppieren. Die Vermutung liegt eigentlich sehr nahe, daß die ganze Anlage von und für einen recht bedeutenden Herren oder Fürsten samt dessen persönlichem Gefolge errichtet worden sein muß.
Im 17. Jahrhundert hat sich dann ein gewisser General Sven Rank (1616–1684) auf dem Mittelstein der Schiffssetzung verewigt, und in den Kriegen Karls XII. soll das Steinschiff angeblich als Soldatenfriedhof gedient haben.

Bautastein

Vom Parkplatz führt ein schmaler Fußweg nördlich in den Wald. Der Bautastein steht direkt am Rand des Waldes.

Der gut zweieinhalb Meter aufragende, schlanke und flache Stein ohne irgendwelche Verzierungen gehört offensichtlich in die gleiche Epoche wie die Schiffssetzung von Blomsholm, in die Zeit der Völkerwanderung also.

Domarringen, Richterring

Von dem Bautastein aus etwa 200 m dem Weg in den Wald folgen, sodann dem nach links weisenden Schild.

In aller Regel handelt es sich bei den im Volksmund »Domarringen«, d. h. »Richterring«, genannten kreisrunden Steinset-

zungen tatsächlich um Grabanlagen (s. auch RINGSETZUNGEN). In einzelnen Fällen jedoch, und der Ring von Blomsholm zählt zu diesen Ausnahmen, handelte es sich tatsächlich um Plätze, wo sich die Ältesten und Vornehmsten versammelten, um »gerechtes Gericht« zu halten.
Der in einer Laubwaldlichtung gelegene Steinkreis von Blomsholm ist mit einem Durchmesser von 33 Metern nicht nur einer der größten, sondern auch einer der schönsten (und leider nahezu unfotografierbar). Wie der Durchmesser sind auch die Steine von beachtlicher Größe, gut eineinhalb Meter hoch und erheblich dicker als ein Mann umfangen kann, der mächtigste Brocken als Zentrum in der Mitte. Und auch die Zahl der Steine ist beachtenswert, denn während in solch einem Kreis gewöhnlich sieben, manchmal nur fünf und höchstens neun Steine zu stehen pflegen, sind es hier in Blomsholm zehn!
Wie Schiffssetzung und Bautastein gehört auch der Domarringen von Blomsholm in die Epoche der späten Eisenzeit bzw. in die Völkerwanderung. Die Vermutung, daß alle drei Monumente einst in einem engen Zusammenhang zueinander gestanden haben, dürfte den Grad der Gewißheit erreichen.

Boglösa

Felszeichnungen, Bronzezeit ca. 1500–500 v. Chr.
Karte 5, Mittelschweden

Südwestlich von Enköping nördlich an der Straße nach Veckholm ca. 100 m westlich dem Schild Boglösa kyrka.

Von den rund 800 Felszeichnungsfunden in Uppland sind die meisten im Raum südwestlich von Enköping zu finden (s. auch BRANDSKOGEN, RICKEBY).
Auch hier sind wieder zahlreiche Menschenfiguren, 20 Schiffe, ein »Dorf«-Kreis (s. ASPEBERGET) und darunter eine ganze Viehherde in den Felsen gehauen.

Brandskogen

** Felszeichnungen, Bronzezeit ca. 1500–500 v. Chr.
Karte 5, Mittelschweden

Südwestlich von Enköping an der Straße nach Veckholm, etwa 900 m westlich von Boglösa kyrka, vom beschilderten Parkplatz aus ca. 2 km Fußweg durch den Wald.

Unter den bronzezeitlichen Hällristningar ist das 4,2 Meter lange, auf einem nach Osten zu abfallenden Felsen eingehauene »Brandskogsskeppet« das wohl merkwürdigste, da es weit aus dem sonst üblichen Rahmen fällt.
Über dem gedrungenen Schiffsrumpf erheben sich die Elchkopf-geschmückten Vorder- und Achtersteven durchaus bereits in jener Art, wie wir sie viel später am Osebergschiff (s.

DK/N: OSEBERG) wiederfinden. Die Besatzung besteht aus sechs Paddlern oder Ruderern, je nachdem, ob man das rechte oder linke Schiffsende als Bug ansieht, eine Diskussion, die wohl noch etliche Zeit nicht abgeschlossen sein dürfte.
Man hat, durchaus zu Recht, auf die teilweise geradezu verblüffende Ähnlichkeit mit den Schiffen der »Seevölker« (Philister) hingewiesen, wie sie in dem mächtigen Tempelrelief des ägyptischen Pharaos Ra-mesesu (Ramses) III. um 1190 v. Chr. dargestellt worden sind. Der wesentlichste Unterschied liegt darin, daß das Brandskogsskeppet von Paddlern bzw. Ruderern angetrieben wird, während die Schiffe der Seevölker ausschließlich gesegelt wurden – ein Umstand, dem die ägyptische Flotte letztlich ihren Sieg verdankte, da es ihr gelang, den Feind im Nildelta in eine Flaute zu locken. Dies braucht nun kein Widerspruch zu sein, denn beim Brandskogsskeppet handelt es sich offensichtlich um eine Votivgabe an die Götter – der Geber ist möglicherweise jene Gestalt, die unter dem rechten Ende des Schiffes steht und es zu tragen scheint. Es handelt sich also vermutlich um ein eher kleines Fahrzeug, während die großen, hochseegängigen Schiffe mit an Sicherheit grenzender Wahrscheinlichkeit über eine Segeleinrichtung verfügt haben müssen. Es wäre durchaus denkbar, daß sie, wie die Knorre der Wi-

kinger, von ein paar Hilfsriemen abgesehen, grundsätzlich gesegelt wurden.
Und daß die Schiffe der Bronzezeit recht beachtliche Größen haben konnten, beweist eine zweite, zumeist unbeachtete, Felszeichnung auf der Brandskogen-Platte: ein Schiff, völlig in der traditionellen, stark stilisierten Form dargestellt mit 79 (!) Bemannungsstrichen. Wenn wir den Rudergänger abziehen und den Rest der Mannschaft für steuerbord und backbord durch zwei teilen, ferner jedem Ruderer einen Raum von 80 Zentimetern zugestehen – und diesen Platz braucht er! –, so kommen wir auf eine Länge von 31,20 Metern. Rechnen wir Vor- und Achterschiff hinzu, so sind wir von einer Gesamtlänge des Schiffes von 40 Metern nicht mehr weit entfernt, eine, wie ich meine, doch recht beachtliche Größe für jene Zeit!

Brastad

* Felszeichnungen, Bronzezeit ca. 1500–500 v. Chr.
  Karte 3, Westschweden

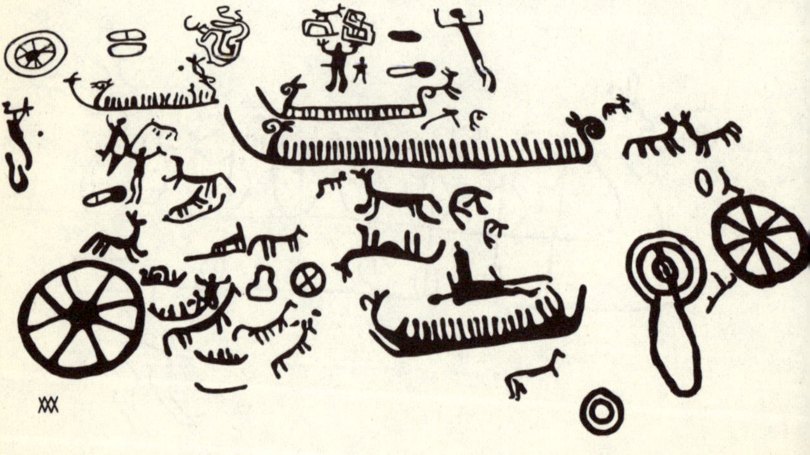

Ca. 400 m südöstlich vom Sydligaste gården an der Hauptstraße von Brastad, nahe der Kirche bei Backa.

Etwa 50 Figuren – Räder, Menschen, Tiere, Fußabdrücke, Schiffe, Labyrinthe – sind hier in den Felsen gehauen worden. Auffallend sind die großen Räder. Man hat sie oft als Sonnensymbole gedeutet, was teilweise auch zutreffen mag, doch man hüte sich hier vor Überinterpretationen, denn das Rad hat auch für sich selbst seinen Symbolgehalt: Bewegung – zunächst im rein räumlichen Sinn, dann aber auch im übertragenen Sinn als Ablauf etwa der Zeit, des Tages, des Jahres, des Lebens.
Besonders hingewiesen sei auch auf jenes, offenbar auf eine Stange oder ein Gestell montierte radartige Sonnensymbol rechts unten. Die Tradition dieser Radkreuzstangen zieht sich ungebrochen bis ins 17. nachchristliche Jahrhundert herauf (s. hierzu auch BUNGE).

Bredarör

** Grabfeld und Steinsetzungen, Bronzezeit
ca. 1000–500 v. Chr.
Karte 2, Südostschweden

Am südlichen Ortsende von Kivik von der Straße 10 östlich abbiegen und der Beschilderung bis zum Rollsteinhügel folgen, von dort ca. 500 m südöstlich.

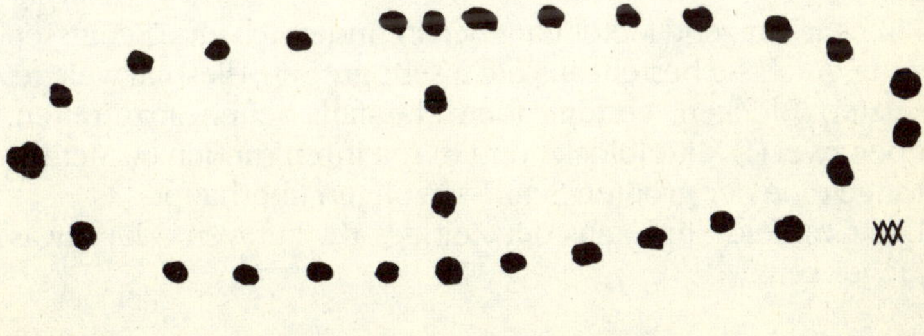

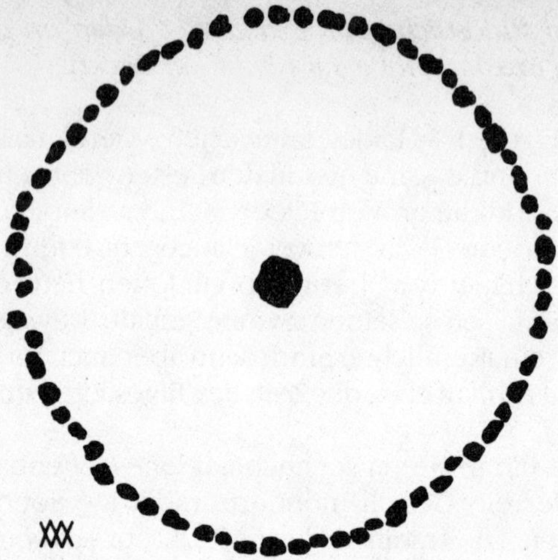

Die enge Nachbarschaft des berühmten »Kivikgraven« (Kivik-Grab) (s. Kivik) läßt viele die Bedeutung des Grabfeldes von Bredarör mit seinen beiden großen Steinsetzungen unterschätzen.
Das Grabfeld umfaßt rund 130 Gräber, die Mehrzahl davon sind ziemlich kleine, unter dem Gras kaum wahrnehmbare kreisförmige Steinsetzungen.
Bemerkenswert ist eine rund 20 Meter durchmessende kreisförmige Steinsetzung, »Penninggraven« (Münzgrab) im Volksmund genannt. Auf dem Mittelblock sind 25 Schälchen eingehauen und der Ring selbst ist ungewöhnlicherweise aus zwar nicht sehr großen, dafür dicht aneinander gesetzten Steinblökken geformt.
Ein paar Dutzend Meter daneben befindet sich eine Schiffssetzung. Auch sie besteht aus nicht sehr großen, diesmal weit gesetzten Blöcken, verfügt aber, ebenfalls selten anzutreffen, über zwei (!) Mittelblöcke und ist mit ihren runden 60 Metern Länge eine der größten Schiffssetzungen überhaupt.
Das Grabfeld dürfte aus der Zeit des Kivikgraven oder etwas jünger sein.

Bro / Gotland

*** Rollsteinhügel, Opferquelle, Bildsteine, Kirche, Bronzezeit bis Spätwikingerzeit ca. 1500 v. Chr.–1200 n. Chr. Karte 8, Nordmittelgotland

Nordwestlich von Visby an der Straße 148 gelegen.

Im Bereich des Dorfes Bro und seiner nächsten Umgebung finden sich Kulturzeugnisse der Vor- und Frühgeschichte bis zum Mittelalter auf einem so engen Raum, wie sie kaum anderswo anzutreffen sind.

Rollsteinhügel – »Stenkalm«

** Bronzezeit ca. 1500–1000 v. Chr.

Von Visby kommend etwa 2 km vor der Kirche von Bro südlich der Straße.

Mit einem Durchmesser von 38 Metern und einer Höhe von 3,5 Metern ist dieses Grab aus der älteren Bronzezeit eines der größten bekannten Rollsteingräber.
Heute asymmetrisch und teilweise abgetragen war es einst kreisrund und möglicherweise auch noch höher.

Kirche

** Spätwikingerzeit ca. 1200 n. Chr.

Im Zentrum des Ortes gelegen.

Die Kirche von Bro, die einst eine bekannte und von weither besuchte Opferkirche war, ist einer der ältesten und bemerkenswertesten Sakralbauten Skandinaviens.
Original von der alten, um 1200 errichteten Kirche ist noch

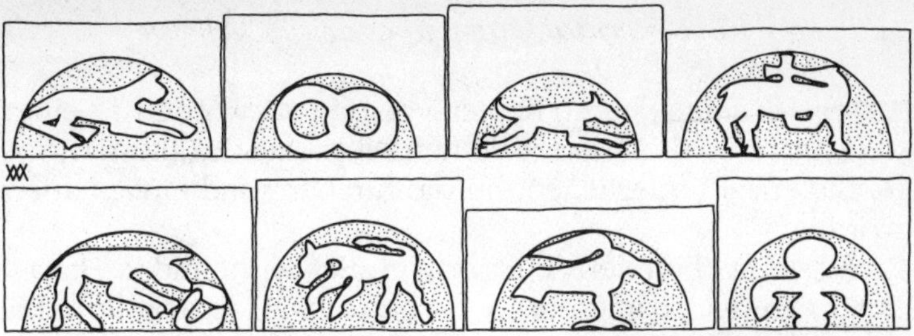

der Turm erhalten. Langhaus und Chor wurden um 1300 abgebrochen und neuerbaut, wobei man nicht nur das Baumaterial der alten Kirche wiederverwendete, sondern auch andere »brauchbare« Steine.

Zum wiederverwendeten Abbruchmaterial gehören zweifellos jene schweren Quader, die in halbrunden Feldern allerlei Symbole (Kreuzblume, Doppelring) und Getier (Katze, Hund, Vogel, das Wappenlamm von Gotland u. a.) zeigen. Ehedem bildeten diese Steine zweifellos ein geschlossenes Ornamentband, heute sind sie einigermaßen wahllos über die Südfassade verteilt.

Ebenfalls aus der alten Kirche stammt auch das steinerne Taufbecken, dessen Figuren noch die Originalfarben aufweisen.

Bildsteine

✻✻ Völkerwanderung ca. 400–600 n. Chr.

Links vom Kirchenportal knapp über der Sockelleiste.

Außer daß seine oberen Kanten »begradigt« wurden, ist einer der schönsten und besterhaltenen Bildsteine des ältesten Typs (s. BILDSTEINE) querliegend in die Kirchenwand eingemauert worden.
Zu sehen ist oben (jetzt links) ein großes Wirbelrad (s. HAVOR) unter einem Ornamentband, darunter zwei kleinere Spiralräder und ganz unten (jetzt rechts) eines jener extrem eleganten und leichten Boote des Kvalsundtyps (s. Dk/N: KVALSUND) mit 11 Ruder- und einem Steuerriemen.
Eine Reihe weiterer Bildsteinfragmente sind innerhalb der Kirche vermauert worden, sie stammen wohl von einem Grabfeld, das süd-östlich der Kirche an dem Weg nach Fole liegt.

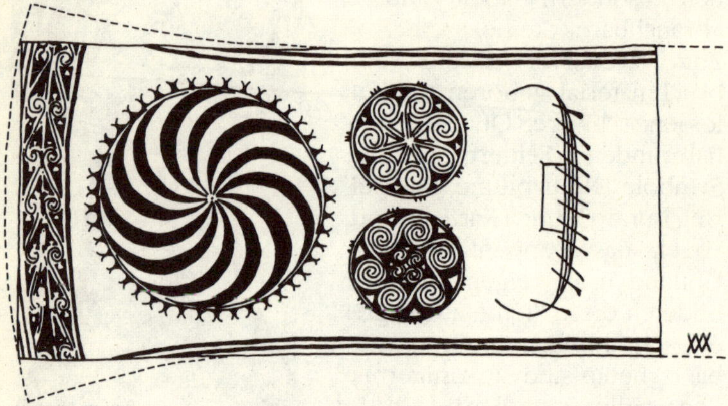

Bildsteine – »Stainkällingarna«

✻ Wikingerzeit ca. 700–1100 n. Chr.

Etwa 1500 m nordöstlich der Kirche von Bro, 200 m südöstlich der Straße 148 Richtung Thingstäde.

Die beiden in einem Acker noch auf ihrem Originalplatz stehenden Bildsteine des jüngeren Typs sind von der Straße aus gut sichtbar. Sie sind »blind«, d. h. ihre nach Osten gewandten Bildseiten sind bis zur Unkenntlichkeit verwittert.
Die Bezeichnung »Stainkällingarna« (»Steinweiber«) entstammt der Sage, derzufolge an diesem Platz zwei Frauen zu Stein verwandelt wurden, als sie auf dem Kirchweg miteinander ins Schwatzen und schließlich ins Streiten gerieten und so die hl. Messe versäumten.

Steinsetzung – »Bro Ojkar«

Eisenzeit bis Wikingerzeit ca. 300–800 n. Chr.

Etwa 200 m nordwestlich des Rollsteinhügels jenseits der Straße.

Die beiden großen, aufgerichteten Feldsteine gehören der jüngeren Eisen- bis frühen Wikingerzeit an.
Der Sage nach handelt es sich dabei um zwei Ochsen, die ein Mann in der Kirche von Bro opfern wollte, wenn sein blinder Sohn geheilt würde.
Als man sich der Kirche näherte, konnte der Junge plötzlich sehen. Der geizige Vater wollte nun mit seinen Ochsen schleunigst umkehren, da wurden die Tiere in Steine verwandelt.
Opfer ist Opfer. Denn, so ist man sich seit Urzeiten sicher, was man Gott (oder den Göttern) versprochen hat, das muß man ihnen auch geben – oder sie holen es sich.

Schleifrinnen

** Steinzeit (?) bis Wikingerzeit
ca. 3000 v. Chr.–1200 n. Chr.

In unmittelbarer Nachbarschaft der Opferquelle auf einigen Steinblöcken.

Ebenso einzigartig wie die Bildsteine sind auf Gotland die sogenannten Schleifrinnen – langgestreckte, ovale Schleifspuren in Felsen oder auf losen Steinblöcken. Es wurden insgesamt etwa 2000 entdeckt, die auf über 500 Plätze verteilt waren. In einem Fall wurden sogar 60 Rinnen in ein und denselben Stein eingeschliffen.
Ein beinahe für alle Schleifrinnen gemeinsames Merkmal ist, daß die ursprünglichen Fundstellen im Zusammenhang mit Wasser stehen: Bächen, Quellen, Seen.
Was hier freilich geschliffen wurde, weiß man nicht, allenfalls, daß es irgend einen kultischen Zusammenhang gegeben haben muß.
Auch die Datierung der Schleifrinnen ist völlig ungewiß trotz zahlreicher Publikationen. Manche Historiker datieren sie in die Steinzeit zurück und bringen sie in Verbindung mit den Schälchen-Aushöhlungen der Felszeichnungen (s. FELSZEICHNUNGEN), andererseits wurden Schleifrinnen an Bildsteinen gefunden, bei denen feststeht, daß sie erst nach dem Behauen des Steines entstanden sein können.

Opferquelle

** Bronzezeit bis Wikingerzeit
ca. 1500 v. Chr.–1100 n. Chr.

Etwa 300 m südlich der Kirche von Bro, auf einem Fußweg westlich von der Landstraße nach Hedeby erreichbar.

In einem kleinen Hain liegt von einigen großen Steinen eingefaßt eine uralte Opferquelle, die mit Sicherheit seit der Bronzezeit – vielleicht auch schon früher – bis zur Christianisierung eine hochberühmte Opferstätte gewesen sein muß. Denn es ist ganz gewiß kein Zufall, daß die Kirche von Bro eine berühmte »Opferkirche« war, was nichts anderes bedeuten kann, als daß listige Missionare den Ruhm der Quelle auf die Kirche übertragen haben.

Ich habe der »Nymphe« der Quelle »Silber« (ein 5-Mark-Stück) geopfert – ich habe es nicht bereut . . .

Runenplatte

Wikingerzeit ca. 1150–1200 n. Chr.

An der nordöstlichen Außenwand der Kirche ist eine Platte, die von einem Runenband eingefaßt ist, angebracht.
Es handelt sich hier um keinen Runenstein im engeren Sinne, sondern um eine Grabplatte. Sie dürfte eines der letzten Zeugnisse für die Verwendung von Runen sein, ehe diese endgültig von der lateinischen Schrift verdrängt wurden.

Bro / Uppland

✻ Runenstein, Wikingerzeit ca. 1000 n. Chr.
Karte 5, Mittelschweden

An der Straße E 18 nordwestlich von Stockholm gelegen.

Eine der vornehmsten und wichtigsten Aufgaben – zumal des Adels – war es, das Wikingerland vor Wikingern zu schützen. So prachtvolle Abenteuer man in fernen Ländern erleben konnte, Höhepunkt im Leben eines Nordlandhelden war der Kampf mit seinesgleichen, denn nur hier stand er einem wahrhaft ebenbürtigen Gegner gegenüber. Hier war er gewiß, daß – gleichgültig, ob er siegte oder starb – die Skalden seinen Nachruhm noch in fernen Generationen singen würden.
Opfer dieser Mentalität wurde unter vielen anderen auch Assur, der älteste Sohn des berühmten Jarl Hakon, der, wie sein bewußt im altertümlichen Stil gehaltener Gedenkstein an der Kirche von Bro vermeldet, bei der Verteidigung seiner Heimat gegen seine Landsleute ums Leben kam.
Die Inschrift auf dem Stein lautet in Übersetzung:
»Ginnlaug, Holmgaeirs Tochter, Schwester Sygrøths und Gauts, sie ließ diese Brücke machen und diesen Stein errichten für Assur, ihren Mann, den Sohn des Jarls Hakon. Er war Wart gegen die Wikinger (zusammen) mit Gaeitir. Gott helfe nun seinem Geist und seiner Seele.«

Broa

✻ Bildstein, Wikingerzeit ca. 700–800 n. Chr.
◇ Karte 8, Mittelgotland

Der Stein befindet sich heute in Visby, Gotlands Fornsal.

Was seine Schiffe anbelangte, so hatte der Wikinger zwei See-

len in seiner Brust. Angeschmachtet, vergöttert, wie eine launische Geliebte verhätschelt hat er seine Langschiffe. Er hat sie bedichtet und besungen und, wenn er reich und mächtig genug war, mit ins Grab genommen. Für sie war das Beste gerade gut genug: erlesene Hölzer, bunt bemalte Bordwände, kunstvoll geschnitzte Steven, vergoldete Wetterfahnen und massiv vergoldete Stevenköpfe.
Doch natürlich war der Wikinger auch Realist genug, um zu wissen, daß diese Schiffe viel zu wetterempfindlich und viel zu hoch im Aufwand an Menschen und Material bei lächerlich geringer Zuladekapazität waren, um, außer als Prunk- und allenfalls Kriegsschiffe, von praktischem Nutzen zu sein.
Und so widmete er sich, freilich ohne große Worte zu machen, ebenso emsig der Durchkonstruktion seiner Knorren, jenen schmucklosen, robusten Arbeitstieren der See, auf die er sich auch im ärgsten Sturm vor den Küsten Islands und Grönlands verlassen konnte, die mit ein paar Mann zu segeln waren und dabei eine Menge Zuladung schleppen konnten.
Und was für die Schiffstypen galt, traf ebenso für ihre Formgestaltung zu.
Was für herrlich elegante, mit ihren hoch aufgebogenen Steven fast schwerelos wirkende Boote hatte man da im 5. bis 7. Jahrhundert gebaut, wenn wir etwa an die Bildsteine von Sanda (s. SANDA), Bro (s. BRO/GOTLAND) und Martebo (s. MARTEBO) denken – nur so sehr seetüchtig können diese fragilen Steven wohl kaum noch gewesen sein.
Da die Nordmänner nun einmal Pragmatiker bis auf die Knochen waren, sahen sie nicht nur ein,

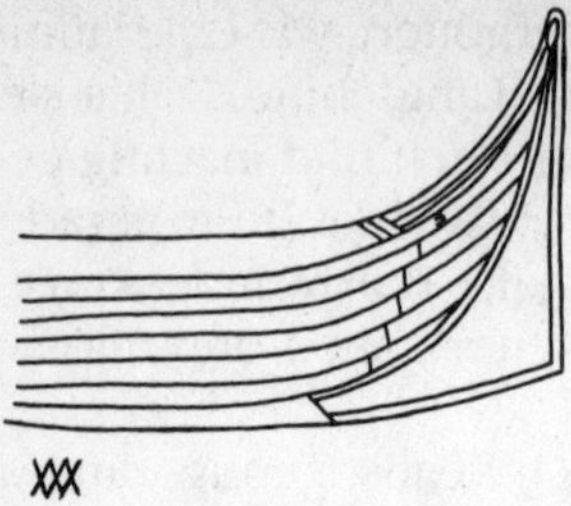

daß da etwas geschehen mußte, es geschah auch, indem man unter die allzu zerbrechlichen Steven dreieckige Bretter, die »Wammen« nagelte und so nicht gerade extrem elegant, doch recht wirkungsvoll das Stabilitätsproblem löste. Ein sehr deutliches Beispiel für die Konstruktion solch eines Wammenstevens fand man an der Unterseite eines Bodenbrettes des Osebergschiffes (s. Dk/N: OSEBERG), wie die nebenstehende Zeichnung zeigt.
Dies geschah just zu jener Zeit, als auch der neue Stil der »Zwergsteine« in Gotland aufkam, die nun durchweg jene Wammenschiffe zeigen (s. SMISS / KIRCHSPIEL GARDA, BARSHALDERSHED).
Zwar setzte sich der Wammensteven auf Dauer gesehen nicht durch, hielt sich aber doch über beträchtliche Zeit. Hatte er doch unter anderem den Vorteil, daß Schiffe dieser Bauart sehr kursstabil waren, d. h., daß man bei nur geringer Abdrift hoch am Wind zu segeln vermochte. So wurden nicht nur Kauffahrer, sondern auch immer wieder Kriegsschiffe mit derartigen Konstruktionen ausgerüstet, wie der hier gezeigte Bildstein von Broa aus dem Kirchspiel Halla oder die Steine von Hunninge (s. HUNNINGE) und Tullstorp (s. TULLSTORP) beweisen.

Bunge

** Museum
Karte 8, Nordostgotland

Von Visby auf der Straße 148 nordöstlich Richtung Fårösund, in dem auch für Ausländer noch wenigstens zeitweilig zugänglichen Teil der Militärzone.

Das 1906 auf die Initiative des Lehrers Th. Erlandsson hin gegründete Museum von Bunge ist in erster Linie ein Heimatmuseum, das sich der bäuerlichen Kultur Gotlands im 17. bis 19. Jahrhundert widmet, aber darüber hinaus auch über einige beachtliche frühgeschichtliche Objekte verfügt.

Beachtenswert ist bereits die Einzäunung des Museumsgeländes mit einem »standtäun« genannten, hohen Zaun, wie er bereits nachweislich im 8. Jahrhundert zum Schutz der Höfe verwendet wurde.

Rechts vom Eingang liegt ein Steinblock mit zahlreichen Schälchen-Vertiefungen aus der Bronzezeit, eine »Elfenmühle«, wie er im Volksmund genannt wird, dahinter die Nachbildungen verschiedener auf Gotland vorkommender Grabtypen von der Bronze- bis zur Wikingerzeit.

Prunkstück der frühgeschichtlichen Sammlung in Bunge sind zweifellos die vier erhaltenen Bildsteine von Hammars (s. HAMMARS), deren größten Th. Erlandsson vor dem Schicksal rettete, nach Stockholm verfrachtet zu werden, um statt dessen hier ebenfalls einen würdigen und wohl angemesseneren Platz zu finden.

Rechts neben diesem Stein liegen fünf »Grabkugeln«, die auch »Sonnensteine« genannt werden. Solche Kugeln wurden auf Gotland oben auf ein Steinhügelgrab oder auf die Kiste im Grab selbst gelegt.

Ein »Richterring«, ein blinder Bildstein der älteren Art und zwei Runensteine runden die Sammlung ab. Die Inschriften

der Runensteine lauten: »Rolög ließ (diesen Stein) zur Erinnerung an seinen Sohn Fridebjörn errichten« und »(Gott sei) seiner Seele (gnädig), Butaidar besitzt mich«.
Besonders sei auf das Museumswahrzeichen, die hohe Radkreuzstange, hingewiesen. Natürlich ist dieses Exemplar neu, doch die Tradition dieser Radkreuze geht ungebrochen bis zu den Felszeichnungen der Bronzezeit zurück (s. BRASTAD)!

Byxelkrok

✻ Grabfeld, Wikingerzeit ca. 700–1000 n. Chr.
Karte 4/9, Nordöland

Von der Ölandbrücke die Straße 136 nordwärts fahren, nördlich von Byxelkrok westlich der Straße auf den »Neptuni åkrar«.

Die von Blåeld (blauer Heinrich) übersähten Geröllbänke an der Nordwestküste Ölands haben von dem großen schwedischen Botaniker Karl von Linné den Namen »Neptuni åkrar« (Neptuns Felder) erhalten, heute befindet sich dort ein ausgedehntes Naturschutzgebiet.
Unmittelbar südlich des Naturschutzgebietes liegt ein Grabfeld der Wikingerzeit, das je eine viereckige und eine dreieckkige Steinsetzung aufweist, ferner eine Schiffssetzung, vier Kalksteinkisten und rund 30 ziemlich kleine runde Rollsteinhaufen – alles in allem keiner der grandiosen vor- und frühgeschichtlichen Friedhöfe, doch für einen Wikinger das Ideal

schlechthin für eine letzte Ruhestätte mit dem freien Blick aufs Meer hinaus und hinüber zur Blå Jungfrun (s. auch BLÅ JUNGFRUN), wo sich eine bedeutende Kultstätte befand.
1935 hat man acht der Gräber untersucht, darunter ein Frauengrab, in dem man ein Paar ovale Buckelspangen fand, ferner eine Spange mit Bronzekette, eine beinerne Nadelbüchse, eine eiserne Schere, eine Glasperle und ein Eisenmesser, das noch in den Resten einer bronzebeschlagenen Lederscheide steckte.

Ed

* Runenstein, Wikingerzeit ca. 1050–1100 n. Chr.
Karte 5, Mittelschweden

Von Stockholm auf der Autobahn E 4 nordwärts bis Väsby/Uppland, dann von dessen westlichem Ortsende ca. 1,5 km bis Ed.

»Runen ritzen ließ Ragnvald,
war in Griechenland Leiter der Heerschar.«
Wie Jarlabanke im benachbarten Täby (s. TÄBY / UPPLAND) hat auch Ragnvald schon zu Lebzeiten sich diesen Stein selbst setzen lassen, der heute am Kirchweg steht.

Doch damit endet auch schon jede Gemeinsamkeit.
Während sich Jarlabanke auf seinen zwei (!) Steinen eher als aufgeblasener Dorfhäuptling entpuppt, steht hinter den zwei knappen Stabreimzeilen Ragnvalds ein wirklich bedeutender Mann.
Nicht nur, daß er, wie sein Name verrät, einer hochangesehenen Adelsfamilie angehörte, er selbst war am Kaiserhof von Byzanz zum Kommandanten der Warägergarde aufgestiegen, einem Posten, der nicht selten mit dem des Archestrategos, des Oberbefehlshabers aller oströmischen Truppen, verbunden war – »Leiter der Heerschar«.
Und er war ein Mann von Charakter, den der Goldflitter des Kaiserhofes nicht zu blenden vermochte, der vielmehr eines Tages Macht und Pracht und Hofkabalen (für die Byzanz sprichwörtlich geworden ist) hinter sich ließ, um in seine rauhe, ruppige aber grundehrliche Heimat zurückzukehren.

Egby

✻ Kirche und Taufstein, Spätwikingerzeit, ca 1150 n. Chr.
Karte 9, Nordöland

Auf der Straße 136 nördlich bis Köping, dort östlich nach Egby.

Die Christianisierung Ölands im Laufe des 12. Jahrhunderts hat eine Reihe bemerkenswerter Monumente hinterlassen, so die Kirchen von Gärdslösa (s. GÄRDSLÖSA), Resmo (s. RESMO) und eben auch Egby.
Ein besonderes Kleinod der um die Mitte des 12. Jahrhunderts erbauten Kirche von Egby stellt der ebenfalls aus dieser Zeit

stammende Taufstein dar, der in Stein gemeißelt versucht, christlich-abendländische (oberer Teil) mit heidnisch-wikingerischen Motiven (unterer Teil) zu verbinden.

Eketorp

*** Burganlage, Eisen- und Wikingerzeit
ca. 350–1250 n. Chr.
Karte 4/9, Südöland

Auf der Straße 136 nach Süden fahren bis Grönhögen, dort nordöstlich abbiegen und der Beschilderung nach Eketorp folgen.

Von den 19 vor- und frühgeschichtlichen Burganlagen auf Öland ist die Eketorp-Burg die bekannteste und, wegen der teilweisen Rekonstruktion, für den Nichtfachmann zweifellos die attraktivste. Doch auch für den Spezialisten bietet sie, dank der außerordentlich gründlichen und sorgfältigen Ausgrabungsarbeiten unter der Leitung von Professor Mårten Stenberger, in seiner Qualität nur schwer überbietbares Material. Die Ausgrabungen dieser zwischen dem Kalksteinplateau und Sumpfwiesen strategisch günstig gelegenen Burg förderten drei im Grundprinzip ähnliche, im Detail jedoch höchst verschiedene Anlagen zutage.

Eketorp I
Die älteste Anlage stammt wohl aus dem 4. nachchristlichen Jahrhundert und bestand aus einer 3,5 Meter dicken und 57 Meter durchmessenden, kreisrunden Kalksteinmauer mit einem Tor im Süden und einem kleinen Pförtchen im Osten zur Wasserstelle. In das Innenrund der Mauer fügten sich 21 ebenfalls aus Kalksteinen errichtete Häuser.
Da die Begleitfunde nur spärlich waren, ist es schwer, Eketorp I

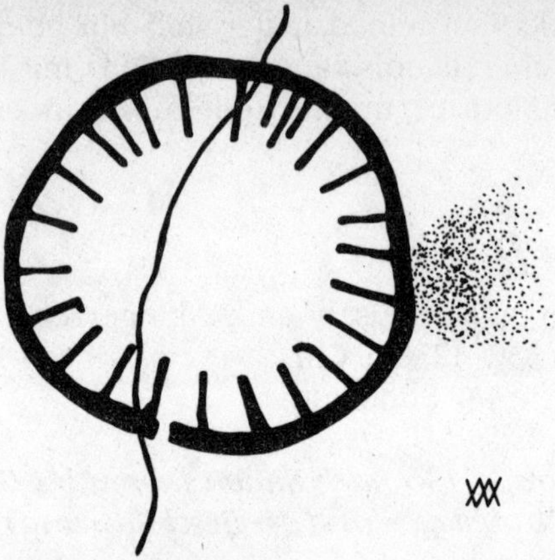

exakt zu datieren. Zudem vermutet man, daß die Burg zu jener Zeit nicht fest besiedelt war, sondern für die Landbevölkerung der Umgebung in unruhigen Zeiten nur als Fluchtburg diente. Vielleicht wurde sie auch als Thingstätte, Marktplatz und für religiöse Feiern verwendet.

Eketorp II

Etwa im 6. Jahrhundert – Öland galt damals als reiche Insel und sah sich entsprechend häufigen Angriffen ausgesetzt – beschlossen die Bauern der Umgebung, ihren ständigen Wohnsitz in den Schutz der Mauern der Fluchtburg zu verlegen, was freilich einen systematischen Ausbau bedingte:
Zunächst errichtete man einen 1,5 bis 2 Meter starken, provisorischen Mauerring mit einem Durchmesser von 80 Metern rund um die alte Burg, brach dann die innere Mauer ab und benutzte das Material, um die äußere Mauer auf eine Stärke von 5 Metern am Fuß und knapp 3 Metern an der Krone zu erhöhen, wobei man zunächst die Tore an den alten Stellen beließ, jedoch ein weiteres Tor im Norden einfügte.
Die Häuser wurden wieder an die Innenseite der Ringmauer gelehnt, jedoch mit einem größeren Freiraum in der Mitte

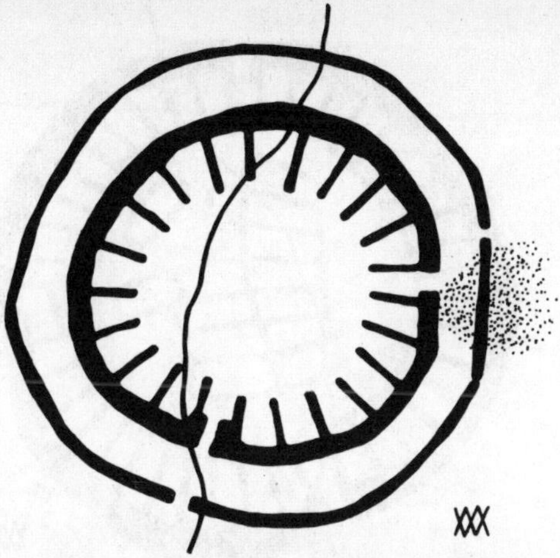

der Anlage, wo nun eine Doppelzeile von Gebäuden entstand. Da die neue Ringmauer jedoch über die alte Wasserstelle verlief – für eine Weile der Schwachpunkt der Verteidigungsanlage – wurde diese zugeschüttet, mit Mauer und Häusern zugebaut und statt dessen ein Brunnen gegraben. In seiner endgül-

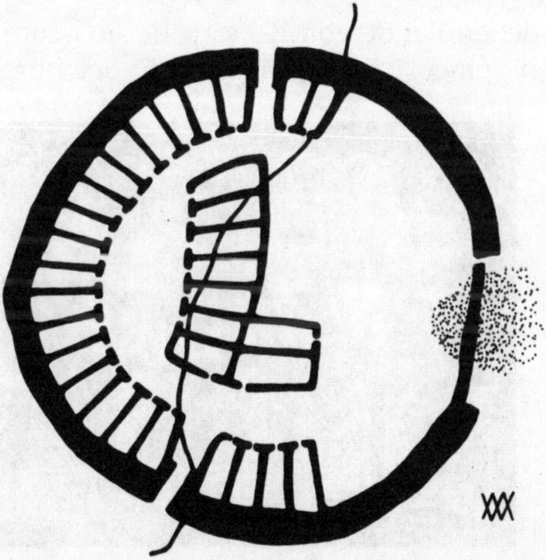

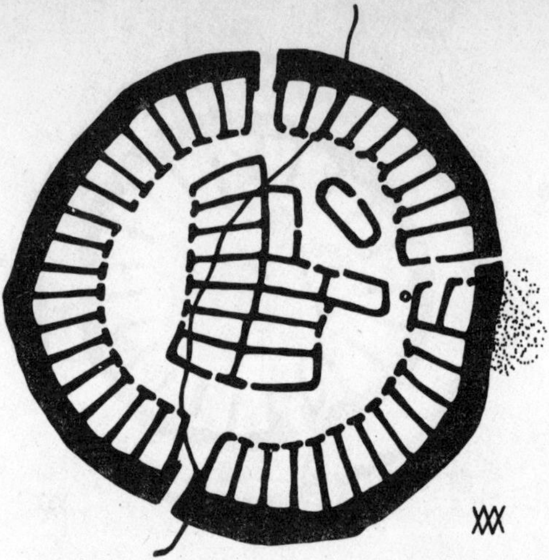

tigen Form umfaßte Eketorp II rund 15 Höfe mit insgesamt 53 Gebäuden – Wohnhäuser, Ställe, Speicher und Werkstätten –, und in dieser Form wurde Eketorp etwa zur Hälfte (die andere Hälfte wurde im Fundzustand belassen) rekonstruiert und wieder aufgebaut.

Die reichlichen Funde von Eketorp II, die heute in dem geschmackvoll eingerichteten Museum in der Burg ausgestellt

sind, ergaben das Bild einer recht wohlhabenden bäuerlichen Dorfgemeinschaft, die sich von Ackerbau (Roggen, Weizen, Hafer, Gerste – letztere auch zum Brauen von Bier, der erste Fund dieser Art im Norden), aber auch von Viehzucht (Schafe, Rinder, Schweine, Ziegen, Pferde), Jagd und Fischfang ernährte. An Haustieren gab es zudem Hunde und Katzen. Und auch Kunsthandwerk war nicht unbekannt, wie die aus Goldblech geprägten Männer- und Frauenfiguren nebst anderen Funden belegen.
Weshalb man im 8. oder 9. Jahrhundert das Festungsdorf aufgab, ist ungewiß. Da jedoch Anzeichen von Gewalt fehlen, muß dies durchaus friedlich geschehen sein.

Eketorp III

Um das Jahr 1000 n. Chr., als das immer mächtiger werdende

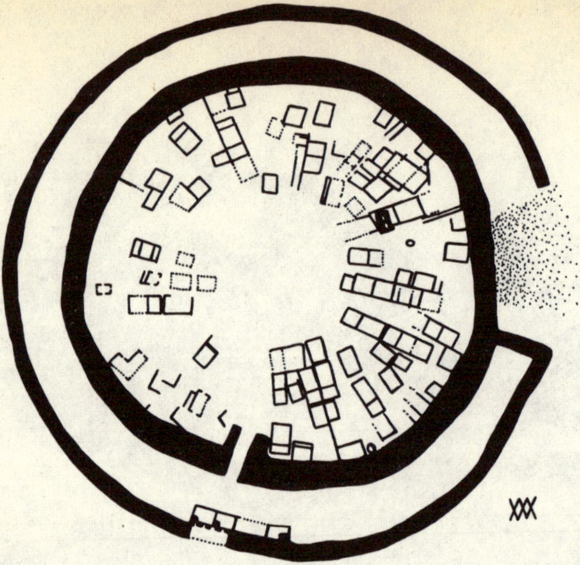

Schweden auch nach den Inseln Gotland und Öland grabschte, entsann man sich des halbverfallenen Wehrdorfes und bezog es erneut: Das Nordtor wurde zugemauert, eine zweite, niedrigere Ringmauer als zusätzlicher Schutz aufgeführt, die einst relativ planvolle Innenbebauung durch eine eher regellose Ansammlung von insgesamt 150 Gebäuden (Wohnhäuser, Ställe, Scheunen, Werkstätten) ersetzt.
Charakteristisch für Eketorp III war die schon geradezu pathologische Angst vor Feuer. Daß man die feuergefährlichen Schmieden in den Raum zwischen den beiden Ringmauern verbannte, war selbstverständlich, doch man ging noch weiter: Obschon die meisten Häuser über einen Boden aus Kalksteinplatten verfügten, besaßen die allerwenigsten eine Feuerstelle! Man zog es offenbar vor, an einer allgemeinen Kochstelle nahe dem Brunnen seine Speisen zuzubereiten und im Winter zu frieren, nur um die Gefahr einer Feuersbrunst zu vermeiden.

Rund 20000 Funde aus dieser Epoche wurden in Eketorp III geborgen. Reste von Pflügen, Sicheln, Sensen, Angelhaken, Netzlote und Fischgabeln vermitteln das Bild eines von Ackerbau, Viehzucht und Fischerei lebenden Gemeinwesens. Pferdegeschirre, Schmuck, westeuropäische Keramik, aber auch Salz und vor allem Waffen und Rüstungsteile deuten darauf hin, daß Eketorp III ein wesentlicher Markt- und Umschlagplatz für Waren aller Art gewesen sein muß, wobei der hohe Waffenanteil die Probleme der Zeit charakterisiert.
Wann und warum Eketorp III schließlich – und diesmal für immer – aufgegeben wurde, ist ungewiß. Man schätzt, daß es im 13. Jahrhundert, und wiederum freiwillig und friedlich und keineswegs durch kriegerische Gewalt geschah.

Enånger

✻ Kirche und Museum, Spätwikingerzeit ca. 1200 n. Chr.
Karte 6, Nordostschweden

Östlich an der Straße E 4 zwischen Gävle und Sundsvall, etwas südlich von Hudiksvall.

Die um 1200 erbaute Steinkirche gehört stilistisch bereits der allgemeinen europäischen Romanik an, die typisch skandinavischen Elemente beschränken sich nur noch auf kleine Details der Ausstattung.
Die Kirche enthält ein kleines, jedoch recht interessantes Museum vor allem mit kirchlicher Kunst.

Fide

** Schiffsdarstellung, Spätwikingerzeit
ca. 1200–1220 n. Chr.
Karte 8, Südgotland

Von Visby auf den Straßen 140 und 142 südwärts, bis ca. 5 km vor Burgsvik die Straße nach Fide östlich abbiegt.

Irgend jemand hat zu Beginn des 13. Jahrhunderts in den Mauerputz der Kirche von Fide ein Schiff geritzt.
Obwohl es zeitlich schon fast aus dem Rahmen dieses Buches

fällt und kaum noch mit dem Begriff »Wikinger« in Zusammenhang zu bringen ist, so setzt es doch ein letztes und höchst wichtiges Schlaglicht auf unser Thema, denn dieses Schiff führt eindeutig ein »Heckruder«, d. h. das Ruder – die Einrichtung zum Steuern des Schiffes – ist mit Scharnieren am Achtersteven aufgehängt, während man bisher in Nordeuropa ebenso wie im Mittelmeer nur das Seitenruder (s. WIKINGERSCHIFFE) kannte.

Da es in der verquirlten Hecksee liegt, reagiert ein Heckruder zwar erheblich schlechter auf feine Ausschläge als das im ruhigen Wasser der Seite gefahrene Seitenruder, hat aber den ganz ungeheuren Vorteil, erheblich stabiler und gegen Beschädigungen gefeiter zu sein als das Seitenruder. Weshalb es sich auch von Skandinavien ausgehend bald überall, auch im Mittelmeer, durchsetzte.

So hat denn die Schiffsbaukunst der Wikinger zum Abschluß nochmals eine Erfindung hervorgebracht, die bis zum heutigen Tag in Gebrauch geblieben ist.

Finntorp

Felszeichnungen, Bronzezeit ca. 1500–500 v. Chr.
Karte 3, Westschweden

Knapp 2 km südlich der Kirche von Tanum, ca. 500 m westlich der Straße.
Detailkarte s. TANUM. *Nur über einen Fußweg erreichbar.*

Bemerkenswert ist ein Schiff mit schwungvoll bewegten (tanzenden?) Männern und einem Bauerm mit einem von Rindern gezogenen Pflug; es handelt sich hierbei um einen »Häufelpflug«, wie er mancherorts noch bis in unser Jahrhundert verwendet wurde.

Fjärås

** Grabfeld, Einzelgräber, Steinsetzungen, Burg, Eisen- bis Wikingerzeit ca. 500 v. Chr.–1000 n. Chr.
Karte 2/3, Westschweden

Von Göteborg auf der Straße E 6 südlich fahren, etwa 6 km nach Kungsbacka östlich nach Fjärås abbiegen und am Ortseingang südwärts Richtung Tostared einbiegen und den Hinweisschildern folgen.

Die vor- und frühgeschichtlichen Monumente liegen am Westufer des Lygnern-Sees so zahlreich und dicht beisammen, daß man einen Großteil von ihnen in einem teilweise eingezäunten Erholungsgebiet mit Park- und Rastplätzen, Wander- und Reitwegen geschützt zusammengefaßt hat.
Neben zahlreichen unbedeutenderen Monumenten (R) fallen besonders ein wohl noch bronzezeitlicher Steinring (1), einige recht ansehnliche Grabhügel (2) und ein spätwikingerzeitlicher-frühmittelalterlicher christlicher Friedhof (3) auf. Auf einer nach Osten in den See ragenden Landzunge hat man

ferner die Reste einer Burganlage entdeckt, die wohl aus der Eisenzeit stammen dürfte (4).

Das Interessanteste freilich ist ein ausgedehntes Grabfeld (5) am westlichen Abhang des Höhenrückens mit zahlreichen aufgerichteten sogenannten Bautasteinen, wie sie auch auf dem Grabfeld von Grebbestad (s. GREBBESTAD) in ähnlicher Weise zu finden sind. Wie dort handelt es sich auch hier durchweg um Tonurnengräber der Eisenzeit und Völkerwanderung, also der Epoche zwischen etwa 500 v. Chr. und 500 n. Chr.

Die Bautasteine zeigen weder Inschriften noch Zeichnungen und sind auch recht unterschiedlich in der Größe – der höchste, der sogenannte »Frodestenen« (6) mit fast drei Metern Höhe, steht am Südende des Grabfeldes. Es ist allerdings zu vermuten, daß sich aus dieser eisenzeitlichen Sitte, als Erinnerung an die Toten einen hohen Stein zu errichten, in der spä-

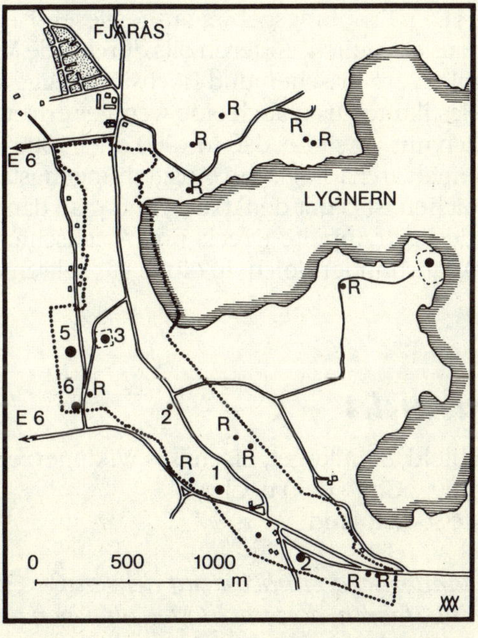

ten Völkerwanderungszeit die später dann so beliebten und zahlreichen Runensteine entwickelt haben.
Wer nach Fjärås fährt, der sollte Zeit mitbringen, mindestens (!) einen halben Tag, denn vieles ist nur zu Fuß erreichbar, da das Ganze ja als Erholungsgebiet ausgewiesen ist. Was einerseits durchaus erfreulich, andererseits durch jede Menge »Kulturmüll«, wie leere Flaschen und Büchsen, weggeworfene Papier- und Plastiktüten usw. auch eine weniger erfreuliche Seite hat. Wenn ich mir vorstelle, daß in 1000 oder 2000 Jahren hier wieder einmal archäologische Ausgrabungen stattfinden – und dergleichen ist ja gut denkbar –, und man dann auf diese in den Boden getrampelte Dreck- und Abfallschicht stößt, so mag das 20. Jahrhundert leicht in einen gar seltsamen Geruch kommen . . .

Folkeslunda

** Grabfeld, Steinkugel, Eisen- bis Wikingerzeit
ca. 500 v. Chr.–1050 n. Chr.
Karte 9, Ostöland

Von der Ölandbrücke zunächst auf der Straße 136 nördlich bis Glömminge fahren, dort nach Osten abbiegen und bei Run-

sten wieder nördlich weiterfahren; das Grabfeld liegt zwischen Lerkaka und Långlöt, Folkeslunda etwa in der Mitte, auf der östlichen Straßenseite.

Die Sage vom »Wälters-sten« oder »Kroppkakan« läßt sich bis ins Jahr 1632 zurückverfolgen. Sie erzählt, der auf Öland berühmte Riese Wälter habe den mächtigen, runden Stein dorthin gelegt, um das Zentrum der Insel zu markieren.
Der Wälters-sten wurde einst während der Eiszeit in einer Gletschermühle rundgeschliffen. Es muß ein höchst beträchtlicher Aufwand gewesen sein, als ihn ein Wikingerfürst entdeckte, ihn zu seinem Grabstein erkor und an seinen heutigen Platz schleppen ließ, wo er nicht im Boden, sondern nach der auf Öland öfter zu beobachtenden Art auf etlichen kleinen Steinen gelagert wurde (s. KÄLLA, KÖPINGSVIK).
Wie erwähnt, war der Wälters-sten seit langem bekannt, als man zwischen 1968 und 1973 daran ging, das gesamte zugehörige Grabfeld aufzugraben, das sich von Lerkaka im Süden bis zur Kirche von Långlöt im Norden östlich der Straße hinzieht, und mit seinen 163 aufgefundenen Grabstätten das größte Grabfeld auf Öland ist.

Wie man aufgrund der Funde feststellte, war das Grabfeld vom Beginn der Eisenzeit um 500 v. Chr. bis zum Ende der heidnischen Wikingerzeit um 1050 n. Chr. beständig in Gebrauch gewesen, auch wenn die Gräber in der überwiegenden Mehrzahl aus der Wikingerzeit zwischen 800 und 1050 n. Chr. stammen. Man hat Skelettgräber neben Brandgräbern entdeckt. Die Funde beschränkten sich auf Gegenstände des täglichen Lebens wie Gewandteile, Kämme, etwas Schmuck, Keramik, Messer, Münzen und dergleichen mehr.

Fossum

*** Felszeichnungen, Bronzezeit ca. 1000–500 v. Chr.
Karte 3, Westschweden

Etwa 4 km westlich der Kirche von Tanum unmittelbar nördlich an der Straße nach Bullaren. Detailkarte s. *Tanum.*

Die etwa 6 mal 4 Meter messende, nach Süden geneigte Felsplatte ist verglichen mit Vitlycke oder Aspeberget eher klein, doch das darauf eingemeißelte Felsbild wird von Kennern als

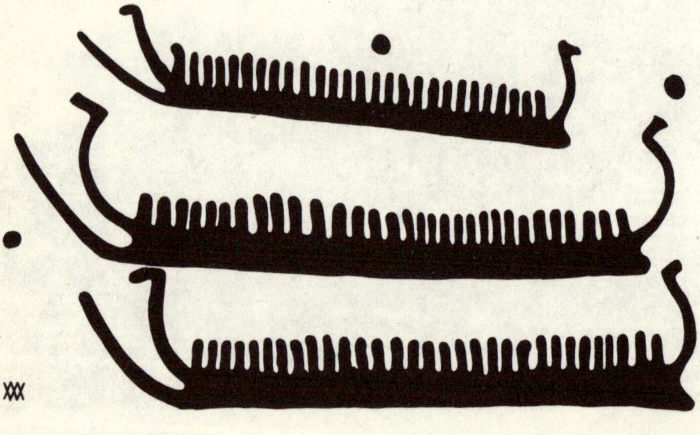

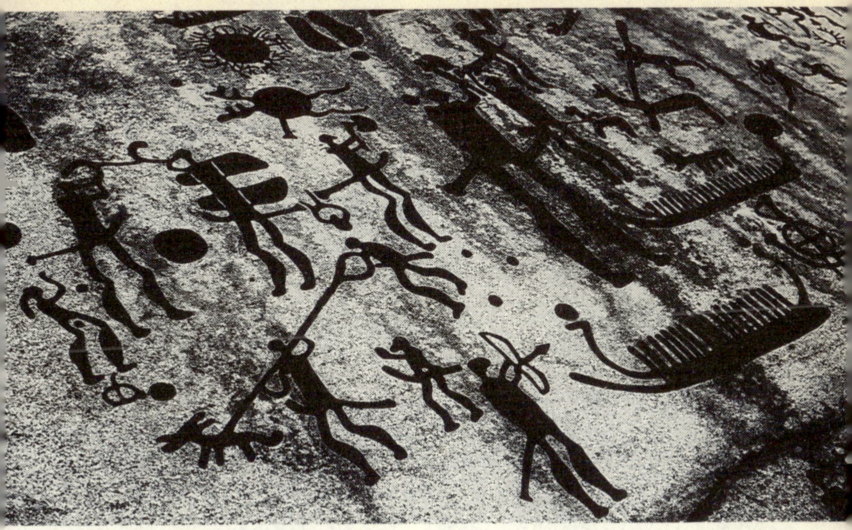

das vornehmste und eleganteste in ganz Schweden bezeichnet.

Im allgemeinen soll man die Figuren der Felsbilder einzeln für sich betrachten. Anders gesagt, es wäre grundverkehrt, ein zusammenhängendes Bild oder eine geordnete Bildkomposition zu vermuten.

Fossum ist die berühmte Ausnahme von der Regel, denn hier haben wir es tatsächlich mit einer Gesamtkomposition zu tun, angelegt und ausgeführt von einer einzigen Künstlerpersönlichkeit, wie sich anhand des Stiles ganz deutlich nachweisen läßt – auch dies eine seltene Ausnahme.

Auf der, wie gesagt, relativ kleinen Felsplatte sind eine Vielzahl von Figuren zusammengedrängt: stark stilisierte Schiffe und Boote, Tiere, darunter einige schöne Hirsche, Jagdszenen, Fußabdrücke, verschiedenste Symbole, drei Axtträger – die Kultaxt spielt auf diesem Felsbild überhaupt eine große Rolle (s. hierzu auch SIMRISHAMN) – mit ihren Hunden und, besonders beachtenswert, ein von drei Männern aufgeführter Kulttanz, bei dem der Mittlere graziös sein Bein schwingt. Doch

trotz der Vielzahl der Figuren und Szenen gibt es kein Durcheinander, keine Überschneidungen, das Ganze macht einen harmonischen, ausgewogenen Eindruck.
Zweifellos wird hier in verschiedenen Bildern und Szenen auch eine in ihrem Sinngehalt zusammengehörende Geschichte oder Sage erzählt.
Eine Gesamtinterpretation der Fossum-Hällristninger ist freilich bis heute noch nicht gelungen.

Frännarp

* Felszeichnungen, Bronzezeit 1500–500 v. Chr.
Karte 2/4, Südostschweden

Auf der Straße 20 von Kristianstad nach Borby bis Knislinge, von dort ca. 6 km nach Gryts, nordwestlich an der Gryts kyrka vorbei, nach ca. 600 m links in einen Landweg einbiegen und ca. 1500 m bis Frännarp, die Felszeichnungen liegen von dort etwa 100 m im Nordwesten.

Wer immer einst dort gelebt hat, er muß, und das über Generationen, intensiv mit Pferden und Wagen zu tun gehabt haben. Und zwar mit Wagen jener leichten, zweirädrigen Bauart, wie sie im Krieg und – zumindest im Mittelmeerraum, und weshalb eigentlich nicht auch im Norden? – zu sportlichen, d. h. Rennzwecken gebaut wurden.
Über ein Dutzend Wagen mit Bespannung – die Zeichnung

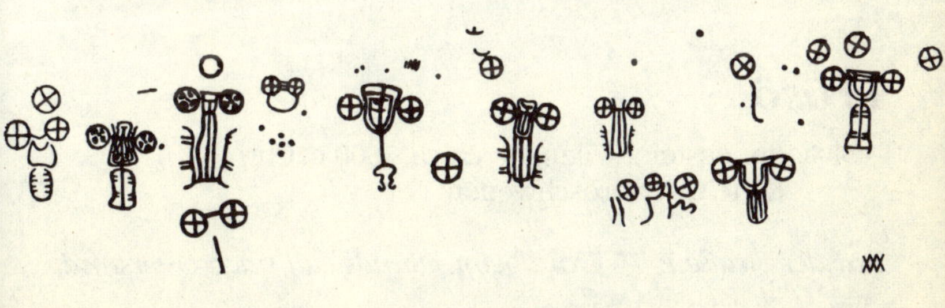

gibt nur die deutlich sichtbaren wieder – und jede Menge an einzelnen Rädern sind auf der Felsplatte zu entdecken.
Mit etwas Phantasie könnte man hier durchaus an einen recht erfolgreichen Rennstall denken, der getreulich seine Siege und Niederlagen – unten der dritte Wagen von rechts macht einen ziemlich desolaten Eindruck – dem Felsen und der Nachwelt anvertraut hat. Da Rennen ja auch eigentlich stets zu Ehren der Götter, teilweise durchaus wie Kulthandlungen veranstaltet wurden, läge solch eine Erklärung nicht einmal außerhalb des Denkbaren.
Auch wenn man seiner Phantasie die Zügel nicht so schießen läßt, das Felsbild von Frännarp ist eines der eigenwilligsten und ungewöhnlichsten seiner Art.

Fresta

* Runenstein, Wikingerzeit ca. 1000–1050 n. Chr.
Karte 5, Mittelschweden

Östlich an der Autobahn E 4 nördlich von Stockholm gelegen.

Der schön gestaltete Runenstein an der Kirche von Fresta bezeugt einen Piratenüberfall von Wikingern auf Wikinger – auch dies war durchaus an der Tagesordnung:
»Gunnar und Sassur, die ließen diesen Stein errichten für Gaeirbjörn, ihren Vater, den Sohn Vittkarls in Svalunaes. Ihn erschlugen die Norweger auf der Knorre Asbjörns.«

Frösö

** Runenstein, Wikingerzeit ca. 1000 n. Chr.
Karte 6/7, Nordschweden

Auf der Straße E 75 Trondheim - Sundswall nach Östersund,

dort über die Brücke nach der Insel Frösö fahren; der Runenstein steht im Zentrum des Ortes hinter dem Gebäude der »Sundsvalls Banken«.

Der Frösö-Stein gehört zu den sehr gut und sorgfältig gearbeiteten Runensteinen mit einer langen Runenschlange, die sich um den ganzen Stein windet und sich schließlich in den eigenen Schwanz beißt. Bemerkenswert ist auch dabei die sehr klar ausgearbeitete sogenannte »irische Koppel«, eine brezelartige Schließe, die Anfang und Ende des Schlangenleibes zusammenhält.

Insoweit würde sich der Runenstein von Frösö noch nicht sonderlich von zahlreichen anderen abheben, wäre er nicht historisch ein äußerst wichtiges Dokument. Denn zum einen ist er der nördlichste Runenstein Schwedens, zum anderen ist er das Dokument für die Christianisierung Jämtlands:

»Östman, Gudfasts Sohn, ließ diesen Stein errichten und diese Brücke machen, und er ließ Jämtland christianisieren. Asbjörn machte (die) Brücke, Tryn und Sten ritzten die Runen.«

Jener Östman war offensichtlich der lokale Oberhäuptling. Er muß ein recht mächtiger Mann gewesen sein, denn wenn man auch die Behauptung, er habe Jämtland christianisieren lassen, als Großsprecherei abtun könnte, der Brückenschlag von Frösö nach Östersund – und nur um diesen kann es sich bei dem erwähnten Brückenbau handeln – war für damalige Zeit eine doch recht bemerkenswerte Leistung.

Schließlich ist der Frösö-Stein eines der zahlreichen, jedoch eines der sehr deutlichen sozialen Dokumente jener Epoche. Die Selbstsicherheit und Selbstverständlichkeit, mit der sich der Brückenbauer Asbjörn und die Runenmeister Tryn und Sten neben ihrem Herrn auf dem Stein verewigten, zeigt unmißverständlich das Verhältnis Herr – Untertan auf, wobei der eine eben keineswegs unumschränkt »Herr«, und die anderen schon gar nicht »Untertanen« waren. Bis die fortschreitende Christianisierung auch dem nördlicheren Europa die zweifelhaften Segnungen des »Römischen Rechts« bescherte, glich das Rechts-, Herrschafts- und Staatssystem der Germanen – vereinfacht gesagt – am ehesten einer Basisdemokratie mit erblichen Spitzenfunktionären, die allerdings, wenn sie nicht gut taten, sehr schnell auch abgesetzt werden konnten. Die Idee, daß alle Macht vom Volk ausgehe, ist urgermanisch, und daß die »Erfinder« der Demokratie, die Griechen, von der Ostseeküste stammen, zweifellos kein Zufall. Daß man mit dieser Basisdemokratie keinen größeren Staat, schon gar kein »Reich« regieren kann, haben Griechen und Nordgermanen zur Genüge bewiesen. Denn trotz enormer Eroberungen gab es nie ein »Wikingerreich«, und daß sich in ihrer skandinavischen Urheimat »Staaten« wie Dänemark, Schweden und Norwegen entwickelten, ist mehr dem mit dem Christentum eindringenden Römischen Recht als der autochthon-germanischen Rechts- und Staatsauffassung zu danken.

Frösö Kyrka

* Kirche und Glockenturm, Spätwikingerzeit
ca. 1180 n. Chr.
Karte 6/7, Nordschweden

Auf der Straße E 75 Trondheim – Sundsvall nach Östersund, dort über die Brücke nach der Insel Frösö und 6,5 km weiter in Richtung Flughafen bis Frösö Kyrka fahren.

Die Kirche von Frösö, die in ihren ältesten Teilen aus dem 12. Jahrhundert stammt, ist so gründlich renoviert und modernisiert, daß von diesen alten Teilen so gut wie nichts mehr erkennbar ist.
Interessant hingegen ist der Glockenturm. Wiewohl in späterer Zeit auch verschiedentlich verändert, zeigt er immer noch den spätwikingerzeitlichen Stabbau, und die aufgesetzte Kuppel weist unmißverständlich nach Rußland und Byzanz, von wo die Wikinger einst diese Bauform nach Skandinavien importiert haben (s. auch GLOCKENTÜRME).
Die geschnitzten Tragesäulen (Stäbe) entstammen unverkennbar jener Bautradition, wie wir sie heute noch vor allem in Westnorwegen (s. Dk/N: STABKIRCHEN) finden.

Gålrum

✻ Grabfeld, Rollsteinhügel, Schiffssetzungen, Bronzezeit bis Eisenzeit ca. 1500–100 v. Chr.
Karte 8, Ostgotland

Von Visby die Straßen 143 und 145 südöstlich Richtung Ljugarn fahren, kurz vor Ljugarn westlich auf die Straße 144 einbiegen und bei der nächsten Abzweigung südlich Richtung Lau; das Grabfeld liegt knapp hinter der Abzweigung westlich der Straße.

Im Osten, jenseits der Straße erhebt sich ein großes Rollsteingrab, das freilich durch Wegnahme von Steinen stark beschädigt wurde, und das man in die ältere Bronzezeit zwischen 1500 und 1000 v. Chr. datiert.
Westlich der Straße breitet sich der größere Teil des Grabfeldes aus, der optisch von sieben Schiffssetzungen beherrscht wird, die zwar nicht allzu groß in ihren Abmessungen, jedoch aus ziemlich hohen Steinen errichtet sind. Grabungen in zwei

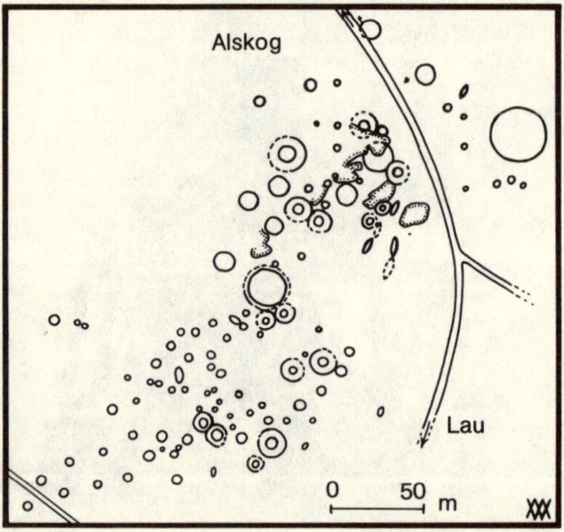

dieser Schiffssetzungen erbrachten Funde aus der jüngeren Bronzezeit, also der Epoche zwischen 1000 und 500 v. Chr.
Im nördlichen Teil des Grabfeldes finden sich ferner eine Reihe niederer Rollsteinhügel. In dem Wald südlich der Schiffssetzungen befinden sich, teilweise vollständig überwachsen, etliche weitere Steinsetzungen und flache Rollsteinhügel, die man durch Ausgrabungsfunde auf die ältere Eisenzeit datieren konnte, also etwa auf 100 v. Chr. Insgesamt umfaßt das Grabfeld rund 50 Monumente.
Ein Bildstein auf dem nördlichen Teil des Feldes wurde 1924 dorthin versetzt und gehört original nicht auf das Grabfeld.

Galtabäck

✻ Schiff, Spätwikingerzeit ca. 1100 n. Chr.
◇ Karte 2/3, Westschweden

Das Schiff ist heute in Göteborg im Sjöfartsmuseet ausgestellt.

Mit einer Länge von 13,10 Metern, einer Breite von 3,61 Metern und einer Kiellänge von 9,10 Metern ist das Galtabäck-Schiff

um 70 Zentimeter kürzer und um 21 Zentimeter breiter als das Wrack 3 von Skuldelev (s. Dk/N: SKULDELEV), die sogenannte »Ostsee-Knorre«.
Auch bei dem Galtabäck-Schiff handelt es sich eindeutig um ein kleineres Handelsfahrzeug, das wohl vor allem einst in Küstennähe eingesetzt worden ist.
Erhalten geblieben sind der Schiffsboden und die unteren Teile der Spanten, eine für den Laien nicht allzu eindrucksvolle Sache (wozu auch die wenig glückliche Präsentation im Museum ihren Teil beiträgt), für den Fachmann freilich höchst interessant, nicht nur wegen der Vergleichsmöglichkeiten mit den Skuldelev-Schiffen, sondern auch, da sich eine ganze Reihe wichtiger Details der Konstruktion gut erkennen lassen.

Gamla Uppsala

*** Thingstätte, Grabhügel, Kirche, Wikingerzeit
ca. 500–1130 n. Chr.
Karte 5, Mittelschweden

Von Uppsala auf der Straße E 4 nach Norden fahren und kurz nach Ortsende entsprechend der Beschilderung nach Osten abbiegen.

Von allen geschichtsträchtigen Plätzen Skandinaviens ist dieser der wohl imposanteste und bedeutendste erhaltene Platz. Uppsala (also das alte Uppsala, »Gamla Uppsala«, das heutige Uppsala hieß damals Östra Aros) war Jahrhunderte lang der wichtigste Thingplatz, Kultstätte und Königsresidenz Schwedens in einem, verbunden mit einem hochbedeutenden Grabfeld, auf dem wohl mehr vorchristliche schwedische Könige begraben liegen als sonst irgendwo.
Das Grabfeld ist auf der Geröllhalde des Os errichtet, einer subglaciofluvialen Formation, zu deutsch den Ablagerungen von Kies und kleinen Steinen am Austritt der unter den eiszeit-

lichen Gletschern dahinströmenden Schmelzwasserflüsse. Dadie Gletscher langsam abtauten und sich nach Norden zurückzogen, verschoben sich auch diese Tunnelmündungen und hinterließen so langgestreckte Kies- und Geröllbänke. Auf eben solch einem Os liegt das Grabfeld von Gamla Uppsala, was den Vorteil hatte, daß einem durch den Geröllrücken die Natur schon die halbe Arbeit abnahm, wenn man einen stattlichen Grabhügel aufzuwerfen gedachte.

Neben einer ganzen Anzahl kleinerer Grabhügel, die sich nach Südwesten ziehen, verfügt Gamla Uppsala über drei mächtige Hügel, von Ost nach West »Thor« (1), »Oden« (2) und »Frey« (3) genannt.

Dank Grabungsfunden in den Hügeln »Thor« und »Frey« im letzten Jahrhundert – erstaunlicherweise sogar fachgerecht durchgeführt, wie eine Kontrollgrabung in »Thor« 1943 belegte – sowie literarischen Quellen jener Zeit, zumal der von Snorri Sturlusson überlieferten »Ynglingasaga« und der »Saga von Olav dem Heiligen«, der altenglischen »Beowulf«-Sage und der Chronik des Bischofs Gregorius von Tours aus dem 6. Jahrhundert, konnte man ermitteln wann und für wen diese Hügel aufgeworfen worden waren:

Der älteste ist der (in der Neuzeit nicht geöffnete) mittlere Grabhügel »Oden«, der für König Aun aus dem Ynglinga-Geschlecht aufgeworfen wurde. Dieser König Aun, bekannt in der Sage als »Ane der Alte«, hatte die liebenswerte Gewohnheit, alle neun Jahre einen seiner Söhne Odin zu opfern, um damit selbst weitere neun Lebensjahre zu erhalten. Neun mal neun zusätzliche Lebensjahre hatte sich Aun so verschafft, ehe es seinem zehnten Sohn Egil gelang zu entwischen und der Alte Ende des 5. Jahrhunderts verschied.

Egil selbst, der auch Angantyr genannt wurde, liegt im Hügel »Thor« begraben, sein berühmter Enkel Adils wurde Ende des 6. Jahrhunderts im Hügel »Frey« beigesetzt. Es war eine wilde, kämpferische Zeit zwischen später Völkerwanderung und früher Wikingerepoche, in der Aun, Egil und Adils lebten. Es ist um so erstaunlicher, daß in den beiden geöffneten Gräbern

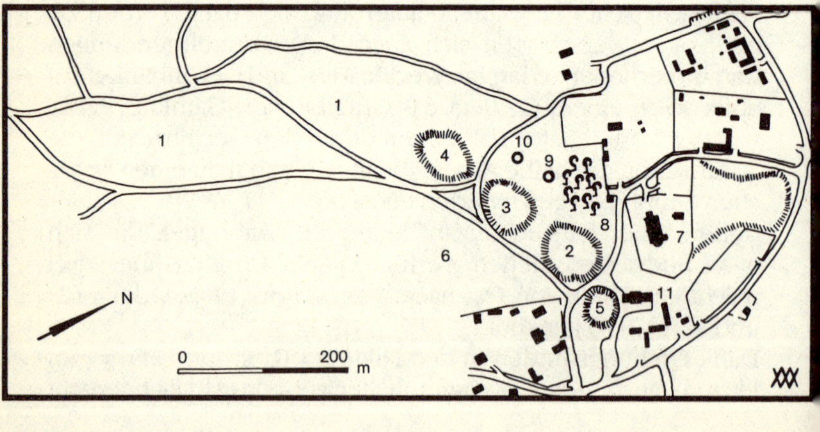

keinerlei Waffen, dafür Haushaltsgeräte und vor allem Goldschmiedearbeiten gefunden wurden, die zum kunstvollsten und prächtigsten gehören würden, was man je in schwedischer Erde fand, wären sie nicht vom Grabfeuer so arg beschädigt worden – denn alle drei Gräber waren noch Brandgräber –, wie man sich im Statens Historiska Museum in Stockholm, wo die Funde aufbewahrt werden, überzeugen kann.
Ein weiterer niedrigerer, aber immer noch recht stattlicher Hügel erhebt sich östlich des »Thor«-Hügels, der »Tingshög« (5). Im Gegensatz zu den drei großen »Kungshögarjarna« (Königshügel) und den zahlreichen kleinen Hügeln auf dem Os in südwestlicher Richtung, von denen viele zweifellos ebenfalls Königsgräber bergen, scheint der Tingshög, der Thinghügel, immer schon genau das gewesen zu sein, was sein Name sagt: eine Thing- bzw. Gerichtsstätte.
Das eigentliche »Folketing«, die altgermanische Volksversammlung, von der in der Tat »alle Macht ausging« (s. THINGSSTÄTTEN), tagte in der Ebene (6) vor den drei Kungshögarna, wobei der jeweilige Sprecher den mittleren Odens-Hügel etwa bis zur Mitte erklomm und »gen Östra Aros« sprach. Die Wirkung ist verblüffend (!): Durch die Anordnung der Hügel wurde und wird (zweifellos keineswegs »zufällig«!) der Schall des gesprochenen Wortes über etliche hundert Meter ohne Verlust der Lautstärke transportiert – mein damals vierjähriger Sohn (erheblich weniger gehemmt als sein Vater) erprobte diesen Effekt, der uns sonst vor allem aus altgriechischen Theaterbauten bekannt ist, mit Begeisterung und in der Tat erstaunlicher Wirkung.
Auf dem Platz, den heute die Kirche einnimmt (7), stand einst eines der größten und berühmtesten Heiligtümer des Fruchtbarkeitsgottes Freyr – daß dieses Heiligtum an der Stelle des Domes des heutigen Uppsala und damaligen Östra Aros gelegen haben soll, wie einige Historiker meinen, ist mehr als unwahrscheinlich! Nach Adam von Bremen, der um die Mitte des 11. Jahrhunderts seine Chronik schrieb, wurde seinerzeit alle neun Jahre neun Tage lang jeden Tag je ein männliches Exem-

plar aller Haustierarten, Hausmänner nicht ausgenommen, an den Ästen der Bäume des Heiligen Haines (8) erhängt – die Sage von König Aun und seinen geopferten Söhnen hat hier ihren kulturhistorisch realen Bezug.
Bei jeder Kultstätte gab es auch die heiligen Brunnen, in Uppsala »Minnurs Brunnen« (9) und »Urds Brunnen« (10) genannt – ein dritter Brunnen ist offenbar verschüttet worden. Die Namen verweisen eindeutig auf die drei Nornen, die Schicksalsgöttinnen, die am Fuß der Weltesche Yggdrasil sitzen und den Schicksalsfaden spinnen.
Gewiß nicht früher als 1100 n. Chr. wagte man es, den hochheiligen Freyr-Tempel niederzureißen und an seine Stelle einen Dom zu setzen, der 1130 mit großem Pomp eingeweiht wurde, derweil der König von seiner Interims-Residenz Sigtuna (s. SIGTUNA) nach Uppsala (= Gamla Uppsala) zurückkehrte.
Die heutige Kirche ist ein Rest jenes Domes, der zu Beginn des 13. Jahrhunderts ein Raub der Flammen wurde, und der – da man mittlerweile nach Östra Aros, das nun den Namen Uppsala tragen durfte, umgezogen war – nur noch als Gemeinde-

kirche in sehr erheblich kleinerem Umfang wieder aufgebaut wurde.
Bemerkenswert ist ein Opferstock vom Ende des 11. Jahrhunderts, der heute im »Paradies« auf der linken Seite steht, und der einst zu den heiligen Quellen hinausgeschleppt wurde, damit die Menschen dem Christengott und nicht den Nornen opfern sollten.
Erwähnenswert ist wohl auch das um die Jahrhundertwende erbaute Wirtshaus »Odingsborg« (11), wo man aus silberbeschlagenen Hörnern Met (mjöd) als »das« Wikingergetränk angeboten bekommt. Dabei sollte man durchaus wissen, daß dieses aus vergorenem Honig – lediglich von Waldbienen erbeuteten und zudem dem einzigen verfügbaren, damit recht raren Süßstoff – hergestellte Getränk allenfalls ein gelegentlicher Genuß der Reichen war – vergleichbar heute einem Jahrgangs-Champagner –, von dem der Normal-Wikinger erst an Odins Tafel, d. h. nach seinem Tod, die Aussicht hatte, beliebig viel in sich hineinschütten zu dürfen.

Gärdslösa

** Kirche, Spätwikingerzeit ca. 1150 n. Chr.
Karte 9, Nordöland

Auf der Straße 136 nördlich bis Glömminge, dort nach Osten abbiegen und bis Runsten fahren, dort nach Norden auf die östliche Küstenstraße abbiegen und weiter bis Gärdslösa.

Die Kirche von Gardslösa gilt als die möglicherweise älteste, auf jeden Fall – und das zu Recht – als die schönste und besterhaltene Kirche Ölands aus der Zeit der Christianisierung der Insel, in deren Innerem sich Reste zeitgenössischer Fresken befinden.
Zu beachten ist auch eine Reihe von Runensteinfragmenten im Eingang der Kirche.

Gävle

** Länsmuseet i Gävle (Landesmuseum von Gävle)
Karte 6, Nordostschweden

Das Museum befindet sich in der S. Strandgata 20 am südöstlichen Ufer des Gävleå, des Flusses, der die Stadt durchschneidet.

s. auch BJÖRKE, HAMRÅNGE.

Die vor- und frühgeschichtliche Sammlung des Länsmuseet in Gävle ist ziemlich klein und auch ziemlich unbedeutend bis auf zwei herausragende Stücke:
Das sogenannte »Gävle-Boot« aus der Zeit um 100 n. Chr. (s. BJÖRKE) und einer Glutpfanne aus Bagdad, die auf etwa 800 n. Chr. datiert wird (s. HAMRÅNGE), und die offenbar einst von einem Wikinger hierher nach Norden gebracht wurde.

Gettlinge

* Grabfeld, Steinsetzungen, Eisen- bis Wikingerzeit
ca. 500 v. Chr.–1050 n. Chr.
Karte 9, Südwestöland

Von der Ölandbrücke auf der Straße 136 südwärts fahren, das Grabfeld liegt etwa 2 km südlich der Kirche von Smeby westlich der Straße.

Mit 130 Gräbern ist das Grabfeld von Gettlinge eines der großen auf Öland, und wie die 1916 durchgeführten Ausgrabungen erwiesen, wurde es, wie nahezu alle anderen Grabfelder Ölands auch, in der älteren Eisenzeit angelegt und bis zum Ende der heidnischen Wikingerzeit weiterverwendet.
Auch das Grabfeld von Gettlinge weist ein buntes Bild an Grabdenkmälern auf: Rollsteinhügel, Ring- und Schiffssetzungen,

aufgerichtete Kalksteinplatten, und möglicherweise ein Schiffsgrab.
Eine der interessantesten Steinsetzungen ist zweifellos eine große Vierecksetzung aus mächtigen, weitgesetzten Steinblökken, eine in dieser Form und Größe andernorts nicht anzutreffende Variante.
Im südlichen Teil des Grabfeldes ist eine ovale Bodensenke zu beobachten, die offenbar nicht natürlichen Ursprungs ist, und von der die Archäologen vermuten, daß sie durch ein altes Schiffsgrab entstanden sein muß.

Glanshammar

Grabfelder, Wikingerzeit ca. 700–1100 n. Chr.
Karte 5, Mittelschweden

Von Stockholm auf der Straße E 3 oder E 18 westwärts, kurz vor Örebro bei dem entsprechenden Schild nördlich nach Glanshammar abbiegen und Richtung Fellingsbro weiterfahren.

An der Straße von Glanshammar nach Fellingsbro ziehen sich eine ganze Reihe von Gräberfeldern hin, das erste bereits unmittelbar nach Glanshammar bei der Kirche. Die eher kleinen

Grabhügel und vereinzelten, eher unauffälligen Steinsetzungen entstammen in der Mehrzahl der Wikingerepoche, teilweise aber auch schon der Völkerwanderung oder der jüngeren Eisenzeit.
Auffallend an den Grabfeldern zwischen Glanshammar und Fellingsbro sind nicht die einzelnen Monumente, sondern ihre Anzahl.

Glösa

Felszeichnungen, Steinzeit ca. 3000– 2000 v. Chr.
Karte 7, Nordschweden

Am Nordufer des Sees von Alsen bei Bräcke, 500 m nördlich des Weges zum Gut Glösa.

Auf den Felsen sind mehrere, stark kubisch stilisierte Tiere eingehauen, darunter auch einige Fische – sehr beziehungsreich, denn das Wasser eines kleinen, recht temperamentvollen Baches übersprudelt heute noch teilweise diese Felsen und seine Bilder.

Gnisvärd

** Schiffssetzungen, Bronzezeit ca. 1000–500 v. Chr.
Karte 8, Westgotland

Von Visby auf der Straße 140 südwärts, kurz nach Tofta westlich Richtung Gnisvärd abbiegen und der Beschilderung folgen.

Die Nordwest-Südost orientierte Schiffssetzung von Gnisvärd ist die größte auf Gotland mit 45 Metern Länge und einer Breite von 7 Metern, während die Stevensteine eine Höhe von 1,30 Metern erreichen.

Die überwiegende Mehrheit der Schiffshistoriker ist der Überzeugung, daß es ein Originalschiff dieser Größe um diese Zeit nicht gegeben haben kann (!), da die Germanen jener Epoche noch nicht mit den kulturell-zivilisatorischen Segnungen des Mittelmeerraumes in Berührung gekommen und viel zu primitiv waren, um dergleichen autochthon entwickeln zu können.
Davon abgesehen, daß ich diese Grundauffassung ohnehin nicht teile, wie mehrfach erwähnt, bliebe da auch noch die Frage zu klären: Woher wußten die Leute der Bronzezeit eigentlich, wenn sie es nicht erprobt haben, daß man ein Schiff proportional um so schlanker bauen kann, je länger bzw. größer es ist? Und konsequenterweise ist das große Schiff von Gnisvärd nicht nur das Längste, sondern mit einem Verhältnis Breite zu Länge von 1:6,43 proportional auch das schlankeste.
Etwa 50 Meter südlich dieser Schiffssetzung liegt eine zweite, die aus relativ kleinen Steinen jedoch mit ziemlich großen Stevenblöcken errichtet ist und 37 Meter in der Länge mißt.
Eine dritte, freilich ziemlich zerstörte Schiffssetzung liegt nochmals rund 100 Meter südlich, südöstlich außerdem ein 16 Meter durchmessender Rollsteinhügel.

Gösslunda

✻ Rollsteinhügel, Bronzezeit ca. 1500–500 v. Chr.
Karte 9, Südmittelöland

Von der Ölandbrücke südwärts auf der Straße 136 bis Bårby fahren, dort östlich abbiegen; der Rollsteinhügel liegt etwa in der Mitte zwischen Bårby und Alby nördlich der Straße.

Der 20 Meter durchmessende und 2,5 Meter hohe Rollsteinhügel wurde 1968/70 gründlich untersucht und restauriert.
Der Grabhügel, der von einem Kranz schwerer Steinblöcke eingefaßt wird, die die kleineren Rollsteine des Hügels zusammenhalten, barg 15 Tote. Es ist zwar höchst problematisch, diesen Rollsteinhügel exakt nach den Funden zu datieren, daß jedoch 15 Personen in ihm ihre letzte Ruhestätte gefunden haben, deutet darauf hin, daß er der ältesten Bronzezeit angehören muß, denn »Massen«-Gräber sind aus der Steinzeit, nicht jedoch aus der fortgeschritteneren Bronzezeit geläufig.
14 weitere Gräber – 12 davon nordwestlich, 2 südöstlich – umgeben den Rollsteinhügel, für das ungeübte Auge freilich kaum sichtbar. Sie stammen wie auf Öland so häufig aus der Eisen- bis Wikingerzeit, d. h. von 500 v. Chr. bis 1050 n. Chr., wobei es sich weitestgehend um Brandgräber handelt – die Sitte, die Toten zu verbrennen, scheint auf Öland beträchtlich länger Usus gewesen zu sein als im übrigen Skandinavien.

Göteborg

** Sjöfartsmuseet
Karte 3, Westschweden

Göteborg ist die wichtigste Stadt an der westschwedischen Küste. Das Sjöfartsmuseet liegt im südwestlichen Teil der Stadt nahe dem Ufer an der Uferstraße.

Das in unserem Zusammenhang wichtigste Exponat sind die Reste des Galtabäck-Schiffes (s. GALTABÄCK) aus der Spätwikingerzeit um 1100 n. Chr.
Beachtenswert sind auch die beiden verschieden gestalteten Modelle des Nydam-Bootes (s. Dk/N: SCHLESWIG) vom Ende des 5. Jahrhunderts.

Gothem

* Bildstein, Wikingerzeit ca. 700–800 n. Chr.
Karte 8, Ostmittelgotland

Von Visby auf der Straße 147 nach Osten, bei Boge auf die Straße 146 südwärts einbiegen und dieser bis zur Kirche von Gothem folgen.

Im Fußboden des Chores vor und teilweise unter dem Altar der Kirche von Gothem liegt ein ehemaliger Bildstein, der, obwohl oben und unten abgeschlagen, immer noch eine imponierende Länge von 325 Zentimetern aufweist.
Ich darf Erik Nylén und Jan Peder Lamm aus ihrem Buch »Bildsteine auf Gotland« zitieren:
»Es ist ein sehr großer Stein, der von den Füßen und den Knien eifriger Priester bei der Verehrung des einstmals fremden Gottes abgenutzt worden ist. Der riesige, nunmehr neugehauene Block wurde wahrscheinlich nur wegen seiner geeig-

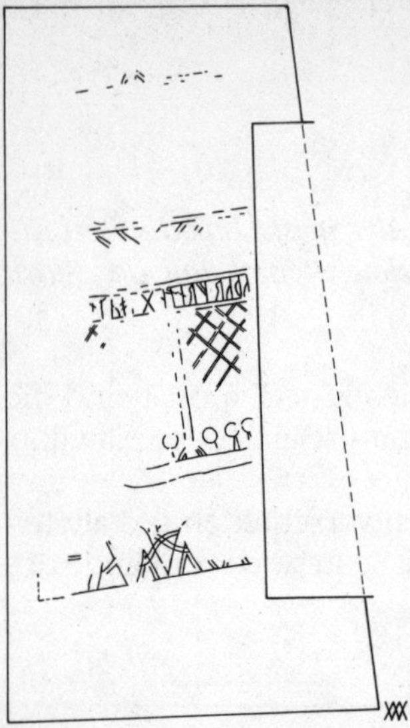

neten Breite und seiner glattgeschlagenen Schauseite ausgewählt. Bemerkenswert an diesem Stein ist nicht seine Fundlage – in der Kirche von Väskinde liegen Teile eines Riesensteines an der gleichen Stelle (Höhe mehr als 355 Zentimeter) –, sondern sein Bildinhalt. Die Bilder, die nur fragmentarisch erhalten sind, unterscheiden sich von allem, was wir von der variationsreichen Bildsteinkunst kennen. Auf dem Stein hat man ein oder mehrere Schiffe dargestellt, von denen wenigstens eines gemusterte Segel gehabt hat. Scheibenförmige auf Kegeln stehende Gegenstände unter dem Segel und auf dem schlanken Rumpf stellen möglicherweise Schilde dar. Das schadhafte Flechtwerkmuster ganz unten deutet vermutlich Wogenspitzen eines aufgerührten Meeres an.«
Anzumerken wäre noch, daß die bislang ungedeuteten Runen seitenverkehrt (!) eingehauen wurden. Auch sind es zu wenige, um den Text noch rekonstruieren zu können.

Gråborg

✻ Burganlage, Eisen- bis Wikingerzeit
ca. 400–1300 n. Chr.
Karte 9, Mittelöland

Von der Ölandbrücke auf der Straße 136 nordwärts bis Algutsrum, dort nach Westen Richtung N. Möckleby abbiegen; Gråborg liegt dann etwa auf halbem Weg.

Von den in der Eisenzeit errichteten und bis ins Hochmittelalter mehr oder minder benutzten Burgen bzw. Wehrdörfern Ölands ist die Gråborg (»Graue« Burg) die größte.
Erhalten ist ein Tor und der mehr oder minder zerfallene Ringwall, wie wir ihn auch von anderen Befestigungsanlagen kennen.
Von Ausgrabungstätigkeiten wie in Eketorp (s. EKETORP) und Ismantorp (s. ISMANTORP) ist nichts zu erkennen.
Am Zugangsweg zur Gråborg liegt die Ruine der frühmittelalterlichen Sankt-Knuts-Kapelle.

Grebbestad

* Grabfeld, Eisenzeit bis Völkerwanderung
ca. 200–550 n. Chr.
Karte 3, Westschweden

Etwa 6 km südwestlich von Tanumshede am nördlichen Ortsende von Grebbestad südöstlich der Straße nach Tanumshede gelegen. Detailkarte s. TANUM.

Grebbestad liegt in dem so außerordentlich frühgeschichtsträchtigen Bezirk von Tanum und weist ein Grabfeld der Eisenzeit, in seiner näheren Umgebung zwei Steinsetzungen der gleichen Epoche (s. SÖVALL) und ein Labyrinth vermutlich aus der Bronzezeit (s. ULMEKÄRR) auf.
Mit 189 Gräbern ist das Grabfeld von Grebbestad bzw. Greby

eines der größten seiner Art an der westschwedischen Küste und eines der bedeutendsten in ganz Schweden.
Die Grabhügel sind teilweise rund, teilweise länglich, und es handelt sich durchweg um Tonurnengräber, d. h., gemäß der Sitte der Zeit wurden die Toten verbrannt und die Reste samt gelegentlichen Grabbeigaben – es wurden Schmuckstücke, Spindelrollen, jedoch keine Waffen gefunden – in Tonurnen beigesetzt, über denen man einen mehr oder minder großen Steinhaufen errichtete, der dann mit Sand und Humus abgedeckt wurde.
Auffallend an dem Grabfeld ist eine Anzahl von Bautasteinen, die auf etlichen der runden – nie auf länglichen – Grabhügeln aufgestellt sind, und im nördlichen Teil des Feldes vier große Steinplatten, von denen eine mit einem Kreis und darunter einem Kreissegment verziert ist, die einzigen Zeichen auf Steinen in Grebbestad und möglicherweise die frühesten Anfänge der später bei den Wikingern so außerordentlich beliebten Runensteine.
Der Archäologe Motelius, der 1873 das Grabfeld untersuchte, hat die Auffassung vertreten, daß es sich bei diesen Steinen um keine eigentlichen Grabsteine handelte, sondern daß vor ihnen die Totenopfer dargebracht wurden.

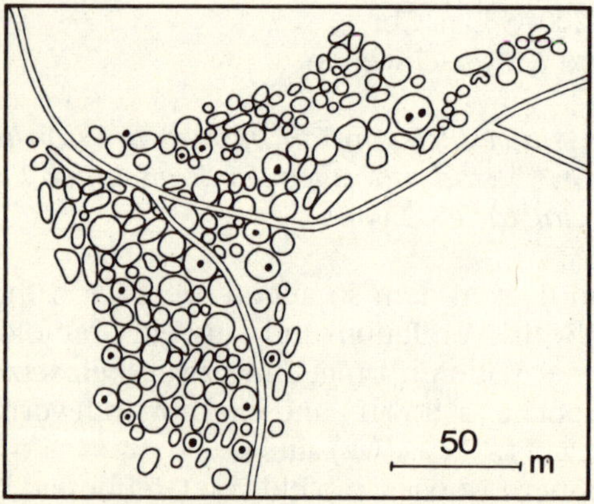

Grimeton

✻ Grabfeld, Bronzezeit bis Wikingerzeit
ca. 1500 v. Chr.–1050 n. Chr.
Karte 2/3, Westschweden

Von Helsingborg auf der Straße E 6 nach Norden fahren bis Varberg, dort östlich auf die Straße 153 abbiegen, bis Rolfstorp Kyrka, dort nach Süden Richtung Grimeton abbiegen; das Grabfeld liegt westlich der Straße kurz vor Grimeton Kyrka.

Das Grabfeld von Grimeton, oder um ganz genau zu sein von Högaberg, ist eines der größten und in seiner Vielfalt eines der interessantesten in ganz Westschweden.
Runde 100 Monumente konzentrieren sich in der Hauptsache auf das rund 650 Meter lange eigentliche Grabfeld, einzelne weitere Monumente finden sich im Süden und vor allem im Norden. Es handelt sich dabei um 35 Grabhügel, etwa 40 Ring-

setzungen, 2 quadratische Steinsetzungen, 3 Dreieck- und 3 Schiffssetzungen sowie 15 einzelne, aufgerichtete Steine, wobei freilich gesagt werden muß, daß manche der Steinsetzun-

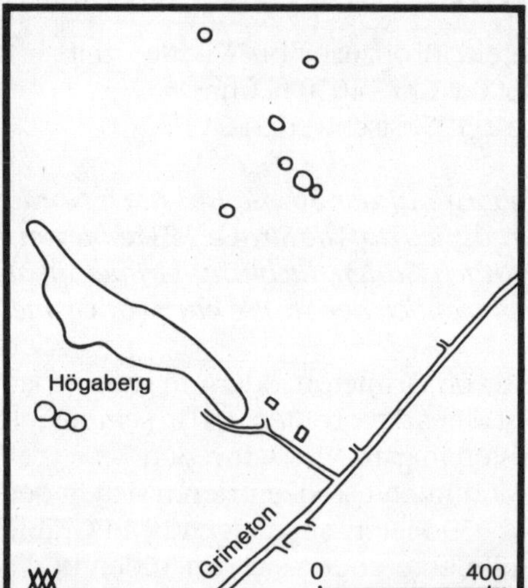

gen in dem relativ hohen Gras oft nur mit einiger Mühe auszumachen sind.
Die Mehrzahl der Gräber stammt aus der Eisenzeit, Völkerwanderung und reicht bis in die späte Wikingerzeit herauf, stammt also aus der Zeit zwischen 500 v. Chr. bis 1050 n. Chr. Einige Gräber konnten freilich schon auf die Bronzezeit (1500–500 v. Chr.) datiert werden, so daß das Grabfeld von Grimeton runde zweieinhalb Jahrtausende als Begräbnisstätte und Kultstätte diente – eine Zeitspanne, mit der wohl nur wenige Friedhöfe dieser Welt werden mithalten können.

Grinda

✻ Runensteine, Wikingerzeit ca. 990–1020 n. Chr.
Karte 5, Südmittelschweden

Von Nyköping auf der Straße 223 nördlich kurz vor Spelvik.

Die beiden Runensteine von Grinda zeigen wieder einmal höchst augenfällig, wie weit die Raubzüge der Wikinger führten.
Der Text des einen Steines lautet:
»Guthrun errichtete den Stein für Hethin. (Er) war Neffe Svens. Er war in Griechenland, teilte Gold. Christus, hilf dem Geist des Christen.«
Der Text des anderen Steines lautet:
»Grjutgarth (und) Aeinrithi, die Söhne, machten (das Denkmal) für ihren kühnen Vater. Guthver war westwärts in England, teilte Tribut (d. h. Anteile am »Dänengeld«), griff in Sachsen mannhaft Burgen an.«
Wir haben hier also die Beispiele für einen erfolgreichen Ost- wie einen ebenso glückhaften Westfahrer, und da die Inschriften nichts von ihrem Tod auf diesen Fahrten vermelden, scheinen sie wohlbehalten heimgekehrt und erst später den »Strohtod« gestorben zu sein.

Gripsholm

Runenstein, Wikingerzeit ca. 1000 n. Chr.
Karte 5, Mittelschweden

An der Zugbrücke des um 1380 begonnenen und im 16. Jahrhundert ausgebauten Schlosses von Gripsholm.

Die Inschrift, beginnend am Kopf der im Urnes-Stil gehaltenen Schlange, berichtet von einem gewissen Harald, der diesen Stein für seinen Bruder Ingvar aufrichten ließ, als dieser von seiner Fahrt nach Rußland und dem Orient nicht mehr zurückkehrte.

Häggeby

Runenstein, Wikingerzeit ca. 1150 n. Chr.
Karte 5, Mittelschweden

Kurz nach der Abzweigung von der Landstraße Sigunta-Övergran nach Skokloster unmittelbar westlich an der Abzweigung nach Häggeby.

Ein später und selbstverständlich bereits christlicher Runenstein.
Die Bildkomposition des Steines wurde durchaus elegant gelöst, auch wenn das »große Ungeheuer« vollständig zum formelhaften Symbol erstarrt ist.
Das christliche Kreuz im oberen Teil des Steines ist in seiner

Ausformung als Ring-Kreuz mit unterlegtem Stern für diese Epoche der Wikingerzeit typisch.
Schön sichtbar und typisch die herzförmige »irische Koppel«, die die Runenschlange zusammenhält.

Häggeby Kyrka

* Bildstein, Völkerwanderung ca. 400–500 n. Chr.
  Karte 5, Mittelschweden

Kurz nach der Abzweigung von der Landstraße Sigunta-Övergran nach Skokloster Abzweigung westlich auch Häggeby Kyrka.

Die eine Seite dieses Bildsteines zeigt zwei Pferde und zwei, die Pferde offenbar anfeuernde, menschliche Gestalten, die andere Seite ein Ruderschiff mit hoch sichelförmig aufgebo-

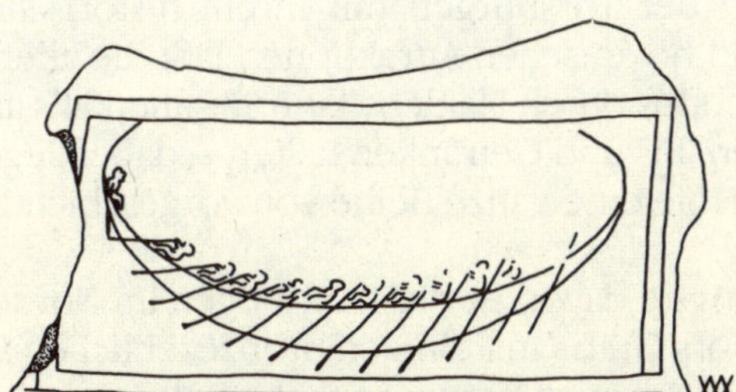

genen Steven, das seine engste Verwandtschaft mit den Booten auf den gotländischen Bildsteinen von Bro Kyrka (s. BRO KYRKA), Sanda (s. SANDA) und anderen unmöglich verleugnen kann.

Man hat viel über den Ursprung der Bild- und Runensteine gerätselt.

Mir persönlich erscheint es ziemlich wahrscheinlich, daß die Urheimat zumindest der Bildsteine tatsächlich auf Gotland zu suchen ist, wo sie seit etwa 400 n. Chr. eine üppig belegte Tradition haben, die von dort aus nach dem Festland ausstrahlte (s. auch SKO-KLOSTER).

Hadjeby

✻ Dolmen, Rollsteinhügel, Ringsetzung, Steinzeit bis Bronzezeit ca. 2000–500 v. Chr.
Karte 8, Ostgotland

Von Visby über die Straßen 143, 145 und 146 in südöstlicher Richtung nach Kräklingbo, an der Kirche Richtung Östergarn östlich abbiegen und nach etwa 2 km südlich nach Hajdeby abbiegen.

An der Zufahrt zu der berühmten Torsburgen (s. TORSBURGEN), der größten skandinavischen Burganlage aus der Völkerwanderungs- bis Wikingerzeit, liegen die drei Höfe von Hajdeby.

Die Nähe der Torsburgen mit ihrem historischen, geologischen und botanischen Attraktionen läßt die allermeisten Besucher achtlos durch Hajdeby fahren – allenfalls am Kiosk mit Postkarten, Eis und Getränken halten –, dabei liegen rund um die drei Höfe eine ganze Reihe von vorgeschichtlichen Fundstätten.

Die wichtigste davon ist die Trullshögen im Norden, der Sage nach »Thors Grab« mit einigen bronzezeitlichen Steinkreisen daneben, doch auch bronzezeitliche Rollsteinhügel und stein-

zeitliche Großsteingräber finden sich in der nächsten Umgebung.
Gewiß, keines dieser Monumente gehört zu den großen, den außergewöhnlichen, ihre Lage freilich signalisiert unmißverständlich, daß das strategisch so außerordentlich günstig gelegene Plateau der Torsburgen schon lange vor der Völkerwanderung eine nicht unbedeutende Rolle – sei es als Befestigung, sei es als Versammlungs- oder Kultplatz – gespielt haben muß.

Hällestad

✻ Runensteine, Wikingerzeit ca. 1000–1050 n. Chr.
Karte 2, Südschweden

Von Lund auf der Straße 16 bis Dalby, von dort auf der Landstraße östlich weiter nach Hällestad; die Runensteine befinden sich nordöstlich der Kirche.

Man mag über die Leidenschaft der Wikinger, sich oft um nichtigster Anlässe willen gegenseitig totzuschlagen oder auch totschlagen zu lassen, durchaus geteilter Meinung sein. Eines freilich könnten wir wieder von ihnen lernen: die Achtung vor dem Unterlegenen. Da klärte nicht ein sich selbst weiß in weiß malender Sieger die »Kriegsschuldfrage« im nachhinein, wobei der Unterlegene zum finsteren Bösewicht, Schurken und Tölpel abqualifiziert wurde – wer tapfer gekämpft hatte, dem war bei Freund und Feind ein ehrendes Andenken sicher.
So auch einem gewissen Toki samt einem Gutteil seiner Streitmacht, die bei einem Angriff auf Uppsala ums Leben gekommen waren.
Bei Hällestad wurde ihnen ein Monument aus drei Runensteinen errichtet, ein weiterer zugehöriger Stein steht bei Sjörup (s. SJÖRUP).
Die Inschriften lauten:
»Aeskil setzte diesen Stein für Toki, Gorms Sohn, den ihm

huldreichen Herren. Er floh nicht bei Uppsala. (Die) Kampfgenossen setzten für ihren ›Bruder‹ den Stein auf dem Hügel, feststehend mit Runen. Sie gingen Gorms Toki am nächsten.« Manche Wissenschaftler interpretieren die Aussage: ›setzten den Stein auf dem Hügel, feststehend mit Runen‹, so, daß der Stein durch die magische Kraft der Runen auf dem Hügel unantastbar stehen solle.

»Aesbjörn, der Gefolgsmann Tokis, setzte diesen Stein für Toki, seinen Bruder.«

Nicht zu verwechseln ist dieser Aesbjörn mit Tokis Sohn gleichen Namens, der ebenfalls fiel und dessen Stein bei Sjörup steht.

»Asgöt errichtete diesen Stein für Aerra, seinen Bruder; er war Tokis Gefolgsmann. Nun soll stehen der Stein auf dem Hügel.« Vielleicht ist es ein Zufall, daß die Namen der drei Männer, die die Steine für Toki und Aerra gesetzt haben, mit der gleichen Silbe beginnen, es könnte aber auch darauf hindeuten, daß sie nicht nur bruderschaftlich verbundene Gefolgsleute, sondern auch leibliche Brüder waren, so daß dann auch Aerra ein Bruder Tokis gewesen wäre. Immerhin hatte die Sippe Tokis noch insoweit Glück, als wenigstens ein Mitglied, Tokis Bruder Aesbjörn, dem Gemetzel entkam. Es gibt Beispiele, daß ganze Familien im Mannesstamm ausgerottet wurden, wie etwa die fünf Söhne Gullis, die zwar bei verschiedenen Unternehmen, jedoch alle gewaltsam ums Leben kamen (s. HÖGBY).

Hallsberg

** Ringsetzungen, Völkerwanderung ca. 400–550 n. Chr.
Karte 5, Mittelschweden

Von Örebro auf der Straße E 3 südwärts Richtung Skara bis zur Ausfahrt Hallsberg fahren, dort abbiegen, die Stadt Hallsberg in östlicher Richtung auf der Hauptstraße durchqueren und auf dieser Straße bleiben, bis man bei dem Dorf Norrby unmit-

telbar östlich von Hallsberg südlich an der Straße die Ringsetzungen sieht.

Einst muß ein Grabfeld von recht beachtlicher Größe dort bei dem Dorf Norrby östlich von Hallsberg gelegen haben, von dem nur noch Reste auf uns gekommen sind, aber auch diese Reste sind noch beeindruckend genug.

Neben einigen Einzelsteinen und Bruchstücken verschiedener Steinsetzungen finden sich hier vier prachtvolle Ringsetzungen, drei große und eine kleinere, die jeweils in etwa paarweise angeordnet sind und aus acht bzw. neun Steinblöcken bestehen.

Die archäologischen Untersuchungen ergaben, daß es sich durchweg um Brandgräber handelt, und anhand der verschiedenen gefundenen Grabbeigaben konnten die Ringsetzungen ziemlich exakt auf die Zeit der Völkerwanderung, ca. 400 bis 500 n. Chr., festgelegt werden.

Wie auch anderswo werden die Steinkreise als »Domarringar«, d. h. »Richterringe« bezeichnet, da es mancherorts üblich war, solche Ringe als Gerichtsstätten zu verwenden, wie

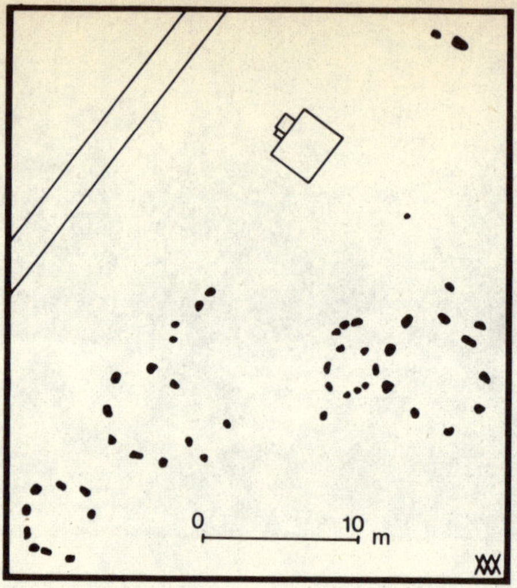

etwa in Blomsholm (s. BLOMSHOLM), doch waren solche Ringe erheblich größer und standen in der Regel auch allein.

Hammars

*** Bildsteine, Wikingerzeit ca. 700–800 n. Chr.
◇ Karte 8, Nordostgotland

Die Bildsteine befinden sich heute im Museum von Bunge.

Auf einer Waldweide bei Hammars, Kirchspiel Läbro, wurde eine Gruppe von fünf Bildsteinen entdeckt, die, bis auf einen, der verschwand, schließlich einen neuen Platz im Museum von Bunge (s. BUNGE) fanden. Zwei der Steine sind fast blind, der größte hingegen ist weitgehend gut erhalten und gehört zu den bekanntesten gotländischen Bildsteinen, und auch der zweite, ebenfalls gut erhaltene Stein ist durchaus beachtenswert.

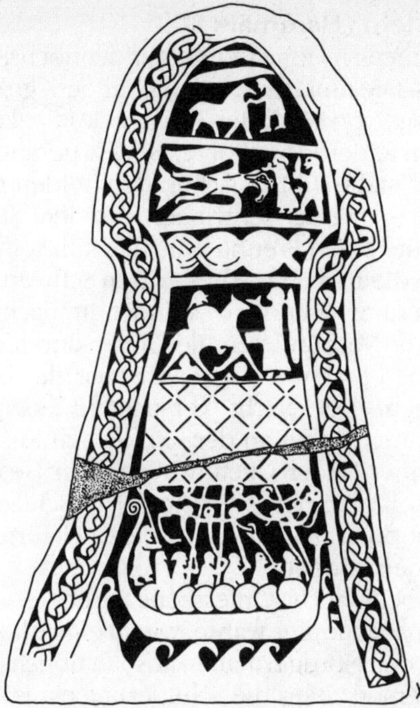

Der kleinere Stein (Hammars III)

Neben den traditionellen Elementen wie Schiff und Begrüßung des toten Helden durch eine Walküre in Walhall ist der zweite Streifen von oben einer näheren Betrachtung würdig: Man sieht einen Mann in einem Adlergefieder, davor eine Frau mit einem Methorn und dahinter einen Mann mit drohend erhobenem Schwert.

Es ist die Sage, wie die Dichtkunst zu den Menschen kam. Der Riese Suttung besaß den Met der Dichtung, den seine Tochter Gunnlod bewachte. Odin verführte Gunnlod und erhielt als Dank einen Schluck des Dichtermets aus ihrem Trinkhorn. Als der wütende Riese auf der Szene erschien, floh Odin in Gestalt eines Adlers.

Der große Stein (Hammars I)

Mit 300 Zentimetern Höhe ist er einer der höchsten Bildsteine neueren Typs. Die fünf Bildstreifen über dem großen Schiff erzählen die Sage von Hild, der Tochter des Seekönigs Hogne, die von einem anderen Seekönig, Heden, geraubt wurde – im obersten Feld steht Hild zwischen den beiden Männern, die drohend ihre Schwerter schwingen. Auf dem Streifen darunter bittet Hogne einen Freund um Hilfe, um seine Tochter zurückzuholen; die in die Erde gesteckten Schwerter deuten an, daß man sich unter Freunden befindet. Im nächsten Feld versuchen sich die Verbündeten die Götter durch ein Opfer geneigt zu machen – ich werde auf die Szene gleich noch einmal zurückkommen. Bei Nacht versuchten Hogne und sein Freund mit einem Schiff an der feindlichen Küste zu landen, doch die Männer Hedens, geführt von einer Gestalt mit einer riesigen Fackel, erwarten sie schon. Die Schlacht entbrennt und wird erst durch Ragnarök, d. h. den Untergang der Welt, beendet werden können.

Kehren wir nochmal zur Opferszene zurück.

Tier- und Menschenopfer waren, wie in eigentlich allen Kulturen, auch bei den Nordgermanen absolut üblich. Der Chronist Adam von Bremen zitiert die Schilderung eines Augenzeugen beim großen Opferfest in Uppsala, in dessen heiligem Hain zahlreiche Menschen und Tiere in den Bäumen hingen – neun von jedem männlichen Wesen sollten jedes neunte Jahr bei diesem Fest zu Ehren von Odin, Thor und Freyr dargebracht werden, ein Schicksal, das jeden, in Jahren der Not sogar den König treffen konnte.

Über die Zeremonien selbst wissen wir wenig. Erhängen scheint die üblichste Form gewesen zu sein, doch auch Ertränken in einem heiligen Brunnen, Enthaupten und Durchschneiden der Kehle waren gebräuchlich, da dem Opferblut besondere Bedeutung beigemessen wurde, und natürlich kennen wir eine ganze Reihe der Geopferten: Moorleichen (s. Dk/N: MOORLEICHEN).

Der Bildstein I von Hammars ist die bislang einzige bildliche

Darstellung solcher Opfer: links ein Mann in voller Rüstung – eine offensichtlich vornehme Person also –, der mit einer Schlinge um den Hals unter einem niedergebogenen Baum steht, so daß er erwürgt wird, wenn man die Baumkrone losläßt – unter den Moorleichen finden sich eine ganze Reihe, die auf diese Weise den Tod gefunden haben (s. etwa Dk/N: TOLLUND). Rechts von dieser Szene wird ein anderer offenbar mit Hilfe eines Speeres, der »heiligen« Germanenwaffe geopfert, und da man mit der Schneide eines Speeres nicht köpfen, sehr wohl aber die Kehle durchschneiden kann, drängt sich die Parallele zur Tötungsart des Mannes von Grauballe (s. Dk/N: GRAUBALLE) geradezu auf.

Hamrånge

** Glutpfanne, Wikingerzeit ca. 800 n. Chr.
◇ Karte 6, Nordostschweden

Die Glutpfanne befindet sich heute im Länsmuseet in Gävle.

1943 machten in der Nähe von Hamrånge, etliche Kilometer

nördlich von Gävle, einige Jungen in einem Steinhaufen – vielleicht Resten eines Rollsteinhügels – einen eigenartigen Fund: ein grün oxydiertes Gefäß, annähernd würfelförmig, reich durchbrochen, mit einem kuppelartigen, ebenfalls durchbrochenen und geschmückten Deckel und einem langen Stiel von insgesamt 33 Zentimetern Höhe.
Professor T. J. Arne untersuchte diesen Gegenstand zum ersten Mal, andere Kapazitäten folgten, und das war das Ergebnis der Untersuchungen:
Es handelt sich um eine Glutpfanne, die man mit glühender Holzkohle füllte – drei bronzene Zangen zu diesem Zweck wurden ebenfalls gefunden – und obenauf gegebenenfalls Weihrauch schüttete. Gebräuchlich war dieser Typ im 6. Jahrhundert in Ägypten (!) und auch im Iran (!). Die ganz besondere Konstruktion in Form einer kleinen Moschee mit soge-

nannter sassanidischer Palmetten-Ornamentik datiert den Gegenstand auf ca. 800 n. Chr.
Unter dem Schaft fand man auch eine Inschrift:
»Bi'sm illahi rahim« (»In Gottes, des Barmherzigen, Namen«).
Das Wort kennt man als Einleitung zu vielen Suren des Koran und als Inschrift auf arabischen Münzen, und in diesem speziellen Fall war es in »kufischer« Schrift (genannt nach der Stadt Kufa nördlich von Bagdad) geschrieben. Die Herkunft der Glutpfanne war also klar: es war das Bagdad des 9. Jahrhunderts, der Märchenstadt Harun-al-Raschids und der Märchen von »Tausend-und-einer-Nacht«.
Doch wie kam die Glutpfanne in den Steinhaufen von Hamrånge?
Sämtliche angesehenen Archäologen sind sich heute einig, daß es sich hier eindeutig um das Souvenier eines der vielen weitgereisten Wikinger handelt, die entlang den russichen Strömen zum Kaspischen und Schwarzen Meer gelangten, und denen es vollständig gleichgültig war, ob sie mit christlichen Griechen oder islamischen Arabern Handel trieben, ja die sogar zu fremden Glaubensgemeinschaften übertraten, wie jener Ali aus Väsby (s. VÄSBY) eben auch zum Islam.
Die andere, ebenfalls durchaus gut denkbare Möglichkeit wäre, daß die Glutpfanne von einem der zahlreichen, ebenfalls höchst reiselustigen arabischen Händler nach dem Norden gebracht wurde und hier irgendwie in den Besitz eines Wikingers gelangte.

Hansta

✻ Runensteine, Wikingerzeit ca. 1020–1070 n. Chr.
Karte 5, Mittelschweden

Wo die Straße E 18 das Stadtgebiet von Stockholm verläßt, liegt Spånga, in dessen unmittelbarer Nachbarschaft Hansta zu finden ist.

Die beiden Steine gehören zusammen.
Die Inschrift beginnt auf dem dreieckigen Stein:
»Gaerthar und Jorund lassen diese Steine errichten für ihre Neffen (Söhne ihrer Schwester) Aernmund und Ingimund.«
Und fährt auf dem rechteckigen Stein fort:
»Diese Denkmäler sind hergestellt zur Erinnerung an Ingas Söhne. Sie (Inga) trat das Erbe nach ihnen an, aber die Brüder, Gaerthar und sein Bruder, traten ihr (Ingas) Erbe an (nämlich nach Ingas Tod). Sie (Aernmund und Ingimund) starben in Griechenland.«

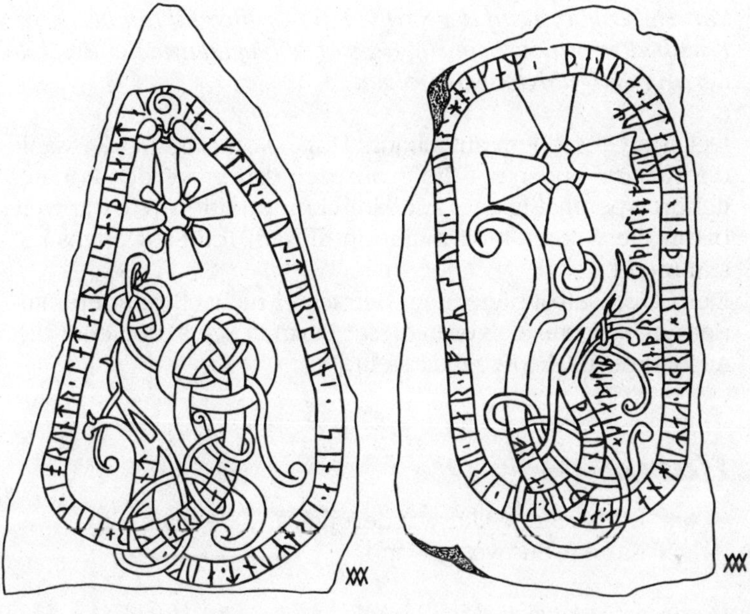

Hasslöv

Grabhügel, Bronzezeit ca. 1500–500 v. Chr.
Karte 2, Südwestschweden

Von Helsingborg auf der Straße E 6 nördlich fahren bis Östra Karup, dort östlich Richtung Hasslöv abbiegen und der Beschilderung »Lugnarohögen« folgen.

Der aus Grassodem aufgebaute Hügel von Hasslöv, der dank der Ausgrabungen auf die Bronzezeit datiert werden konnte, gehört typenmäßig eher zur dänischen Tradition – sie war weit bis in die Wikingerzeit hinein in diesem Teil Schwedens bestimmend.
Der Hügel selbst bietet dem Betrachter nichts Besonderes außer der Tatsache, daß er in dieser Form in Schweden eher die Ausnahme als die Regel darstellt.

Havor

✻✻ Bildsteine, Völkerwanderung ca. 400–600 n. Chr.
◇ Karte 8, Südwestgotland

Heute befindet sich der »Wirbelrad«-Stein in Stockholm, Statens Historiska Museum, der »Schlingen«-Stein in Visby, Gotlands Fornsal.

Die beiden Steine wurden auf dem großen Gräberfeld von Mästermyr bei Havor, Kirchspiel Hablingbo, entdeckt.

Wirbelräder gehören zu den ältesten und verbreitetsten Symbolen der Menschheit, nahe verwandt der Swastika, dem Hakenkreuz. Ursprünglich wohl reine Sonnensymbole, erhielten sie bald die Bedeutung von Sonnenlauf, dann Bewegung und Ablauf schlechthin und wurden schließlich Zeichen für Leben, Tod und neue Geburt.
Das in sich geschlossene Schlingenmotiv ist nur wenig jünger als das Wirbelrad und symbolisiert Wiederholung und Verkettung der einzelnen Lebenskreise, eine Auffassung, die wir heute mit dem Begriff »Karma« zu benennen pflegen.
Der Schlingen-Stein von Havor gehört zu den schönsten Bildsteinen jener Epoche, und da dem Schlingenmotiv auch magisch schützende Wirkung zugeschrieben wurde, war es ein durchaus sinnreicher Griff, als man dieses Zeichen in allen nordischen Ländern zum Symbol für Kulturdenkmäler und gesetzlich geschützte Monumente der Vorzeit (s. S. 18) machte.

Helgö

✻ Siedlungsreste, Buddha-Figur, Wikingerzeit
ca. 500–800 n. Chr.
Karte 5, Mittelschweden

Vom Stadtzentrum von Stockholm westlich zum Stadtteil Bromma und dort weiter über die Mälaren-Insel Drottingholm südwestlich fahren und entsprechend Beschilderung kurz nach Ekerö südlich abbiegen. Der Buddha befindet sich in Stockholm, Statens Historika Museum.

Auf künstlich aufgeschütteten Terrassen standen einst die Häuser der Handels- und Gewerbesiedlung Helgö, die vor allem zur Vendel- und Frühwikingerzeit, also etwa 500 bis 800 n. Chr. ihre Blüte erlebte. Die heute erhaltenen und zu besichtigenden Reste sind – wie in vielen Fällen von ausgegrabenen Siedlungen – für den Laien eher enttäuschend.

In einem der Gräber auf Helgö machte man den vielleicht verblüffendsten Fund der Wikingerzeit: eine nordindische Buddha-Statue, die auf das 6. nachchristliche Jahrhundert datiert wird!
Der Weg dieses meditierend auf dem heiligen Lotus sitzenden Buddhas ist, selbst wenn man seine Phantasie noch so streng im Zaum hält, im wörtlichsten Sinne abenteuerlich!
Daß die Wikinger »Ameisen in der Hose« hatten ist hinlänglich bekannt, und die höchst intensiven Verbindungen mit der arabisch-islamischen Welt sind nicht nur mit der Glutpfanne von Hamrånge (s. HAMRÅNGE), sondern vor allem mit vielen Kilogramm arabischer Münzen belegt, die nahezu bei allen größeren Ausgrabungen von Wikingersiedlungen oder Schatzhor-

ten reichlich gefunden wurden (selbstverständlich auch bei Ausgrabungen in Helgö!).
Offensichtlich war aber einem Wikinger der Frühepoche auch Bagdad noch nicht exotisch genug. Er reiste weiter nach Osten über Basra und nun entweder zu Schiff nach Karatschi oder über die Berge und durch die Wüsten Faristans, Kirmans und Belutschistans, bis er eines schönen Tages am Indus stand, etliche Wochen oder Monate später am Ganges – und irgendwann traf er einen der Schüler des großen Gautama-Buddha, hörte, lernte und wurde selbst zum Gläubigen des Erleuchteten.
Sie litten an zwei Grundkrankheiten, die Nordgermanen jener Epoche: am Fernweh, solange sie zu Hause saßen, und am Heimweh, sobald sie in der Fremde waren. Manch einer, wie der spätere Norwegerkönig Harald Hårdråde oder jener Ragnvald aus Ed (s. Ed), hat nach einiger Zeit gern Macht, raffinierten Luxus und Marmorpaläste wieder gegen rauchige Holzhallen und nebeltriefende Wälder der Heimat vertauscht.
Unserem buddhistischen Wikinger erging es da nicht besser, und Jahr und Tag nach seiner Abreise tauchte der wohl längst Totgesagte wieder im heimischen Helgö auf, vollgestopft mit herrlichen Abenteuergeschichten.
Auch einen neuen Glauben hatte er, und sogar ein kleines »Götterbild« hatte er sich über die unendlichen Meilen seiner

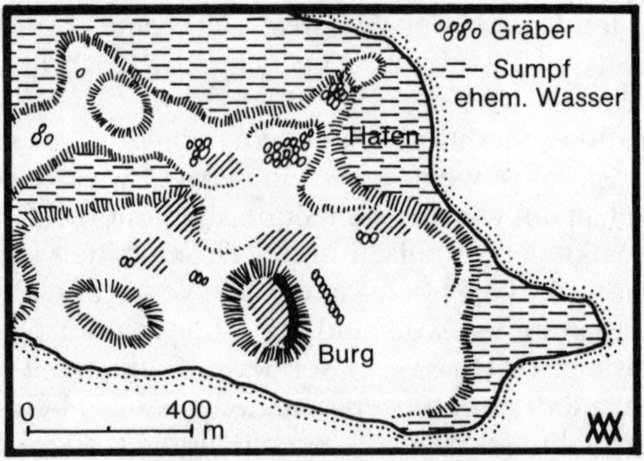

Reise mitgebracht, das nun einen Ehrenplatz in seinem Haus bekam.
Für die Freunde, Verwandten und Nachbarn war das »Götterbild« ein hocherstaunliches Kuriosum (und der Beweis für die Richtigkeit der Erzählungen!), für unseren Wikinger dagegen ein hochverehrtes Heiligtum, und so war es ganz selbstverständlich, daß man es ihm ins Grab legte, als er gestorben war.

Hemse

** Stabkirche, Spätwikingerzeit ca. 1150 n. Chr.
◇ Karte 8, Südgotland

Die erhaltenen Teile der Stabkirche von Hemse sind heute in Stockholm, Statens Historiska Museum, ausgestellt.

Nicht nur in Westnorwegen, wo eine ganze Reihe von ihnen noch gut erhalten sind, gab es einst Stabkirchen. Es ist vielmehr anzunehmen, daß die frühen, ja durchweg aus Holz gefertigten Kirchen der Christen fast alle Stabbauten waren.
Eine der wenigen erhaltenen (zumindest teilweise erhaltenen) Stabkirchen außerhalb Norwegens wurde im gotländischen Hemse gefunden und in Statens Historiska Museum in Stockholm neu aufgestellt.
Von den norwegischen Stabkirchen unterscheidet sie sich durch die gedrungenere Bauweise. Auch ist der Innenraum nicht durch Stabsäulen gegliedert, vielmehr wurden auf einem rechteckigen Fundamentrahmen vier schwere Ecksäulen aufgesetzt, die Wände dazwischen aus schweren, leicht gerundeten Brettern palisadenartig senkrecht stehend eingefügt, das Ganze oben mit einem kräftigen Balkenrahmen verbunden und auf diesem das Dach aufgesetzt, das ursprünglich wohl auch mit Schindeln gedeckt war. Portaleinfassung, Ecksäulen und Giebelwand wurden mit Schnitzwerk geschmückt.

Ob die Kirche einst, wie viele der norwegischen Stabkirchen, einen Turm aus einem oder mehreren Dachreitern trug, das wissen wir leider nicht.

Himmelstalund

** Felszeichnungen, Bronzezeit ca. 1500–500 v. Chr.
Karte 4, Mittelschweden

Südlich des Freibades an der südlichen Einfahrt der E 4 nach Norrköping.

Mit rund 50 größeren und kleineren ziemlich eben liegenden Hällristningar-Platten zwischen dem Freibad von Himmelstalund und Skälv ist dieses Gebiet eines der reichsten und auch interessantesten Felszeichnungsareale der Bronzezeit.
Aus der ungeheuren Fülle an Darstellungen von Menschen, Tieren, Schiffen, Symbolen wie Sonnenrädern und Labyrinthen seien hier nur einige wenige besonders auffallende herausgegriffen:
Die sogenannte »Hütte«: ein Doppelkreis, aus dem zwölf Bogen hervorkommen; der Grundriß einer Behausung ist es wohl kaum, auch nicht ein Haus mit Dach, wie manche Interpreten glaubten, eher eine Kultstätte, auch wenn man fragen muß, ob damals Grundrisse in unserem Sinne schon angefertigt wurden? Eine aufgehende Sonne mit ihren Strahlen, doch weshalb sind diese Strahlen dann gebogen? Oder eine Art Labyrinth? Oder . . .?

Die Prozession: mit 17 Teilnehmern eine der größten ihrer Art.
Die Wildschweinjagd: zwei Männer mit langen Speeren und zwei Hunden – einer davon offensichtlich getötet – gegen ein mächtiges Wildschwein. In seiner formelhaften Stilisierung die wohl genialste Darstellung eines Wildschweines, die ich irgendwo gesehen habe!

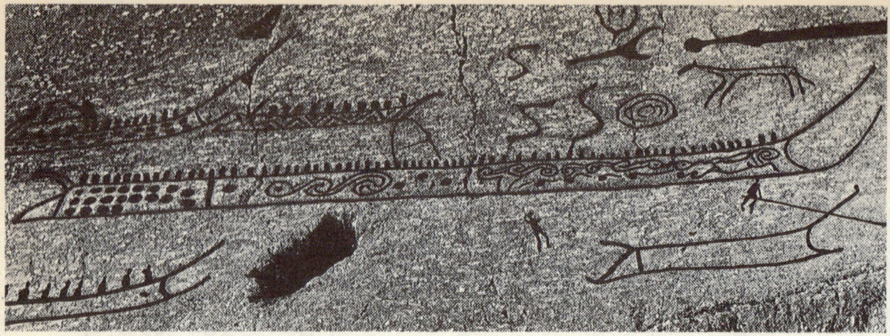

Die Schiffe: zahlreiche mit eindeutigem Rammsporn, was aber vielleicht noch wichtiger ist, mit eindeutiger Bemalung der Bordwände – Spiralornamentik und dergleichen kann man nun beim besten Willen nicht mehr als »durchscheinende Binnenkonstruktion aus Weidengeflecht eines Fellbootes« bezeichnen!

Ferner taucht hier der erste unzweifelhafte Versuch einer perspekistischen Darstellung auf! Das Schiff oben auf dem unteren Foto ist eindeutig in einer »schrägoben-Ansicht« in den Fels gehauen, eine Darstellungsform mit der sich Künstler erst viele, viele Jahrhunderte später wieder zu befassen wagen werden!

Und schließlich jenes geheimnisvolle, gegenüber den anderen Zeichnungen ziemlich große Rechteck voller mehr oder

weniger gebogener Linien: Man hat es als Schrift gedeutet, doch nirgendwo anders wiederholt sich solch eine »Schrift«. Allein die Größe deutet auf etwas Besonderes hin, und daß es sich um den bildlichen Ausdruck eines abstrakten Gedankenganges handelt, steht fast außer jedem Zweifel. Doch was ist es? Was wird hier versucht mitzuteilen? Noch tappen die Wissenschaftler hoffnungslos im dunkeln!

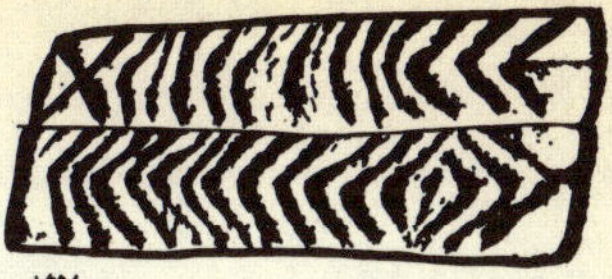

Hjortahammar

****** Grabfeld mit Steinsetzungen, Eisen- bis frühe Wikingerzeit ca. 200 v. Chr.–800 n. Chr.
Karte 4, Südostschweden

Von Karlskrona aus auf der Straße E 66 Richtung Kristianstad westwärts, kurz hinter Nättraby auf die Straße nach Hasslö südlich abbiegen; das Grabfeld liegt unmittelbar westlich der Straße, etwa 4 km südlich der Abzweigung.

Mit rund 120 heute noch sichtbaren Monumenten ist das Grabfeld von Hjortahammar eines der größten Skandinaviens. Diese offensichtliche Beliebtheit verdankte es zweifellos nicht zuletzt seiner Lage auf einer schmal zulaufenden Landzunge ins Meer hinaus – für einen Wikinger und seine seefahrenden Vorväter ein zweifellos idealer letzter Ruheplatz.
Im Gegensatz zu vielen anderen Grabfeldern, wo sich die kleinen, unbedeutenden Gräber der Gefolgsleute um das mächtige Zentralmonument des Königs bzw. Häuptlings gruppieren, handelt es sich in Hjortahammar um einen echten »Volks«-Friedhof, dessen auch größere Monumente nie aus dem Gesamtrahmen fallen.
An Grabmonumenten findet sich so ziemlich die gesamte in

Nordeuropa gebräuchliche Palette – mit Ausnahme des großen Grabhügels –, also einzelne Bautasteine, Schiffssetzungen – darunter eine besonders interessante aus relativ niederen, rundlichen Steinen mit hohem »Vordersteven«, etwas niedrigerem »Achtersteven« und einem auffallend großen und hohen »Mast-Stein« – Vierecksetzungen, Steinringe und Dreiecksetzungen, teils mit, teils auch ohne Mittelsteine.
Seit dem frühen 19. Jahrhundert sind auf dem Grabfeld von Hjortahammar Ausgrabungen unternommen worden, wobei sich herausstellte, daß es sich durchweg um Brandgräber handelt. Man konnte anhand der gefundenen Grabbeigaben – Töpferwaren, persönliche Gegenstände wie ein Messer oder eine Spindel, Schmuck und dergleichen – die Zeit für das Grabfeld auf die späte Eisenzeit bis in die Wikingerepoche datieren, jedoch nicht sehr viel später als 850, denn um diese Zeit begann sich die Erdbestattung gegen die Feuerbestattung durchzusetzen.
Hinzuweisen wäre noch darauf, daß sich 200 bis 350 Meter nördlich des am Nordende des Grabfeldes gelegenen Parkplatzes innerhalb des Naturreservates ebenfalls noch eine Reihe vor- und frühgeschichtlicher Fundstätten befindet, ihre Lage kann man einem am Parkplatz angeschlagenen Plan gut entnehmen.

Hjortsberga

** Ganggrab, Steinzeit ca. 1800–1500 v. Chr.
Karte 5, Mittelschweden

Von Örebro auf der Straße E 3 südwärts bis Kumla fahren, dort auf die Straße 52 ostwärts einbiegen und kurz nach Kumla auf die Straße südwärts Richtung Hjortsberga abbiegen und nach den Bahngleisen der Beschilderung wieder westlich folgen.

Von den Ganggräbern (s. GANGGRÄBER) der jüngsten Steinzeit ist das von Hjortsberga eines der interessantesten, da es 1961 vollständig ausgegraben und in seiner Struktur – d. h. ohne den bedeckenden Erdhügel – restauriert wurde, so daß man sehr gut die kleinere Vorkammer, wo die Opfergaben einst niedergelegt wurden, und die große Hauptkammer samt den umgebenden Steinplatten unterscheiden kann.
Das Material stammt aus jenen Kalksteinbrüchen, die das Grab heute noch zahlreich und tief umgeben.
Aus solchen großen Kalksteinplatten waren zweifellos einst

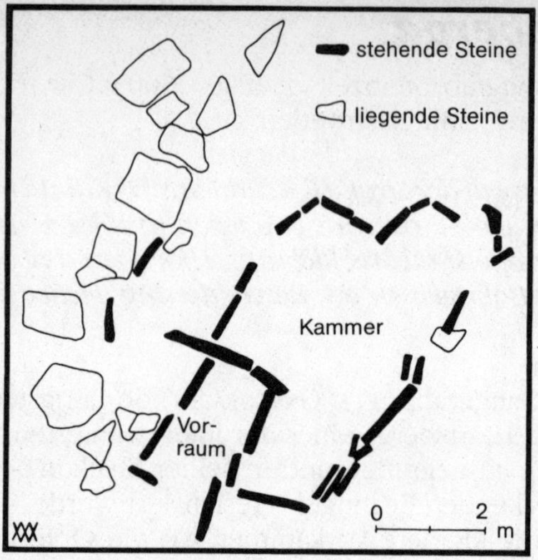

auch die Decksteine, die die Grabkammer nach oben zu abgeschlossen haben.
Denn wie alle Ganggräber war auch das von Hjortsberga ein Massengrab – genauer wohl ein Dorf-, Gemeinde- oder Clangrab –, und man hat neben einigen Grabbeigaben auch die Reste von einer ganzen Reihe von Menschen beiderlei Geschlechts und jeden Alters gefunden.

Högby

✻ Runenstein, Wikingerzeit ca. 1000–1030 n. Chr.
Karte 4, Südostschweden

Von Linköping auf der Straße E 4 südwestlich bis Mjölby, dort südlich auf die Straße 32 abbiegen und nach etwa 6 km westlich auf die Landstraße nach Högby einbiegen.

Bei der alten Kirche von Högby wurde ein Runenstein gefunden, der den Tod von fünf Brüdern vermeldete, von denen ein jeder bei einer anderen Gelegenheit gewaltsam ums Leben kam – ein nicht untypisches Schicksal in einer damaligen Wikingerfamilie.

Die Inschrift der Vorderseite lautet:

»Thorgaerth errichtete diesen Stein für Assur, ihren Onkel (Bruder ihrer Mutter). Er kam ostwärts in Griechenland um.«

Der Gedenkstein wurde offenbar nach dem Tod Assurs, der von den Brüdern am längsten lebte, aufgerichtet und ihm von seiner Nichte in besonderer Weise gewidmet. Auf der Rückseite ist in Stabreimform dann auch der anderen Brüder gedacht:

»Söhne bekam Gulli, ein guter Mann, fünf. Bei Fyris fiel Asmund, der furchtlose Kämpfer;
Assur endete ostwärts bei Griechen;
beim Holmgang ward Halvdan erschlagen;
Kari ward's bei T . . ., und tot ist Boï.
Thorkel ritzte die Runen.«

Die Annahme, Asmund sei in den achtziger Jahren des 10. Jahrhunderts in der durch ein Skaldengedicht bekannten Fyrisschlacht gefallen, hat viel für sich. Der Ort, wo Kari und wohl auch Boï ums Leben kamen, ist nicht entzifferbar, muß des Reimes wegen jedoch mit einem T oder D begonnen haben. Für den Tod Halvdans wurde die Insel Bornholm vorgeschlagen, das wörtliche »hulmi« ist wohl doch eher aber als »Holmgang«, jenes streng ritualisierte Duell der Wikinger, zu lesen. Alles in allem die Geschichte der Ausrottung einer ganzen Familie im Mannesstamm.

Hogrän

✻ Runensteine, Wikingerzeit ca., 1000–1100 n. Chr.
Karte 8, Gotland

Einer der Steine befindet sich noch an der Kirche von Hogrän;

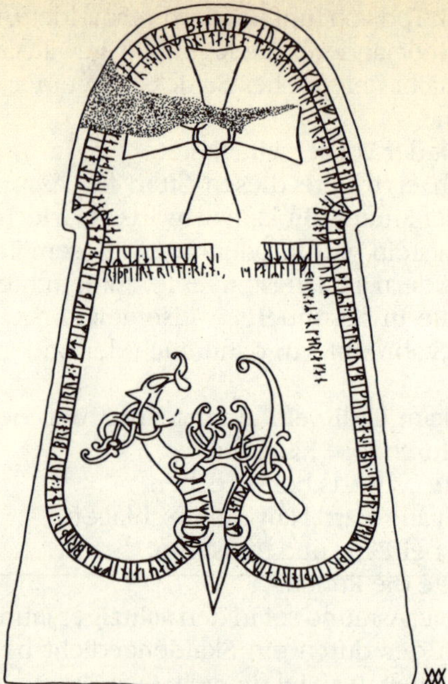

südlich von Visby auf der Straße 142 bei Vall südwestlich abbiegen. Der andere, besser erhaltene Stein befindet sich heute in Visby, Gotlands Fornsal.

Wie die Steine von Sjonhem (s. SJONHEM) gehören auch diese rund 260 Zentimeter hohen Steine zu den wenigen Runensteinen im engeren Sinne auf Gotland. Und wie auf jenen nimmt auch hier das christliche Kreuz den Platz der Götterdarstellung auf heidnischen Bildsteinen im oberen Bogenfeld ein, während die Drachenschlinge deutliche Merkmale des Urnes-Stils aufweist.
Der übersetzte Runentext lautet:
»Sigmund ließ errichten den Stein (für) seine Brüder und eine Brücke machen für Sigbjörn – Sant Michael hilf seiner

Seele – und für Botraif und Sigraif und für Ajbjörn, ihrer aller Vater, und er wohnte im Dorf ganz im Süden. Garvid legte die Schlangen. Sigmund hat auf diese Weise ein Erinnerungsmal gemacht. Für ganze Männer ist es ... Hier möge der Stein stehen als Zeichen deutlich auf dem Hügel vor der Brücke. Rodbjörn ritzte diese Runen und Gairleif einige, die er gut machen kann.«

Högsrum

** Grabfeld mit Steinsetzung, Eisenzeit bis Wikingerzeit
ca. 500 v. Chr.–1050 n. Chr.
Karte 9, Mittelöland

Von der Ölandbrücke zunächst nach Norden fahren auf der

Straße 136 und bei Högsrum östlich abbiegen; das Grabfeld liegt hinter Högsrum an einer Linkskurve südlich der Straße.

»Odens flisor« (Odins Platten), drei dicht nebeneinander stehende hohe Kalksteinplatten, an denen Odin einst sein Roß Sleipnier angebunden haben soll, gehören zu Ölands berühmtesten frühgeschichtlichen Monumenten.
Auf dem umgebenden Grabfeld finden sich 36 runde und eine ovale Steinsetzung sowie 8 aufgerichtete Kalksteinplatten, die aber sämtlich erheblich kleiner und bescheidener als die Platten Odins sind.
1904 hat man sechs der Gräber untersucht und Skelettgräber wie Brandgräber gefunden, die, wie die meisten derartigen Grabfelder Ölands, in der Eisenzeit angelegt und bis in die Wikingerzeit benutzt wurden. Auch hier waren die Beifunde, die sich im Statens Historiska Museum in Stockholm befinden, eher bescheiden. Aufsehen erregten nur etliche arabische Silbermünzen in einem der Gräber der Wikingerepoche.

Hunninge

** Bildstein, Wikingerzeit ca. 700–800 n. Chr.
◇ Karte 8, Mittelwestgotland

Der Stein ist heute in Visby, Gotlands Fornsal, ausgestellt.

Der Bildstein von Hunninge, Kirchspiel Klinte, ist mit 295 Zentimetern Höhe einer der größten, und er ist auch einer der bekanntesten seiner Art.
Im oberen Feld reitet der Verstorbene geführt von seinem Hund, begleitet von einigen seiner Leute, von denen einer einen »Eid«-Ring trägt (s. dazu TÄNGELGÅRDA), und empfangen von einer Walküre mit Methorn, nach Walhall.
In der Mitte auf wildbewegten Wellen ein Schiff mit »Wammen«-Steven (s. hierzu auch BROA, TULLSTORP).

Im unteren Teil des Steines erscheinen Szenen aus der so beliebten Sigurd-Saga (s. auch RAMSUND), wie z. B. die Szene, als Gunnar in die Schlangengrube geworfen wird.

Husaby

✻ Taufquelle und Kirche, Wikingerzeit und Nachwikingerzeit 11./12. Jahrhundert
Karte 3, Westschweden

Nördlich der Straße 44 von Lidköping nach Sötene.

Husaby verfügt über eine der ältesten Kirchen Schwedens und eine Legende; ferner in nächster Umgebung über bronzezeitliche Felszeichnungen (s. LILLA FLYHOV).
Knapp nordöstlich der Kirche, etwas südlich der Straße nach

Lilla Flyhov, sprudelt die St. Sigfrids källa (St. Sigfrids-Quelle), genannt nach jenem später heiliggesprochenen irischen Missionar, der der Legende zufolge im Jahr 1008 an dieser Quelle König Olov Slötkonung (Schloßkönig) taufte und ihn damit zum ersten christlichen Herrscher Schwedens machte.
Ein historisch exakter Beweis dieses Ereignisses fehlt zwar, gesichert ist nur, daß Olov Slötkonung tatsächlich dank St. Sigfrid in jenem Jahr zum Christentum übertrat, da aber kein anderer Ort Husaby die Ehre um die Taufzeremonie streitig macht, spricht eigentlich nichts gegen den Wahrheitsgehalt der Legende.
Die zweitürmige, steingemauerte Kirche von Husaby stammt im wesentlichen aus dem 12. Jahrhundert, der Grundstein wurde vermutlich jedoch früher, im 11. Jahrhundert, wohl unmittelbar nach der Taufe König Olovs, gelegt. Die ältesten Teile sind die Apsis im Osten und der niedrige, daran anschließende Teil. Langhaus und Türme stammen zweifellos aus einer späteren Bauphase.
Die Fresken im Inneren der Kirche werden auf das 15. Jahrhundert datiert, als Husaby Bischofsresidenz war – die Reste der Bischofsburg sind knapp nordwestlich der Kirche zu finden.

Husby

* Grabhügel, Wikingerzeit ca. 800–950 n. Chr.
Karte 5, Ostmittelschweden

Von Uppsala nordöstlich auf der Straße 290 bis Vattholma fahren, dort nordwestlich Richtung Tensta/Husby/Vendel/Örbyhus weiterfahren, etwa 2,5 km südlich von Vendel, unmittelbar westlich der Straße.

Der nach dem Jelling-Muster – innen eine holzgezimmerte Grabkammer, darüber ein aus Grassodem aufgebauter Hügel

– errichtete, sogenannte »Ottars«-Hügel – man hielt ihn vermeintlich für das Grab des berühmten Königs Ottar Vendelkråka – ist das durchaus recht beachtliche Kernstück eines ansonsten eher unbedeutenden Grabfeldes der Wikingerzeit. Wenn es auch nicht König Ottar war, so muß der hier Beigesetzte, gemessen an der Größe des Hügels, zumindest lokal doch von nicht zu unterschätzender Bedeutung gewesen sein.

Ingatorp

** Ganggrab, Steinzeit ca. 2000 v. Chr.
Karte 3, Westschweden

Von Göteborg nordöstlich der Straße E 3 bis Skara folgen, dort südlich auf die Straße 47 Richtung Falköping einbiegen und nach Bjurum wieder nordöstlich auf die Straße nach Broddetorp abbiegen. S. auch Karte.

Von den zahlreichen steinzeitlichen Ganggräbern in der näheren Umgebung von Falköping (s. auch RÖSSBERGA, SLUTARP) ist das von Ingatorp eines der interessantesten und am besten erhaltenen.

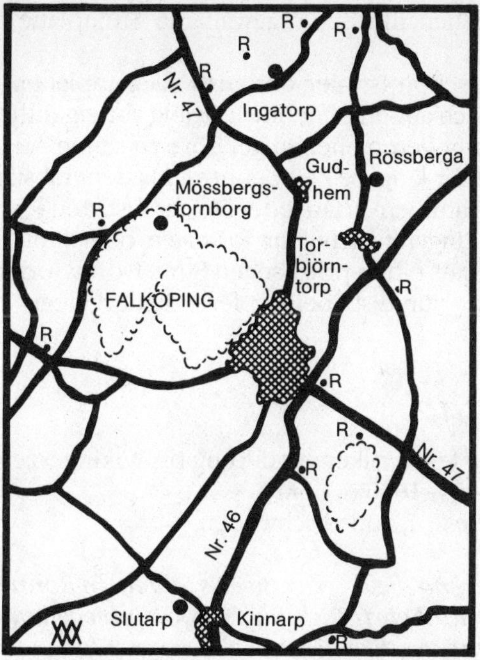

Wie auch die anderen Ganggräber dieser Region ist das Grab aus größeren und kleineren Kalksteinplatten aufgebaut und

war schließlich mit einer gewaltigen Steinplatte abgedeckt worden.
Besonders schön ist hier der aus Kalksteinplatten gefertigte, sich weit nach außen öffnende Eingang zur eigentlichen Grabkammer samt deren ehemaliger Türe zu sehen – da die Ganggräber ja über längere Zeit benutzte Massengrabstätten – besser gesagt Familien-, Clan- oder Dorfgrabstätten – waren, hatte solch ein Eingang nicht nur formalen oder kultischen, sondern durchaus einen praktischen Sinn. Dort wurden auch die Totenopfer – zumeist Speiseopfer – niedergelegt.

Ingelstad

****** Grabfeld, Völkerwanderung bis Wikingerzeit
ca. 400–1000 n. Chr.
Karte 2, 4, Südostschweden

Von Karlskrona die E 66 westwärts fahren, in Ronneby auf die Straße 30 nordwärts Richtung Växjö einbiegen, unmittelbar vor Ingelstad westlich der Beschilderung folgen.

Das »Inglinge hög« genannte Grabfeld ist die zweifellos interessanteste vor- und frühgeschichtliche Stätte der ganzen Region mit verschiedenen Grabmonumenten, wie Hügeln, diversen Stein- und Schiffssetzungen.
Auf dem größten Hügel stehen ein aufgerichteter Stein und eine Grabkugel bzw. ein Sonnenstein, wie wir ihn ansonsten vor allem aus Öland (s. FOLKESLUNDA) und Gotland (s. STENKYRKA) als Grabschmuck kennen.
Die Kugel von Inglinge hög ist freilich nicht nur deshalb besonders bemerkenswert, weil sie zu den größten Exemplaren ihrer Art zählt, sie ist zudem prächtig graviert, etwas durchaus Einmaliges, denn alle anderen Grab- bzw. Sonnenkugeln (zumindest soweit ich sie kenne) weisen keinerlei Zeichnungen oder Gravierungen auf.

Ire

Kistensteine, Frühwikingerzeit ca. 600–700 n. Chr.
◇ Karte 8, Nordostgotland

Heute befinden sich die Steine in Visby, Gotlands Fornsal.

Auf einem Grabfeld bei Ire, Kirchspiel Hellvi, wurden zwei Kistensteine gefunden, von denen der eine zwei Bogenschützen mit einer ungedeuteten Mittelgestalt, der andere die vermutlich zeremonielle Jagd auf einen mächtigen Hirsch durch einen Speer- und einen Schwertträger zeigen.

Ismantorp

✱✱ Burganlage, Eisen- bis Wikingerzeit
ca. 300–1200 n. Chr.
Karte 4/9, Mittelöland

Auf der Straße 136 nordwärts bis Rälla fahren und dort westlich Richtung Långlöt abbiegen, dann der Wegweisung nach Ismantorps Borg folgen; vom Parkplatz aus noch etwa 500 Meter Fußweg.

Von den 19 vor- und frühgeschichtlichen Burganlagen bzw.

Wehrdörfern Ölands ist die Ismantorps-Burg, landschaftlich in einem schattigen Laubwald gelegen, zweifellos die romantischste und zudem eine der kulturgeschichtlich interessantesten.
Die Ringmauer durchmißt rund 140 Meter, und wie bei den anderen Burgen Ölands auch, handelt es sich um eine Trockenmauer, d. h., die flachen Kalksteinquader waren ohne Bindemittel aufgeschichtet. Heute hat die Mauer eine Höhe von drei bis vier Metern, ursprünglich dürfte sie gut ein bis zwei Meter höher gewesen sein.
Innerhalb der Ringmauer hat man die ebenfalls aus Kalkstein gefertigten Fundamente von rund 100 größeren und kleineren Gebäuden ausgegraben, bei denen es sich um Wohngebäude, Ställe, Scheunen und Werkstätten handelte.
Die älteste Bebauung waren zweifellos die Gebäude rings an

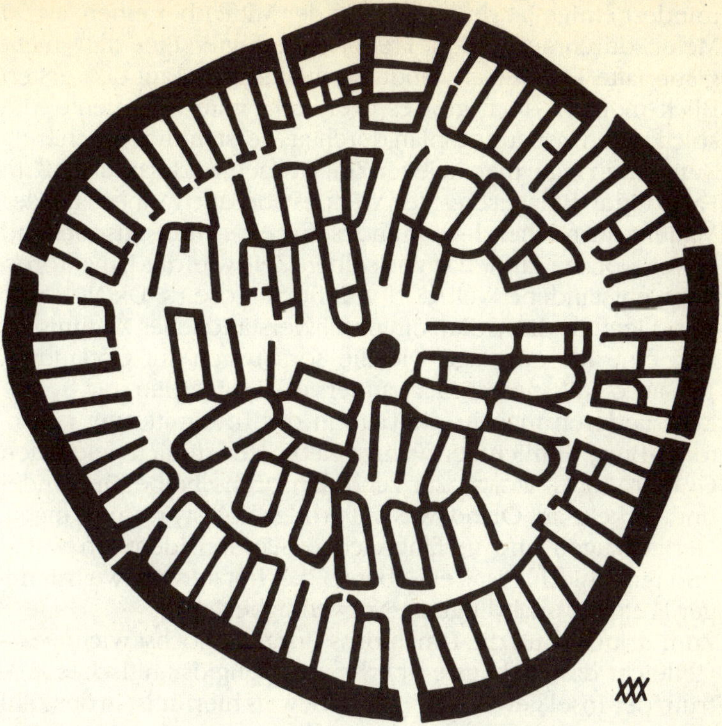

der Innenseite der Mauer, die mit einigen Ausnahmen mehr oder minder die gleiche Größe und Grundanlage aufweisen. Jüngeren, möglicherweise sogar beträchtlich jüngeren Datums sind die zu vier größeren Gebäudegruppen zusammengeschobenen, recht regellos angelegten Häuser im Mittelfeld.
Wenn wir die Bebauung von Eketorp (s. EKETORP) als Vergleich heranziehen – und die Parallelen sind unverkennbar –, so wären die Mauer und der an sie angelehnte Häuserring in der späten Eisenzeit, im 4. bis frühen 6. Jahrhundert entstanden, während die Häuser in der Mitte eher der Wikingerzeit also dem 9. bis 11. Jahrhundert, zuzurechnen wären.
Das würde freilich bedeuten, daß die Ismantorps-Burg – zu-

mindest einige Jahrhunderte – in der Mitte über einen fast 90 Meter durchmessenden Freiplatz verfügte. Eine fast nicht glaubhafte Platzverschwendung, möchte man auf den ersten Blick meinen, doch gibt es drei recht gute Argumente, die solch einen Bebauungsplan durchaus verständlich machen:
Zum einen legte man in jener Zeit vielfach Wert darauf, daß im Falle einer Belagerung der Viehbestand auch innerhalb der Mauern ausreichend – zumindest für eine Weile ausreichend – Weideplätze fand; das zur selben Zeit wie die Ismantorps-Burg entstandene Wehrdorf von Borremose (s. Dk/N: BORREMOSE) legt für diese Sitte ein unmißverständliches Zeugnis ab, und eine Riesenanlage wie die Torsburgen auf Gotland (s. TORSBURGEN) kann gar nicht anders erklärt werden.
Zum anderen machte die Lage in der Inselmitte die Ismantorps-Burg, ähnlich der wenige Kilometer südlich gelegenen Gråborg (s. GRÅBORG), zur zentralen Drehscheibe für Handel und Verkehr auf Öland, was mit großen Volksversammlungen, Gerichtstagen und umfangreichen Märkten identisch war – und auch hierfür war ein ebenso geschützter wie weiträumiger Freiplatz unabdingbare Notwendigkeit.
Zum dritten muß die Ismantorps-Burg ein höchst wichtiges – vielleicht das wichtigste überhaupt – religiös-kultisches Zentrum der Insel gewesen sein. Der Beweis hierfür ist in der Zahl der Tore zu finden – insgesamt nicht weniger als neun!
Tore waren seit jeher die Schwachpunkte jeglicher Befestigungsanlagen, und so beschränkte man sich bei ihnen stets auf das absolut notwendige Minimum. Bei einem Wehrdorf von der Größe der Ismantorps-Burg hätte ein Tor, allenfalls zwei restlos ausgereicht. Neun hingegen waren strategisch absoluter Schwachsinn und niemand hätte sie angelegt, es sei denn, sie wären aus strategischen Erwägungen übergeordneten Gründen erforderlich gewesen, und diese Gründe konnten seinerzeit nur religiösen Ursprunges sein! Überflüssig zu bemerken, daß die Zahl Neun in der nordischen Mythologie eine hervorragende Rolle spielte, die mir im einzelnen darzulegen leider der Umfang dieses Buches nicht gestattet.

Wie die meisten anderen Wehrdörfer auf Öland, wurde auch die Ismantorps-Burg im späten 12. oder 13. Jahrhundert aufgegeben und verlassen, ohne daß dafür ein besonderer, uns ersichtlicher Grund vorgelegen hätte.

Järrestad

** Felszeichnungen, Bronzezeit ca. 1500–500 v. Chr.
Karte 2, Südostschweden

Etwa 4,5 km westlich von Simrishamn in Järrestad ca. 1 km nördlich nach Glasax 150 m westlich der Landstraße.

Mit 20 mal 15 Metern ist die Hällristningar-Platte von Järrestad eine der größten, und sie ist eine der interessantesten.
Auffallend ist zunächst eine ungewöhnlich große Anzahl von »Abdrücken« nackter Füße mit ausgearbeiteten Zehen, eine »große Menschenfigur – der große Gott« –, ferner Schlangen, Räder, Kreise, Schiffe, Menschen und Tiere.

Eine Besonderheit sind sechs Reiter. Wohl um das Jahr 1000 v. Chr. (vielleicht sogar früher) entstanden, sind sie die mit Abstand ältesten Reiterdarstellungen Nordeuropas. Die nächsten Darstellungen dieser Art in Litsleby (s. LITSLEBY) und Tegneby (s. TEGNEBY) sind um mindestens 700 Jahre jünger und datieren aus dem Beginn der Eisenzeit. In der Bronzezeit muß in der heutigen Landschaft Skåne höchst erfolgreich Pferdezucht betrieben

worden sein, denn es erscheinen hier nicht nur ungewöhnlich viele Pferde auf den Felsbildern (s. auch FRÄNNARP und KIVIK), sondern auch die Tatsache, daß diese Pferde groß genug waren, um auf ihnen reiten zu können, läßt auf ein langes, intensives Zuchtprogramm schließen. Als das Pferd nämlich nach Europa kam, war es zunächst viel zu klein, als daß man sich hätte darauf setzen können, man konnte es nur vor einen Wagen spannen. Deshalb bestand die Kavallerie der Antike – nicht nur im Norden, sondern auch im Mittelmeerraum – nicht, wie manchmal fälschlich zu lesen ist, aus Reitern, sondern aus pferdegezogenen leichten, zweirädrigen Kampfwagen. Erst nach vielen Jahrhunderten konsequenter Zucht erreichten die Pferde eine Größe, die sie überhaupt fähig machte, einen Menschen zu tragen.
Die zweite große Besonderheit dieser Felszeichnung ist ein eindeutig mit einer Takelage versehenes Schiff! Ein in der Mitte stehender Mast wird mit zwei kurzen Wanten nach steuerbord und backbord abgestützt und nach Bug und Heck zu mit (gebogen gezeichneten) Stagen.
Daß, ich erwähnte es schon (s. BRANDSKOGEN), die Schiffe der Bronzezeit teilweise Dimensionen aufwiesen, die eine Segeleinrichtung nahezu unumgänglich machten, können wir als erwiesene Tatsache betrachten. Die Frage ist, weshalb, außer hier in Järrestad, niemals eine Takelage auch nur angedeutet wird.
Eine Antwort können wir möglicherweise in den Wikingertraditionen finden: Das »vornehme« Schiff (in dem, wie in Ose-

berg, Gokstad oder Tune, auch Häuptlinge beigesetzt wurden) war – und daran hat sich bis zum 1. Weltkrieg eigentlich nicht viel geändert – das Kriegsschiff, das noch zur Wikingerzeit für den Marsch zwar mit Segeln ausgerüstet, im Kampfeinsatz jedoch ein reines Ruderschiff war.
Mehr oder minder ausschließlich mit Segeln angetrieben zu werden, war das Kennzeichen des »unvornehmen« Kauffahrers. Ohne die Skuldelev-Funde (s. Dk/N: S SKULDELEV) der großen (Wrack 1) und kleinen (Wrack 3) Knorre würden wir, was das Aussehen von Handelsschiffen noch um das Jahr 1000 n.(!) Chr. anbelangt, arg im dunkeln tappen. Wenn man sich auf den ja vornehmlich kultischen, vielleicht vereinzelt auch politisch ausgerichteten Hällristningar auf die »vornehmen«, geruderten Kriegsschiffe konzentrierte und die »unvornehmen«, gesegelten Handelsschiffe außer acht ließ, so entspricht dies völlig dem höheren Sinn solcher Felsbilder.

Järvsta

** Grabfeld, Runenstein, Wikingerzeit ca. 800–1050 n. Chr.
Karte 6, Nordmittelschweden

Von Gävle auf der Straße 76 nach Osten Richtung Furuvik, etwa 2,5 km nach Gävle auf der Südseite der Straße.

Das Grabfeld von Järvsta entstammt der Glanzepoche der Wikingerzeit.
Ursprünglich lag das Grabfeld beiderseits einer kleinen Provinzstraße. Doch als diese entsprechend verbreitert und ausgebaut wurde, planierte man den nördlichen Teil ein und asphaltierte ihn zu. Die Archäologen durften kurz zuvor noch ein paar Ausgrabungen machen. Auf die Idee, daß man die Trasse einer Straße manchmal nur um ein paar Meter verschieben könnte, um ein vor- oder frühgeschichtliches Denkmal zu erhalten, daran scheint in Schweden in den zuständigen Behörden kein Mensch zu denken (s. auch: LINDE).
So blieb denn nur der südliche Teil dieses Wikingerfriedhofes erhalten mit 25 Steinsetzungen und 10 Rollsteingrabhügeln, deren loser Steinhaufen jeweils von einem gesetzten, d. h. in die Erde eingegrabenen, feststehenden Steinring zusammengehalten wird. Die Ausgrabungen im nördlichen Teil im Jahr 1957 hatten immerhin den Vorteil, daß man eine ganze Reihe von Gräbern untersuchte und aufgrund der Funde die Zeit zwischen 800 und 1050 n. Chr. exakt festlegen konnte. Dabei stellte man auch fest, daß Brandgräber unmittelbar neben Skelettgräbern lagen, da seit dem 8. Jahrhundert

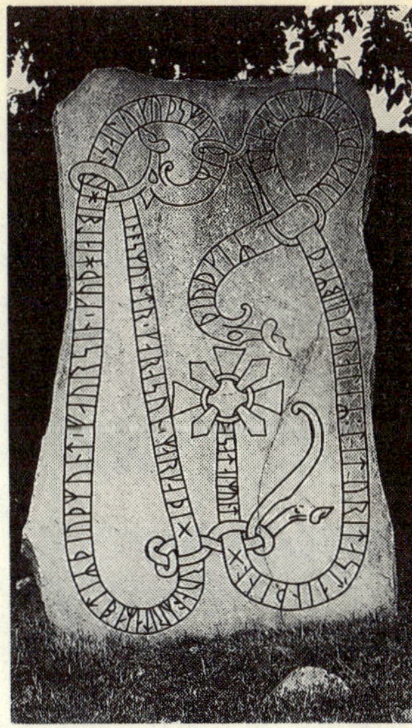

die Begräbnissitten wieder einmal im Umbruch waren, d. h. die Beerdigung der Toten die seit der Bronzezeit übliche Verbrennung abzulösen begann; daß dies eine Folge zunehmender Christianisierung gewesen sei, wie vielfach zu lesen, ist irrig, denn im 8. und 9. Jahrhundert war der Einfluß des Christentums in den Stammlanden der Wikinger inexistent.

Im Süden des Grabfeldes steht ein formal schöner, von der einstigen Drachen-Symbolik der Wikinger her freilich recht kümmerlicher Runenstein mit der Inschrift:

»Tjudger, Gudleif und Karl. Alle diese Brüder ließen diesen Stein errichten nach Tjudmund ihrem Vater. Gott helfe seiner Seele und die Mutter Gottes. Asmund Kareson ritzte rechte Runen ein. Dann war Edmund König.«

Ob der Stein immer schon dort stand, ist ungewiß.

Källa

* Grabfeld, Opfersteine, Eisen- bis Wikingerzeit
  ca. 500 v. Chr.–1050 n. Chr.
  Karte 9, Nordöland

Von der Ölandbrücke auf der Straße 136 nordwärts fahren; das Grabfeld »Vi Alvar« liegt westlich der Straße kurz vor der Kirche von Källa.

Auf dem »Vi Alvar« genannten Grabfeld befinden sich rund 150 Grabstätten, in der Mehrzahl Steinkreise, einige Bautasteine, eine dreieckige Steinsetzung und ein nicht allzu großer Rollsteinhügel.
Auffallend sind die »Opfersteine«, die meist in Steinkreise integriert, mitunter aber auch einzeln vorkommen, und bei denen ein dicker Deckstein auf einige kleinere Fundamentsteine – ganz wie ein Miniatur-Dolmen – gesetzt ist.
1936/37 wurden 16 der Gräber geöffnet und wissenschaftlich untersucht, wobei man unmittelbar nebeneinander Brand- und Skelettgräber fand. Ansonsten förderte man Glasperlen, Bronzeringe, Eisenmesser und eiserne wie bronzene Gewandnadeln zutage, die recht verschiedenen Zeiten angehörten, so daß man mit Sicherheit sagen kann, das Grabfeld sei vom Beginn der Eisenzeit (um 500 v. Chr.) – vielleicht aber auch schon davor zur jüngeren Bronzezeit – in Gebrauch gewesen und erst seit der Christianisierung im 11. Jahrhundert nicht mehr benützt worden.

Källahamn

Kirche, Spätwikingerzeit ca. 1100 n. Chr.
Karte 9, Nordostöland

Von der Ölandbrücke die Straße 136 nach Norden fahren, bei Källa östlich nach Källahamn abbiegen; die Kirche liegt unmittelbar nördlich der Straße.

Die »gamlakyrka« oder »ödekyrka«, die »alte« oder »verfallene« Kirche von Källa, genau gesagt Källahamn, ist äußerlich die am besten erhaltene Kirche des frühen Mittelalters, ein rechteckiger, schlichter Bau mit Satteldach und vorgesetztem Eingang. Der Verputz stammt wohl aus dem 17. oder 18. Jahrhundert, bis dahin dürfte die Kirche die rohen, aus dünnen Kalksteinplatten errichteten Mauern, wie auf Öland seit jeher üblich, gezeigt haben.
Die Kirche wurde 1888 aufgegeben und steht seitdem leer.

Källby Hallar

** Runensteine, Wikingerzeit ca. 950–1150 n. Chr.
Karte 3, Westschweden

Unmittelbar nördlich an der Straße 44 Lidköping-Sötene bei der Abzweigung nach Hangelösa.

Auf zwei gegenüberliegenden Grabhügeln ragen zwei der höchsten schwedischen Runensteine auf.
Der nördliche mißt über zweieinhalb Meter und zeigt die Charakteristika des Mammen-Stils, wodurch er auf die Zeit zwischen etwa 950 und 1050 nach Christi Geburt datiert werden kann.
Bei der mächtigen, mit einem prachtvollen Kopfputz geschmückten Göttergestalt, um deren Mitte sich eine Fruchtbarkeitsschlange windet und phallusartig verknotet, handelt es sich zweifellos um Freyr, den Gott der Fruchtbarkeit, von dem auch das mächtige Königsgeschlecht der Ynglinge (s. auch Dk/N: Borre) seine Herkunft ableitete.
Der gegenüberstehende, südliche Runenstein, mit gut drei

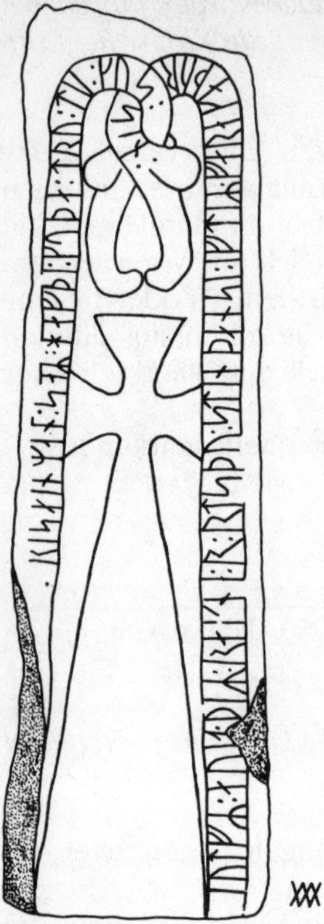

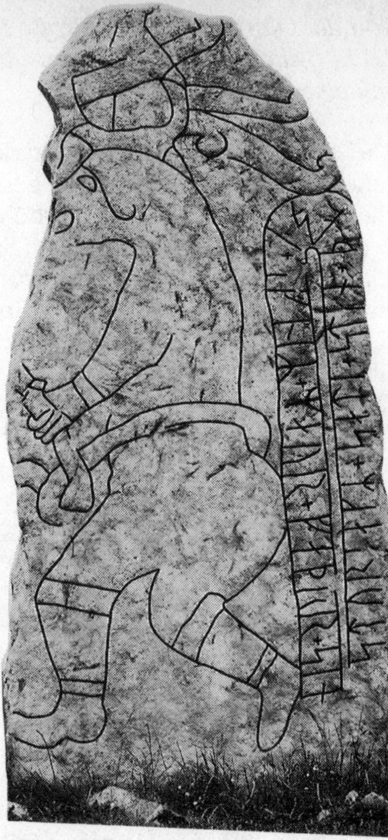

Metern sogar noch höher und gut 150 Jahre jünger, ist wohl einer der letzten Vertreter der Runensteintradition im ganzen Norden.

Das christliche Kreuz, das im Zuge der Missionierung Skandinaviens seit etwa dem Jahr 1000 mehr und mehr zu dominieren und das heidnische »große Ungeheuer« zu verdrängen begann, triumphiert auf diesem Stein nun völlig. Das »große Ungeheuer« ist verschwunden und auch die Runenschlangen sind zu einem bloßen Ornament verkümmert.

Kalleby

** Felszeichnungen, Bronzezeit ca. 1500–500 v. Chr.
Karte 3, Westschweden

Südlich von Tanum an der Grenze zur Gemeinde Kville gelegen. Detailkarte s. *TANUM.*

Ähnlich wie in Litsleby (s. LITSLEBY) wurde hier ohne Rücksicht auf ältere Felsbilder der »große Gott« eingehauen, hier allerdings auf einem Schiff stehend und doppelt, genauer gesagt eineinhalbfach, denn von der rechten Figur existieren nur noch die Beine, und anstatt des Speeres schwingt er einen Hammer.
Berühmt wurde dieses Felsbild durch die Lurenbläser, auch sie wie der »große Gott« erst in der jüngeren Bronzezeit eingemeißelt.
Auffallend sind die Hörner auf dem Kopf der Lurenbläser, offenbar Helme oder sonstige Kopfbedeckungen mit Hörnern, die den Spielern dieser kultischen Blasinstrumente vorbehalten waren, während der nordgermanische Helm – entgegen weitverbreiteter Ansicht – auf derlei Schmuck verzichtete. (Zum Thema des germanischen Kampfhelms s. einerseits: SIG-

TUNA, VENDEL, andererseits zum Kulthelm Dk/N: VEKSØ.) Interessant ist schließlich auch, daß auf diesem Felsbild die Lurenbläser in Dreiergruppen auftreten, während die aufgefundenen Luren (s. Dk/N: KØBENHAVN Nationalmuseum und BRUDEVAELTE) stets paarweise oder in Vierergruppen entdeckt worden sind.

Källunge

** Schiffsfahne, Wikingerzeit ca. 980–1050 n. Chr.
◇ Karte 8, Nordgotland

Källunge liegt nahe der Straße 147 östlich von Visby. Die Schiffsfahne befindet sich heute in Visby im Gotlands Fornsal.

Vor etwa 40 Jahren sah sich jemand einmal den Turmschmuck der Kirche in Källunge genauer an – und entdeckte eines der prachtvollsten Kunstwerke der Wikingerzeit: Eine etwa 30 Zentimeter lange, aus vergoldetem Bronzeblech gefertigte und von einem vollplastischen kleinen Drachen gekrönte Schiffsfahne, wie sie einst am Masttop oder am Vordersteven – wie der Runenstab aus Bergen (s. DK/N: BERGEN) zeigt, war auch dies üblich – eines Wikingerschiffes gefahren wurde, und die später wohl als Votivgabe auf den Kirchturm von Källunge geriet.
Die reiche Dekoration ist im entwickelten Ringerike-Stil ausgeführt. Auf der rechten Seite schlingen sich zwei Drachen-Schlangen umeinander, auf der linken Seite erscheint das »große Tier«, ebenfalls mit einer Schlange um den Hals. Eingefaßt wird das Ganze von einer üppigen Pflanzenranke. Die Löcher in der Bogenkante waren mit Sicherheit dazu da, um hier den Stoff der eigentlichen Fahne anzubringen.

Kålsta

* Runenstein, Wikingerzeit ca. 1020–1060 n. Chr.
Karte 5, Mittelschweden

Von Stockholm auf der Straße E 18 Richtung Enköping bis Övergran; dort nördlich Richtung Skokloster abbiegen; Kålsta liegt in unmittelbarer Nähe von Häggeby.

Die Inschrift lautet: »Staerkar und Hjörvarth ließen diesen Stein errichten für ihren Vater Gaeiri, der westwärts im ›Thingalith‹ saß. Gott helfe der Seele.«
Das »Thingalith« – die Inschrift bietet den bei weitem ältesten Beleg dieses Wortes – war die von Knut dem Großen eingerichtete und ausgewählte Leibwache der englischen Könige, die bis 1066, der Eroberung Englands durch Herzog Wilhelm von der Normandie, bestand.

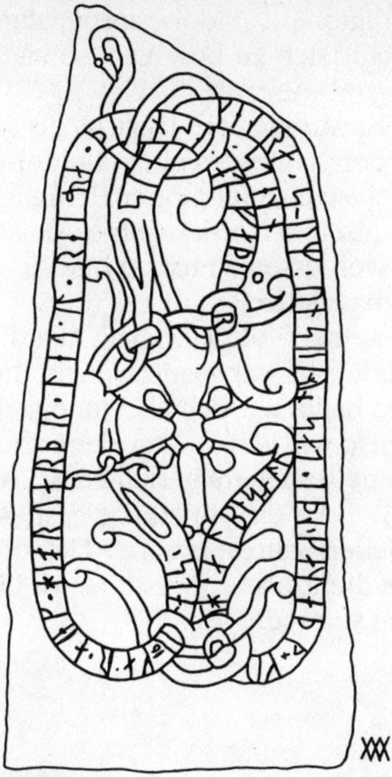

Karga Kyrka

Kirche und Kultplatz, Spätwikingerzeit ca. 1150 n. Chr.
Karte 4, Mittelschweden

Von Norrköping auf der Straße E 4 südwestlich nach Linköping und dort nordwestlich auf die Straße 36 Richtung Borensberg abbiegen, etwa 7 km von Linköping entfernt.

Die Kirche ließ König Sverker († 1156) errichten und somit zählt sie zu den aus der Spätwikingerzeit vielerorts noch erhaltenen Sakralbauten.

Alle neuen Religionen sind bestrebt, alte Kultplätze »mit neuem Inhalt« für sich zu besetzen, so auch die Kirche von Karga.
In diesem Fall ist weniger die Tatsache als solche von Bedeutung, sondern der Name des alten, heidnischen Kultplatzes: »Allguvi«, zu deutsch: »Aller Götter Heiligtum«.
Auch im germanischen Norden gab es sie also, die Sorge, einen der Götter vergessen zu haben und sich damit allerhöchstes Mißfallen zuzuziehen.
So richtete man einen Kultplatz (bzw. Altar bzw. Fest) ein, der allen Göttern geweiht war – auch jenen, die man sonst vielleicht vergessen hätte, die sich aber nun ja nicht beschweren konnten –, ebenso wie jener »Altar des unbekannten Gottes«, von dem das Neue Testament berichtet (Apostelgeschichte, Kapitel 17, Vers 23), oder das christliche Fest »Allerheiligen« am 1. November jeden Jahres, das bei Lichte besehen ebenso nichts anderem dient, als »vergessene« Heilige entsprechend wohlwollend zu stimmen.

Karlevi

** Runenstein, Wikingerzeit ca. 1000 n. Chr.
Karte 4/9, Westöland

Von der Ölandbrücke auf der Straße 136 südwärts bis Eriksöre, dort nach Westen abbiegen und dem Hinweisschild folgen.

Der Karlevi-Stein, der zu Ehren eines auf Öland begrabenen dänischen Seehelden errichtet wurde, ist eines der interessantesten Beispiele der Skaldenpoesie.
Ich darf im folgenden aus dem Buch »Das Leben der Wikinger« von James Graham-Campbell zitieren:
»Es gibt jedoch einige Runendenkmäler mit komplizierteren Versformen, die wir skaldisch nennen. ›Skaldisch‹ stammt von

dem isländischen Wort skåld, Dichter, doch benutzt man dieses Wort auch zur Bezeichnung eines altnordischen Hofpoeten oder eines Autors ähnlich kunstvoller Verse. Runen eines Skaldengedichtes findet man auf einem Gedenkstein aus der späten Wikingerzeit in Karlevi auf der schwedischen Insel Öland. Nach einer einfachen Gedenkinschrift in Prosa geht der Text zum Lob des Toten in Verse über. Wir geben ihn in einfacher Schreibweise und in wörtlicher Übersetzung wieder:

›Folginn liggr hinns fyl g ðu
– flestr vissi that – mestar
daeð ir dolga thrudar
draugr i theimsi haugi.
Munat rei ð - Við rr rað a
rogstarkr i Danmarku
Endils iörmungrundar
ørgrandari landi.‹

›Begraben liegt, dem folgten
– die meisten wissen das – die größten
Taten, der Thrud der Kämpfe
der Baum, in diesem Hügel.
Es wird nicht herrschen ein Odin des
Wagens kampfstarker in Dänemark
des sich weit erstreckenden Landes von
Endil rechtschaffen über das Land.‹

Wenn man sie so einfach liest, scheint die Übersetzung nicht viel Sinn zu ergeben und dies aus zwei guten Gründen. Jede Halbstrophe weist ein oder zwei durcheinandergebrachte Phrasen auf, die der Leser entwirren muß; der Dichter benutzt nicht die Alltagssprache, sondern komplizierte Bilder, die ›Kenningar‹, die zu verstehen der Leser lernen muß. Wenn wir die Worte dieser Strophe anders ordnen, erhalten wir folgenden Text: ›Begraben liegt, dem folgten – die meisten wissen das – die größten Taten, der Baum der Thrud der Kämpfe in diesem Hügel. Es wird nicht herrschen in Dänemark ein kampfstarker, rechtschaffender Odin des Wagens des sich weit erstreckenden Landes von Endil über das Land.‹

Nachdem wir den Text neu geordnet haben, fragen wir nach der Bedeutung der ›Kenningar‹. Thrud ist eine Tochter des Thor, eine Göttin minderen Ranges. Die Thrud der Kämpfe war also eine Kriegsgöttin oder Walküre. Der Baum der Walküre ist ein Krieger, der fest im Kampf steht wie ein im Boden verwurzelter Baum. Endil ist ein Seekönig, sein sich weit erstreckendes Land ist das Meer, und der Wagen des Meeres ist sein Schiff. Odin, der Gott, der das Schiff beherrscht, ist ein Seekrieger. Durch diese Interpretation der ›Kenningar‹ gelangen wir zu folgender Aussage: ›Begraben liegt, dem folgten – die meisten wissen das – die größten Taten, der Krieger in diesem Hügel. Es wird nicht herrschen in Dänemark ein kampfstarker, rechtschaffener Seekrieger über das Land.‹
Als historisches Zeugnis besagt dies nicht viel, doch erfahren wir, daß ein Seekrieger der Wikinger, der auf einer schwedischen Insel feierlich begraben wurde, Landbesitzer in Dänemark war, daraus können wir schließen, daß die verschiedenen Wikingerländer nicht stärker voneinander getrennt waren als ihre modernen Nachfolger. Aber die Inschrift liefert uns noch eine weitere wichtige kulturelle Information. Der komplizierte Vers mit seiner verzwickten Wortfolge und seinen schwierigen Bildern sollte gelesen und verstanden werden, sonst hätte man ihn nicht in Stein gemeißelt. Das bedeutet, daß es ein Leserpublikum gab, das es gelernt hatte, so schwierige Verse zu verstehen. Wir haben jedoch noch nicht gesehen, wie schwierig diese Versform ist.
Untersucht man den Vers im Einzelnen, entdeckt man seine Komplexität. Es ist das typische Beispiel eines weit verbreiteten Versmaßes, des *drottkvoett*, d. h. des ›Hofmaßes‹. Der Vers besitzt acht Zeilen. Jede Zeile enthält sechs Silben, drei betonte und drei unbetonte, allerdings wechseln die Betonungsmuster von Zeile zu Zeile. In jeder ›geraden‹ Zeile gibt es zwei Silben, die sich reimen (*flestr/mest-; draugr/haug-; stakr/mark-; -grand/land-*). In jeder ›ungeraden‹ Zeile gibt es zwei Silben, die sich teilweise reimen, sie enden mit dem gleichen Konsonanten, enthalten aber unterschiedliche Vokale (*folg-/*

fylg-; dað/Pruð; reið-/rað-; End-/-grund-). Darüber hinaus gibt es in jeder ›ungeraden‹ Zeile zwei betonte Silben, die mit dem gleichen Laut beginnen und diese sind Alliterationen der ersten Silbe der folgenden geraden Zeile (*folg-/fylg-/flestr; daeð-/dolg-/draugr;* usw.). All diese Einzelheiten in eine ordentliche Strophe zu bekommen, erforderte einen Poeten, der sein Handwerk versteht. Ja, es erfordert sogar eine Dichterschule und ein Publikum, das weiß, welche Ansprüche man an einen Vers stellt. Daraus können wir schließen, daß die Wikinger nicht bloß zerstörungswütige Raufbolde waren, als die man sie oft darstellt, sondern ein Volk mit einer Literatur, die Differenziertheit und Bildung erforderte.«

Karums Alvar

* Grabfeld, Steinsetzungen, Bronze- bis Wikingerzeit
ca. 1000 v. Chr.–1000 n. Chr.
Karte 9, Mittelöland

Von der Ölandbrücke nach Norden auf der Straße 136 bis zur Abzweigung nach Högsrum und Långlöt, dort nach Osten abbiegen und an der Weggabelung nach Högsrum die linke, nördliche Straße nehmen; das Grabfeld liegt unmittelbar westlich der Straße.

Wer andere Schiffssetzungen kennt, der wird vermutlich von der auf dem Grabfeld von Karums Alvar enttäuscht sein, doppelt enttäuscht vielleicht sogar, da sie im Volksmund hochtrabend als »Noaks ark« (Noahs Arche) bezeichnet wird, man sich also entsprechend Großes vorstellt. Dabei ist diese Schiffssetzung mit ihren 26 Metern Länge keineswegs klein, und sie ist auch höchst interessant mit ihren Kalksteinsteven und den Granitseiten, dem dicken Mast-Stein und – eine Rarität – in regelmäßigen Abständen Quereinteilungen im Rumpf, von de-

nen freilich nicht ganz klar ist, ob sie Spanten oder Duchten (Ruderbänke) darstellen sollen. Auf jeden Fall ist Noaks ark das älteste Monument von Karums Alvar und wird in die jüngere Bronzezeit zwischen 1000 und 500 v. Chr. datiert.
Der Eisenzeit (500 v. Chr.–500 n. Chr.) gehören wohl die 13 aufgerichteten Kalksteinplatten an, während die übrigen 63 runden und 2 viereckigen Steinsetzungen zu Gräbern der Eisenzeit und Völkerwanderung und zu einem kleinen Teil der Wikingerzeit gehören.
Die 30 ausgegrabenen und untersuchten Gräber waren fast alles Brandgräber, die Beigaben eher bescheiden wie Bronzeringe, Wetzsteine und Kämme.
Die Funde befinden sich heute in Statens Historiska Museum in Stockholm.

Kåseberga

*** Schiffssetzung, Wikingerzeit ca. 800–1000 n. Chr.
Karte 2, Südschweden

Von Malmö auf der Straße E 14 ostwärts bis Ystad fahren und weiter auf der Straße 10 bis Valleberga und dort südlich nach Kåseberga abbiegen.
Vom Hafen führt ein einige hundert Meter langer, zunächst steiler, ausgeschilderter Fußweg die Klippe hinauf und zur Schiffssetzung.

Die Nordgermanen der Vor- und Frühgeschichte liebten es, ihre letzten Ruhestätten in landschaftlich schönen und, wenn irgend möglich, auch noch beherrschenden Lagen zu errichten.
Die Klippe von Kåseberga mit dem weiten Blick auf die Ostsee hinaus erfüllte diesen Anspruch ideal, und so ist es kein Wunder, daß ein offenbar höchst mächtiger Herr dort oben sein gewaltiges Grabmal anlegen ließ.

Die »Ales stenar«, wie das Monument auch genannt wird, sind die größte bekannte Schiffssetzung überhaupt, nicht nur was die Länge von 67 Metern (!) von Bug zum Heck anbelangt, sondern auch die Anzahl und Größe der Steine: es sind insgesamt 58 Felsbrocken, von durchweg mindestens Mannshöhe, die an den Steven auf 3,30 bzw. 2,50 Meter ansteigen. Man muß schon einen beachtlichen Abstand zwischen sich und die Schiffssetzung bringen, um sie voll in ihrer Länge überschauen zu können oder auch zu fotografieren (was nicht sonderlich viel einbringt, ein Blick auf den »Bug« mit »Maßstab-Sohn« ist da eindrucksvoller).

Einst sollen zwei kleinere Schiffssetzungen das große Steinschiff flankiert haben, erhalten hat sich von diesen nicht mehr als ein paar einzelne Steine.

Ausgrabungen wurden im Bereich der Schiffssetzung nicht gemacht, man begnügte sich damit, 1956 das fast vollständig vom Flugsand verschüttete Monument wieder freizulegen, eine exakte Datierung ist daher bislang unmöglich. Nach verschiedenen äußeren Merkmalen haben Archäologen die »Ales stenar« in die Wikingerzeit auf die Epoche zwischen 800 und 1000 n. Chr. datiert, sie könnten aber auch durchaus ganz erheblich älter sein.

Auf jeden Fall scheint festzustehen, daß das riesige Grabdenkmal später auch als Thing- und Kultplatz benutzt wurde, wie dies ja verschiedentlich auch anderenorts der Fall war.

Kasen

** Felszeichnung, Bronzezeit 1500–1000 v. Chr.
Karte 3, Westschweden

Das Felsbild von Kasen liegt im Bereich von Tanumshede. Eine Wegbeschreibung kann ausnahmsweise nicht gegeben werden, denn der Weg führt ein gutes Stück über die Schwellen der Bahnlinie, über Zäune und Privatgrundstücke. Wer es trotzdem in Augenschein nehmen will, wende sich bitte an das Felsbildmuseum Underslös (s. TANUM).

Obwohl das Felsbild von Kasen in seinen Abmessungen eher klein ist, zählt es zweifellos zu den interessantesten seiner Art und ist in seiner Komposition und Aussage ein Beispiel mehr, daß es in bronzezeitlichen Hällristningar durchaus thematisch-darstellerische Zusammenhänge zwischen einzelnen Figuren und Figurengruppen gibt.
Ich darf im Folgenden auszugsweise aus zwei Artikeln zitieren, die Gerhard Hess, ein profunder Kenner der Materie, in »adoranten«, Jahresschrift der Scandinavian Society for Prehistoric Art, Underslös 1985, und »Deutschland in Geschichte und Gegenwart«, Tübingen 1986, schrieb:
»Das Felsbild von Kasen zeigt einige Bildelemente, welche deutlich zusammengehörend, möglicherweise eine wichtige geistesgeschichtliche Aussage machen können.
In unverkennbar zentraler Position findet sich hier ein hochinteressantes Gebilde, dessen beide an ihrem unteren Ende miteinander verbundenen Säulen die Sonnenlaufbahn in Form der Doppelspirale tragen. Darüber in hochheiliger ›himmlischer‹ Region verläuft eine Zweierreihe von Näpfchen – darüber ein Schiff mit 13 Bemannungssymbolen – und schließlich

die ›Fußspur Gottes‹. Von beiden Seiten sowie von unten bzw. vorne deuten Schiffsdarstellungen in Richtung auf die Sonnenstütze, an deren Fuß ein Stieropfer vollzogen wird. Die nach außen geschwungenen Hornspitzen des Tieres sind als typisches Merkmal des Auerochsen vielfach noch heute an Bohusläner Rindviehrassen zu beobachten.

Das Opfertier liegt mit unverkennbar hochgezogenem Hinterteil entweder auf einer Opferplattform oder hängt mit den Hinterbeinen in einem Opferkessel. Die breiten herausgearbeiteten Hinterläufe lassen sich von der dünner werdenden weiterlaufenden Linienführung des Opfergeräts deutlich unterscheiden.

Die Spirale, Doppelspirale gilt, wie es die schwedische Felsbildkunst demonstriert, im Rahmen des bronzezeitlichen Sonnenkults als die Wiedergabe des jährlichen sich am Himmel abzeichnenden Sonnenweges, in welchem das kosmische Raum- und Zeitordnungsgefüge gleich einer Offenbarung des göttlichen Weltgeistes verstanden wurde. In Kombination mit einer säulenartigen Stützvorrichtung könnte es sich um die Darstellung der Weltenstütze handeln, die im Symbolismus der alten Religionen einen bedeutenden Platz einnahm. Die aus dem Mittelalter überlieferte, altgläubige, mittelgermanische Bezeichnung dafür war ›Irminsul‹ (d.h. die ›All-Säule‹, die das All tragende Säule).

Auch die Verbindung der Vorstellung einer Welt- oder Sonnensäule mit dem Stieropfer, wie es das schwedische Felsbild zeigt, ist keineswegs überraschend. So, wie die Allsäule allein unter dem Patronat der höchsten Gottheit stehen konnte, so mußte der Stier als Symbol- und Opfertier der himmelsväterlichen Zeugungskraft Bestandteil des Weltsäulenkultes werden. Auch über die jahreszeitliche Einordnung des Opferzeremoniells läßt sich eine Vermutung anstellen. Die Sonnenstütze deutet in nordöstliche Richtung zum Aufgangspunkt der Jahressonne, die ihren Höchststand überschritten hat, also bereits wieder im Abnehmen begriffen ist. Es handelt sich etwa um Anfang August. Das betreffende bronzezeitliche Felsbild liegt auf 58,38° nördlicher Breite.

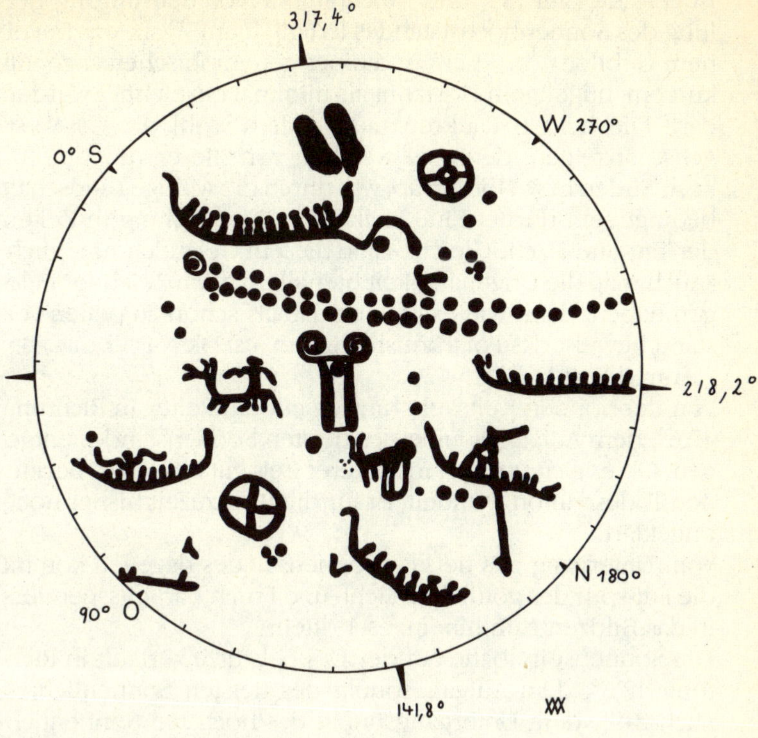

1000 v. Ztr. stand hier der Sonnenaufgang der Sommersonnenwende (Sonnenhöchststand) bis 141,8° und der Sonnenaufgang der Wintersonnenwende (Sonnentiefststand) bei 42,6°, wenn die Azimute vom Südpunkt beginnend nach Osten herum gerechnet werden. Die den Sonnenaufgangspunkten entsprechenden Untergangsazimute ergeben sich durch Bildung des gleichen Winkels vom Südpunkt nach Westen herum.

Die Felsgravur der Sonnensäule mit Stieropfer-Zeremoniell ist gerichtet auf 135° und weicht mithin von der Aufgangspeilung des Sonnenhöchststandes lediglich um 7° ab, was bei einem Gebilde von 33 cm und einer geographischen Lage mit kurzem, hügeligem Horizont als minimal bezeichnet werden darf. Die beiden Radkreuzräder sollen wohl die Ost-West-Achse anzeigen; denn sie weichen von dieser nur um 10° nach Süden bzw. Norden ab, was durch die wellige Landschaft bedingt sein dürfte. Eine exakte Ost-West-Peilung in Zeiten der Tag-und-Nacht-Gleiche ist in diesem Gelände unmöglich. (Auch mag die Ungenauigkeit hier allein beim Zeichner gelegen haben, denn wie exakt man damals schon zu peilen verstand beweist das Polarkreisheiligtum – s. Dk/N POLARSIRKELEN – Anm. d. Verf.)
Von der Sonnen-Kultsäule hinweg eilt ein Reiter in Richtung 42,6°, dem Aufgangspunkt des tiefsten Sonnenstandes entgegen. Ob es sich um den in späterer Zeit gut belegten ›berittenen Todesdämon‹ handelt, ist für die Bronzezeit bisher noch ungeklärt.
Vom Untergang des tiefsten Sonnenstandes dagegen kommt die Fußspur des göttlichen Licht- und Fruchtbarkeitsspenders in das Bildzentrum hineingeschritten.
Die Sonnenspiralbahn auf der Doppelstütze verläuft in Richtung 42,6°, dem Aufgangspunkt des tiefsten Sonnenlichtes, nach 218°, dem Untergangspunkt des höchsten Sonnenlichtes. Auch diese Anordnung läßt auf eine symbolcharakterliche Aussage schließen.
Der bronzezeitliche Künstler, welcher das Bild von Kasen in die Bohusläner Granitfelsplatte hineinmeißelte, hat der religionsgeschichtlichen Forschung einen unschätzbaren Dienst erwiesen. Er schuf höchstwahrscheinlich die bisher einzige bekannte Darstellung im frühgermanischen Norden der sonst lediglich von schriftlichen Zeugnissen her bekannten Irminsul, der Welt- und Sonnensäule.«

Kauparve

** Rollsteinhügel, Bronzezeit ca. 1500–1000 v. Chr.
Karte 8, Nordostgotland

Auf der Straße 148 nordöstlich Richtung Bunge fahren, kurz vor Rute Kyrka der Beschilderung etwa 700 m südöstlich folgen.

Von den rund 400 Rollsteingräbern auf Gotland ist die »Kauparveröset« eines der wenigen bislang wissenschaftlich vollständig erforschten, und das einzige, das nicht vom schützenden Rollsteinhügel bedeckt wird, sondern in seiner Innenstruktur zu betrachten ist. Der heute abgetragene Grabhügel gehörte zum Typ der Krater-Steinhügel, hatte einen Durchmesser von 23 Metern und eine Höhe von 2,7 Metern.
1941 wurde der Grabhügel von Mårten Stenberger und 1948 von Greta Arwidsson teilweise untersucht. Stenberger legte eine äußere, niedrige, das Rollsteingrab umschließende Mauer und eine innere, bis zu einer Höhe von 2,6 Metern erhaltene Mauer, die zu einem ursprünglich noch etwas höheren Bau gehörte, frei. Innerhalb der Mauern, auf dem Grund

des Grabes, stand eine Kiste aus Trockenmauer, die Menschenknochen und unter anderem eine große Spiralnadel enthielt. Eine weitere Kiste von gleicher Konstruktion, die unter einem mächtigen Deckstein gelegen war und Skelettreste sowie Teile einer Bronzespange enthielt, wurde von Arwidsson teilweise unter der inneren Mauer im Südwesten der Anlage freigelegt. Nach den Funden zu urteilen stammen die beiden Kisten und damit die ganze Grabanlage aus der älteren Bronzezeit zwischen 1500 und 1000 v. Chr.

1967 wurde das Rollsteingrab ein drittes Mal gründlich untersucht, wobei man sich entschloß, die Rollsteinpackung gänzlich zu entfernen, um die Konstruktion der Trockenmauern und der Kisten im Inneren zeigen zu können. Bei diesen Arbeiten und Untersuchungen stellte sich auch heraus, daß die innere Mauer ein gutes Stück älter war als die äußere Mauer, die als Stütze für die Steinfüllung diente, daß also das Grabmal einst zumindest einmal beträchtlich erneuert und erweitert wurde.

Südlich des Rollsteinhügels sind vier Steinplatten zu einer im Boden versenkten Kiste zusammengestellt, von der einige Archäologen annehmen, daß es sich ebenfalls um ein ehemaliges Grab handelt, andere vermuten, daß dort die Totenopfer niedergelegt worden seien.

Ein niedriges Rollsteingrab nordöstlich des großen enthielt verbrannte Knochen und kann aufgrund einiger Bronzefragmente in die jüngere Bronzezeit (ca. 1000–500 v. Chr.) datiert werden.

Kivik

*** Rollsteinhügel, Bronzezeit ca. 1000–500 v. Chr.
Karte 2, Südostschweden

Am südlichen Ortsende von Kivik von der Straße 10 östlich abbiegen und der Beschilderung folgen.

Kivik verfügt nicht nur über das größte und interessanteste Rollsteingrab der Bronzezeit, sondern auch über ein großes Grabfeld der gleichen Epoche mit zwei bemerkenswerten Steinsetzungen (s. BREDARÖR).
Mit einem Durchmesser von 75 Metern und einer Höhe von sieben Metern ist das Rollsteingrab von Kivik das größte seiner Art. Der Grabhügel, der wissenschaftlich »Bredarörgraven«

(Bredarör-Grab) genannt wird, gewöhnlich aber einfach nur »Kiviksgraven« (Kiviks-Grab), wurde leider (!) bereits 1748 entdeckt und »untersucht«, wobei vor allem nicht wieder gutzumachender Schaden angerichtet wurde: Die einst völlig von dem Hügel überdeckte Grabkammer wurde schwer beschädigt, die Felsplatten mit den eingeritzten Zeichnungen teilweise zerstreut und beschädigt, drei verschwanden, zwei konnten später wenigstens in Fragmenten wieder geborgen werden. Über die Funde in der Grabkammer, die ebenfalls natürlich verschwunden sind, existieren zwar zeitgenössische Verhörsprotokolle, doch so ungenaue, daß eine Rekonstruktion unmöglich ist, was umso bedauerlicher ist, als jener, der in diesem Grab beigesetzt worden war, ein mächtiger Mann und seine Grabbeigaben entsprechend reichlich und kostbar gewesen sein müssen.
Die 1931 durchgeführte archäologische Untersuchung brachte nur noch einige unbedeutende Bronzefragmente zutage und stieß unter dem Steinhügel auf Funde aus der Steinzeit. Immerhin konnte vieles gerettet und restauriert werden. Bei dieser Gelegenheit errichtete man auch das Gewölbe über der Grabkammer und legte den Zugang dorthin an.
Die Platten der Grabkammer, die einst von einer großen Steinplatte abgedeckt waren, hat man nach Stichen aus dem 18. Jahrhundert wieder aufgebaut, die farbige Ausfüllung der Felsrit-

zungen ist modern, könnte aber durchaus dem Originalzustand entsprechen (s. FELSZEICHNUNGEN).

Die Grabkammer vom Typ der »Steinkiste« steht von Nord nach Süd ausgerichtet und zeigt folgende Darstellungen, die bis heute noch nicht zur Zufriedenheit voll ausgedeutet werden konnten:

Westen 1: Oben erkennt man vier Hornbläser, die linke Zeichnung wird oft als Trommelschläger interpretiert. Darunter links und rechts je vier seltsam vermummte Gestalten, in der Mitte eine mit einem Kessel (?); das Ganze wird als Opferszene gedeutet. In der untersten Reihe zweimal vier Gestalten vor einem wie ein C geformten Symbol, von dem vermutet wurde, es könne das offene Grab darstellen.

Westen 2: Oben vier Männer, von denen drei Schwerter tragen, gefolgt von einem extrem leicht gebauten, zweirädrigen Wagen (Rennwagen? s. hierzu auch FRÄNNARP), dessen Lenker ebenfalls mit einem Schwert bewaffnet ist. Darunter zwei Pferde und ein ungeklärtes Wesen, darunter führt ein schwerttragender Mann eine Prozession von acht jener vermummten Gestalten an; der Bewegung des Mannes nach könnte es sich hier möglicherweise um einen Kulttanz handeln.

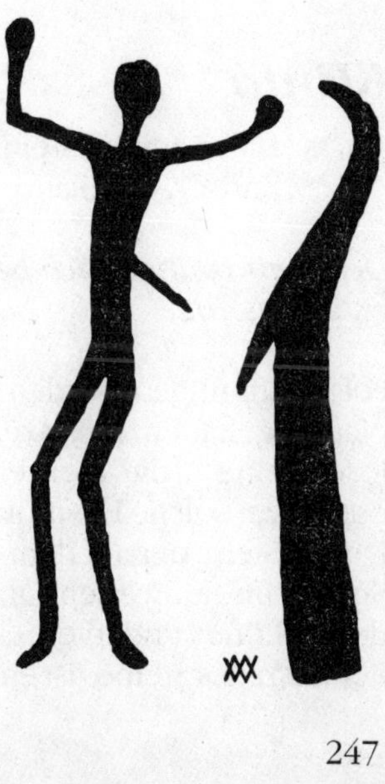

Westen 3: Zwei Kreuzräder sowie zwei axtähnliche Zeichen darüber. Man achte auf die Zahl Zwei! Sie muß im Glauben jener Menschen eine höchst wichtige Rolle gespielt haben, denn nahezu alle Zeichen und Symbole erscheinen doppelt oder – vier, sechs, acht – als ein Vielfaches von Zwei.

Westen 4: Eine Zeichnung ist hier nicht mehr zu erkennen. Bei der

Restaurierung 1931 stand die Platte als einzige noch auf ihrem Originalplatz und diente so als Anhaltspunkt für die Ausrichtung der anderen Platten.
Osten 5: Zwei Kreuzräder, oben und unten von einer Zackenbordüre eingefaßt.
Osten 6: Eine doppelte Zackenbordüre in der Mitte, oben und unten je ein Paar Pferde (s. hierzu auch JÄRRESTAD).
Osten 7: Ein stark stilisiertes Schiff, darüber sechs keulenförmige Zeichen, die entweder als »Bemannungsstriche« oder als Paddel gedeutet werden. Der obere Teil der Zeichnung ist stark beschädigt, der erkennbare Bogen und die übliche Verdopplung läßt hier aber ein zweites, wohl sehr ähnlich gestaltetes Schiff vermuten.
Osten 8: Diese Platte verschwand bereits im 18. Jahrhundert, die erhaltenen Zeichnungen stimmen nur teilweise überein. Mit Sicherheit waren zwei Äxte und unten ein Schiff abgebildet; in der Mitte ein langes, dreieckiges und zwei lange, rautenförmige Zeichen sind in ihrer Bedeutung bislang ungeklärt.

Klinta

❋ Hällristningarstein, Bronzezeit ca. 1000–500 v. Chr.
◇ Karte 9, Südöland

Der Stein befindet sich heute in Stockholm im Statens Historiska Museum.

Felszeichnungen wurden in der Regel in festgewachsene Felsplatten gehauen, in einzelnen Fällen jedoch auch in kleinere lose Steine – die meisten der großen Museen besitzen ein oder zwei solche Exemplare.
Dieser Stein, der auf dem Grabfeld von Klinta in der Nähe von Smeby im Südwesten Ölands entdeckt wurde, ist ein besonders schönes und interessantes Exemplar.
Zentrum des Steines ist ein Boot vom Hjortspring-Typ (s. Dk/N:

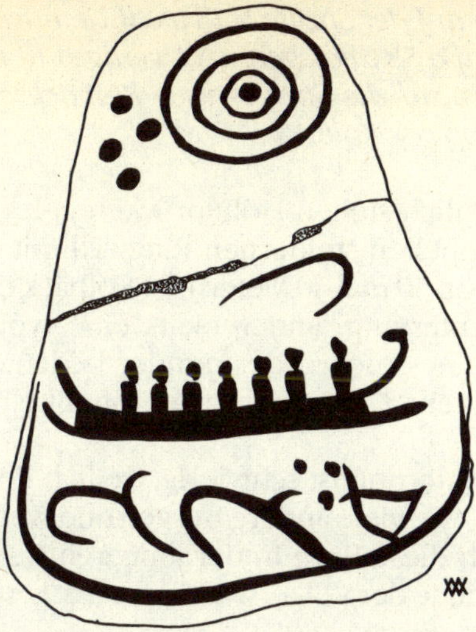

Hjortspring) mit sieben Mann an Bord – ein sehr guter Beleg dafür, daß es sich bei den kammartigen Strichen über anderen Booten tatsächlich um »Bemannungs-Striche« handelt. Unter dem Boot rauschen die Wellen. Was unmittelbar über dem Boot gezeichnet war, läßt sich leider nicht mehr klar erkennen, darüber erscheint ein Schalenloch mit drei konzentrischen Ringen, wohl die Sonne, und vier Schalenlöcher in Kreuzform angeordnet. Bringt man diese vier Schälchen mit jenen drei unter dem Schiff in Zusammenhang, so erhält man wieder die Zahl sieben – die gleiche Anzahl wie Personen im Boot – und rechnet man nun das achte im Sonnenmittelpunkt hinzu, so hat man die Zahl der Unendlichkeit, des Kreislaufes, des Todes und der Wiedergeburt.

Kolbäck

✻ Burg, Eisenzeit ca. 300 n. Chr.
Karte 5, Mittelschweden

Von Stockholm auf der Straße E 18 westlich, nach Vesterås südlich auf die Straße 58 abbiegen und wenige Kilometer danach wieder westlich auf die Straße nach Kolbäck einbiegen; die Burg liegt knapp vor Kolbäck.

Auf einem ziemlich steilen Höhenrücken gelegen, umgeben von einem doppelten steinernen Ringwall mit einem Innendurchmesser von 30 mal 40 Metern, ist Kolbäck einerseits eine typische Höhenfestung, andererseits eine typische »Burg«, d. h. der Sitz eines mehr oder minder bedeutenden Häuptlings samt seinem Clan und seiner unmittelbaren Gefolgschaft.
Eine genaue Datierung ist schwierig, freilich liegt die Vermutung nahe, daß, wie viele andere Burgen und Wehrdörfer Skandinaviens, auch diese Burg in der jüngeren Eisenzeit bzw. in der frühen Epoche der Völkerwanderung, d. h. um 400 n. Chr., entstanden sein dürfte.

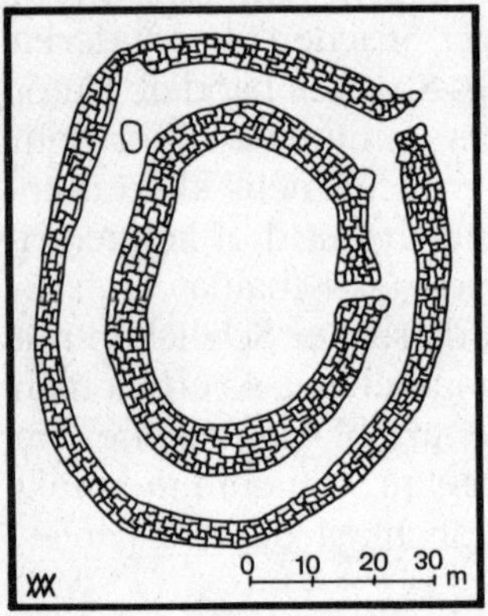

Bemerkenswert in der Planung der Anlage sind die versetzten Tore: Wer das untere, äußere Tor eroberte, mußte, um an das obere, innere Tor heranzukommen, sich auf gut 25 Meter in dem schmalen Korridor zwischen äußerer und innerer Mauer, voll dem Beschuß der Verteidiger ausgesetzt, voranarbeiten – eine höchst peinsame Situation, die wohl nicht allzu viele Angreifer bei guter Gesundheit überstanden haben dürften.
Also eine uneinnehmbare Burg? Bei aller Raffinesse der Anlage eben doch nicht, wie die Erfahrung lehrte. Im Gegensatz zu den im Sumpfgelände angelegten Tiefenburgen wurden die Mauern der Höhenburgen eben doch immer wieder einmal überstiegen.

Köping/Västmanland

✻ Grabhügel, Wikingerzeit ca. 600–1050 n. Chr.
Karte 5, Mittelschweden

Von Stockholm westwärts bis Köping auf der Straße E 18 fahren, in Köping auf die Straße 250 Richtung Fagersta einbiegen; der Grabhügel liegt westlich an der Straße etwa 2 km nordwestlich von Köping.
Vorsicht auf dem Parkplatz: ein Wenden – zum Herausfahren fast unvermeidlich – mit einem Wohnmobil oder gar Gespann verlangt vom Fahrer fast artistische Geschicklichkeit.

Der »Ströbo-Hög«, wie dieser Grabhügel der Wikingerzeit meist genannt wird, ist mit einem Durchmesser von 35 Metern durchaus beachtlich und war wohl einst für einen König errichtet worden, denn hier lag nicht nur einst der »Königshof« Strö in unmittelbarer Nachbarschaft, hier führte auch die traditionelle schwedische Königstraße vorbei. Denn ein fester, vielleicht gar burgartiger Wohnsitz war Sache eines lokalen Fürsten, der König hingegen, zumindest seit es einen schwedischen Gesamtkönig gab, war eigentlich ständig durch sein Reich unterwegs, ein Schicksal, das er mit allen bedeutende-

ren Herrschern jener Epoche teilte, und das auch einem Karl dem Großen nicht erspart blieb.
Bei den 1930 durchgeführten Ausgrabungen stellte man fest, daß es sich um ein Brandgrab handelte. Man fand Bronzestücke, einen Feuerstahl, Glasperlenschmuck und Fragmente von Tongeschirr, die sich heute im Historiska Museum von Stockholm befinden.

Köping/Öland

* Runensteine, Wikingerzeit ca. 950–1100 n. Chr.
Karte 9, Nordwestöland

Auf der Straße 136 nordwärts, etwa 2 km nach Borgholm.

Etwa 60 Runensteine bzw. Runensteinfragmente hat man rund um die Kirche von Köping aufgefunden, die sich heute großteils in der Kirche befinden. Aus der Fülle seien hier nur drei Exemplare herausgegriffen.

Der große Stein

Einige Schritte nordöstlich der Kirche in einer Grünanlage steht mit einer Höhe von rund 270 Zentimetern Ölands größter Runenstein. Der Körper der Runen-Schlange folgt dem ziemlich ebenmäßigen Rechteck des Steines. Das Maul der Schlange beißt in den eigenen Schwanz und unten ist sie mit einer »irischen Koppel«, einem brezelförmigen Ornament zusammengefaßt. Man hat zwar in Irland bislang keine solche, für viele Runensteine übliche, »Koppel« gefunden, der traditionelle Name deutet nichtsdestoweniger auf Verbindungen, vor allem künstlerischer Art, zu der »grünen Insel« hin, die in jener Zeit ja auch die Heimat zahlreicher christlicher Missionare war.

Der gotländische Stein

Die festländische Runensteinkunst hat nicht nur ihre Spuren auf Gotland hinterlassen (s. ARDRE, HOGRÄN, SJONHEM), gotländische Steine wurden auch exportiert, wobei es sich offenbar um »blinde« Steine handelte, die erst an ihrem Bestimmungsort mit Runen und Zeichen versehen wurden. Solch ein Stein wurde auch »in die Erde niedergesunken« auf dem Friedhof von Köping gefunden. Seine Beschriftung lautet: »Asgot und Torsten (errichteten diesen Stein) für ihren Vater Östen«.
Daß es sich bei diesen Steinen nicht nur um Kopien, sondern tatsächlich um Exporte aus Gotland handelt – bei dem Gewicht der Steine einst ein aufwendiges und teures Unternehmen –, beweist die Inschrift auf einem 1632 auf dem Friedhof

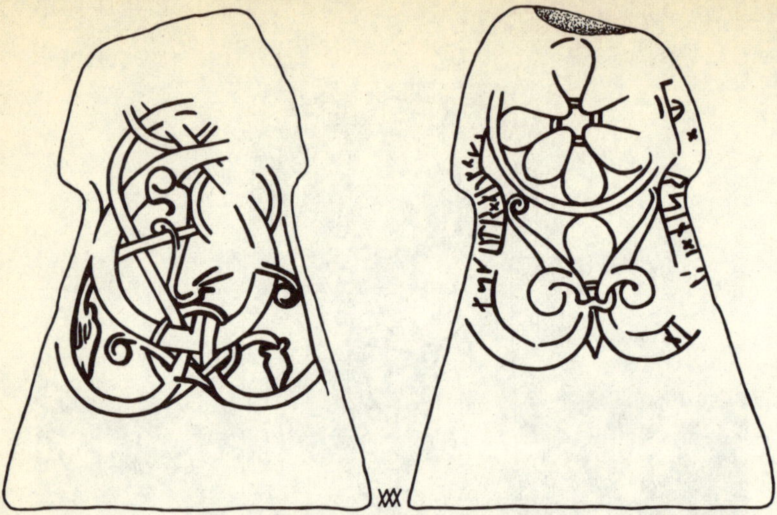

von Norrsuda/Uppland gefundenen Stein, der selbst mittlerweile nicht mehr existiert, von dem aber sehr gute Zeichnungen erhalten sind, und die lautete: »... sie führten diesen Stein aus Gotland ... und ... nach ... sein Bruder. Er besaß diesen ...«

Der bunte Stein

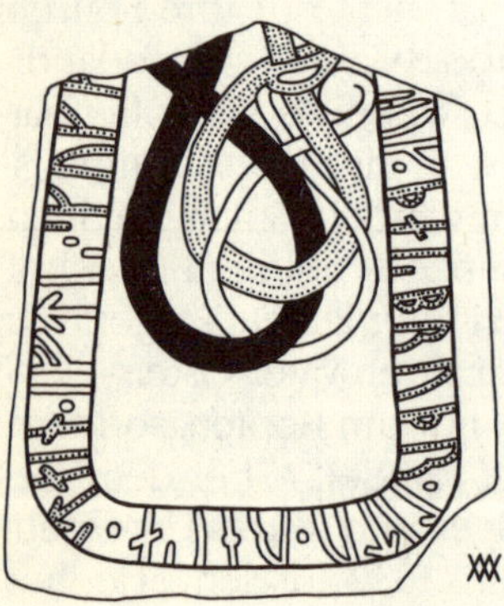

Daß die skandinavischen Steinarbeiten farbig gefaßt waren, wurde auch anderenorts (s. FELSZEICHNUNGEN, SANDA) ausgeführt. In Köping befindet sich ein Runensteinfragment, dessen Farben gut rekonstruiert werden konnten, und zwar: Schwarz – eine Ruß-Talg-Mischung (in der Zeichnung schwarz) –, Weiß – Kalk (in der Zeichnung mit

Konturlinie weiß) – und Rot – Mennige oder Eisenoxyde (in der Zeichnung punktiert). Die verschlungene Schlange war in drei, die Inschrift in zwei Farben gehalten: »Die Brüder« rot, »hatten aufgestellt« weiß, »einen Stein« rot, usw.

Köpingsvik

** Grabfeld und Rollsteinhügel, Bronzezeit bis Wikingerzeit ca. 1500 v. Chr.–1000 n. Chr.
Karte 4/9, Nordwestöland

Von der Ölandbrücke auf der Straße 136 nach Norden fahren bis Borgholm.

Das Gebiet von Borgholm und Köping war früh schon ein Zentrum der Insel wie die Funde aus den verschiedensten Zeiten belegen (s. auch KÖPING/ÖLAND).
Die Steinsetzungen weisen verschiedentlich die gleiche, nur in Öland anzutreffende Eigenheit auf, die auch in Vi Alvar bei Källa (s. KÄLLA) zu beobachten ist, daß nämlich größere Steine oft auf eine Reihe kleinere Steine gesetzt wurden und so eine Art Miniaturdolmen bilden.

Grabfeld

* Steinsetzungen, Ringsetzungen, Eisenzeit bis Wikingerzeit ca. 500 v. Chr.–1000 n. Chr.

Von Borgholm Richtung Köping fahren, vor Köping südöstlich der Straße oben auf dem Klint, den man über einen schmalen Fußweg gut besteigen kann.

Daß die Wikinger und ihre Vorfahren sich mit besonderer Vorliebe landschaftlich schöne Plätze für ihre letzten Ruhestätten aussuchten, wurde bereits mehrfach erwähnt. Auch dieses Grabfeld hoch auf dem Klint, einem nach Nordwesten schroff abbrechenden Kalksteinplateau, mit herrlichem Blick auf das Meer, war so ganz in diesem Sinne ideal.

Blå Rör

✱✱ Rollsteinhügel, Bronzezeit ca. 1500–500 v. Chr.

Von Borgholm Richtung Köping fahren, kurz nach Borgholm zweigt ein beschilderter Weg nördlich von der Straße ab, der zum Grabhügel führt.

Der »Blå Rör« (blauer Rollsteinhügel) ist zwar nicht »blau«, sondern aus dem »blå-sten«, einem ganz leicht ins Bläuliche spielenden grauen Granitstein errichtet, auf jeden Fall aber ist er der größte Rollsteinhügel auf Öland.
Bereits 1849 hat man den Blå Rör »ausgegraben«, einen Steinsarkophag gefunden und ansonsten reichlich viel Unheil angerichtet.
1927 ging man dann daran, den Grabhügel genau zu untersu-

chen und zu restaurieren, wobei man vier weitere Gräber innerhalb des Hügels entdeckte, die den Ausgräbern von einst glücklicherweise entgangen waren.
Eines der Gräber enthielt ein Skelett der frühen Bronzezeit (ca. 1500–1300 v. Chr.), und es dürfte sich dabei um das älteste der Gräber handeln, für das der Hügel ursprünglich angelegt worden war. Zwei Brandgräber konnten auf die jüngere Bronzezeit (ca. 1000–500 v. Chr.) datiert werden, wobei man in dem einen ein Bronzeschwert, in dem anderen eine bronzene Pinzette entdeckte, die sich heute im Statens Historiska Museum in Stockholm befinden.

Kville

Felszeichnungen, Bronzezeit ca. 1500–500 v. Chr.
Karte 3, Westschweden

Zwischen Fjällbacka und Hamburgsund südwestlich der Straße 163.

In einem Boot sitzen zwei Angler – Angelrute, Schnur und Haken sind deutlich ausgearbeitet.
Aus dem Heck des Bootes (links) hängt ein ziemlich schweres

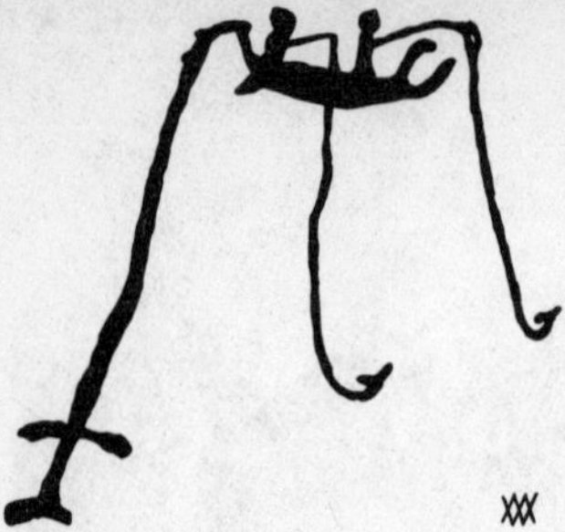

Gebilde ins Wasser; man hat es als Fisch gedeutet, doch ein Fisch sieht nun wirklich anders aus, und wenn schon, weshalb hängt er nicht an einer der Angeln?

Meiner Meinung nach handelt es sich eindeutig um einen Anker, und zwar genau bereits um jenen Typ, der in den rund eineinhalb Jahrtausende jüngeren Gräbern von Oseberg (s. Dk/N: OSEBERG) und Ladby (s. Dk/N: LADBY) gefunden wurde.

Landverk

* Felszeichnungen, Steinzeit ca. 4000–3000 v. Chr.
Karte 7, Nordwestschweden

3 km südöstlich von Vallan an der E 75 Åre-Enafors, etwa 100 m südlich des Gutes Landverk.

Auf einem sich südlich zum Wasser neigenden Felsblock ist

eine Elchkuh eingemeißelt, dahinter, nur noch teilweise erkennbar, ihr Kalb.
Die Zeichnung gehört zu jener Gruppe steinzeitlicher Felsbilder, wie sie in größerer Zahl aus Nordnorwegen bekannt sind (s. Dk/N: KORSNES, NARVIK, LØDING).

Larsarve

Bildstein, Frühwikingerzeit ca. 600–700 n. Chr.
◇ Karte 8, Westmittelgotland

Der Stein steht heute in Visby, Gotlands Fornsal.

Mit seiner Höhe von nur 52 Zentimetern und dem Tiermotiv zählt dieser Bildstein aus dem Kirchspiel Eskelhem noch zur Gruppe jener »Zwergsteine«, wie sie Ende der Völkerwanderung bis zum Beginn der Wikingerzeit in Gotland vorübergehend Mode waren (s. SMISS/KIRCHSPIEL GARDA), doch mit seiner bereits teilweise wieder flächigen Bildanlage signalisiert er bereits das Ende jenes Stils.

Lerkaka

✻ Runenstein, Wikingerzeit ca. 900–1000 n. Chr.
Karte 9, Ostöland

Von der Ölandbrücke die Straße 136 nordwärts bis Glömminge, dort ostwärts quer über die Insel bis Runsten und dort

weiter nördlich fahren, der Stein findet sich westlich der Straße gegenüber einer Reihe von fünf Windmühlen.

Der große Runenstein, der von den Archäologen ins 10. Jahrhundert datiert wird, trägt auf einer Runenschlange folgende Inschriften:
»Olof und Gammal und Saxe errichteten diesen Stein für Unn, ihren Vater, Geirvi ließ für ihren Ehemann hier dieses Denkmal (machen). Wegen Rike-Unn rächte sich Olof bei ›Miomu‹ (?). Unn besaß hier den halben Ort.«
Völlig klar sind die ersten beiden Sätze der Inschrift, in denen die Auftraggeber genannt werden und der Mann, zu dessen Gedächtnis der Stein errichtet wurde. Auch der letzte Satz ist eindeutig, jener Unn war also ein höchst wohlhabender Mann und wohl eine Art Dorfhäuptling.
Keineswegs so klar, wie offensichtlich den Zeitgenossen, ist für uns der dritte Satz der Inschrift, zumal auch den Fachwis-

senschaftlern das Wort »Miomu« unklar ist und sie nicht wissen, ob es sich um einen Ort oder einen Fachbegriff handelt. Fest steht nur folgendes:
Jener Unn, zu dessen Ehren der Stein errichtet wurde, kam durch die Racheaktion eines gewissen Olof ums Leben, wobei es sich offensichtlich um eine jener zahl- und endlosen Blutracheaffären handelte, die alle nordischen Sagas wie blutig-rote Fäden durchziehen. Der Anlaß für den Mord war ein gewisser Rike-Unn, Vater, Bruder oder jedenfalls naher Verwandter des erschlagenen Unn – wofür nun die Söhne Unns an Olof Rache nehmen würden, wofür dessen Söhne die heilige Pflicht hatten, die Söhne Unns umzubringen und deren Söhne wiederum die Enkel Olofs und so fort ...

Levide

Bildsteinfragment, Wikingerzeit ca. 1050–1150 n. Chr.
◇ Karte 8, Südwestgotland

Heute befindet sich der Stein in Visby, Gotlands Fornsal.

Auf einem hohen Wagen (s. hierzu auch BARSHALDERSHED; Dk/N:

Oseberg) sitzt der Tote und hat wohl auf seiner Fahrt nach Walhall schon einen recht tiefen Zug aus dem Horn voll Met getan, denn das Pferd, dem der kleine Hund des Verstorbenen voranspringt, geht bedächtig Schritt, damit der Held nicht gar noch vom Wagen plumpst.
Es ist dies einer der spätesten heidnischen Bildsteine Gotlands wie die Runeninschrift – auf älteren Bildsteinen ungebräuchlich – und die eher primitive Zeichnung, die nur noch mühsam an die große Tradition aus dem 8. und 9. Jahrhundert anzuknüpfen versucht, belegt.

Lilla Flyhov

** Felszeichnungen, Bronzezeit ca. 1500–500 v. Chr.
Karte 3, Westschweden

Nördlich der Straße 44 von Lidköping nach Sötene ca. 1,5 km nordöstlich der Kirche von Husaby, 75 m südlich der Landstraße.

Auf einem fast waagerecht liegenden Felsband sind die östlichsten Felszeichnungen eingemeißelt, die stilistisch zur Tanum-Gruppe (s. TANUM) gerechnet werden müssen.

Keineswegs so großartig wie Vitlycke (s. VITLYCKE) oder Aspeberget (s. ASPEBERGET) zeigen diese Felsbilder jedoch sehr klar eine so große Vielfalt typischer Motive, wie sie auf so engem Raum selten anzutreffen sind: Schälchen, Fußspuren einzeln und paarweise, Räder, Kreise, Menschen, Tiere, Schiffe, die Fruchtbarkeits- und Todesschlange, eine Göttergestalt mit einer gewaltigen Kultaxt und einen besonders schönen Lebensbaum.

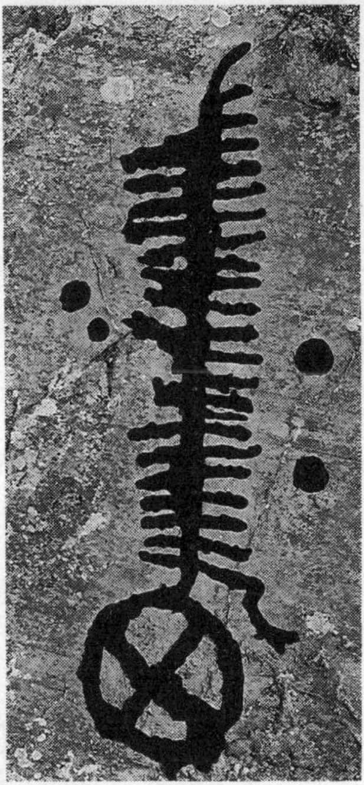

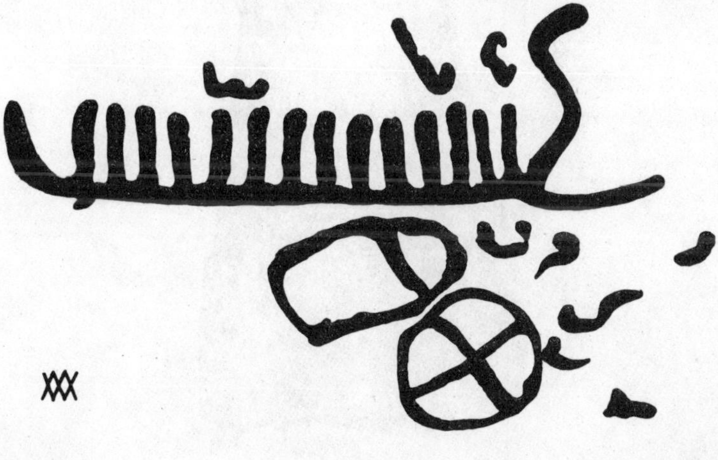

Lillbjärs

✻ Bildstein, Wikingerzeit ca. 700–800 n. Chr.
◇ Karte 8, Nordwestgotland

Heute befindet sich der Stein in Stockholm, Statens Historiska Museum.

Der auf einem Grabfeld bei Lillbjärs, Kirchspiel Stenkyrka, gefundene Bildstein folgt zur Gänze dem damals üblichen Muster: Umgeben von einem einst dreifarbigen (weiß = weiß, schwarz = schwarz, rot = punktiert) Knotenornamentband finden wir unten das Schiff der »Überfahrt« des Toten – da es sich offenbar nur um ein kleineres Fahrzeug handelt, sind

sehr deutlich die nur doppelt angesetzten Schotleinen zu sehen (vergl. hierzu auch HAMMARS, RIDDARE, SMISS/KIRCHSPIEL STENKYRKA) –, oben den Verstorbenen selbst hoch zu Roß in flottem Trab mit Helm und Schild (auf der falschen Seite!), dem eine Walküre den walhallischen Willkommstrunk in einem Horn darbietet. Die Besonderheit dieses Steines ist das erstmalige Auftauchen von Runen, die bislang und auch noch für längere Zeit auf Bildsteinen kaum Verwendung fanden.

Linde

** Radgrab, Eisenzeit ca. 200–400 n. Chr.
Karte 8, Mittelgotland

Von Visby auf der Straße 142 südwärts fahren, bei der Kirche von Linde östlich Richtung Stånga abbiegen; das Grab liegt unmittelbar am nördlichen Straßenrand, einige hundert Meter nach der Abzweigung »Järnåldesgrav«.

Diese Grabanlage ist zweifellos eine der ungewöhnlichsten in ganz Skandinavien. Sie hat die Form eines riesigen, 25 Meter durchmessenden Rades und gehörte zu einem weitgehend verschwundenen Grabfeld, von dem eine Gruppe verhältnismäßig großer Rollsteinhügel noch südwärts zu sehen sind.
Die innere Achse des mächtigen Rades bilden zwei aus Kalkstein gebaute Kisten, die, obgleich schon vor langer Zeit geplündert, doch genug Funde noch enthielten, daß man sie in die jüngere Eisenzeit datieren konnte. Um diese Steinkisten war ein sorgfältig aus rötlichem Sandstein gehauener Fußring gelegt und das Innere über den Kisten mit Rollsteinen zu einem Hügel geformt.
Der 25 Meter durchmessende Radlauf ist sorgsam aus Kalksteinen gefügt und zwischen ihm und der Achse sind aus ziemlich kleinen Steinen zahlreiche strahlenartige »Speichen« eingefügt worden.
Ich darf hier wohl eine persönliche Bemerkung anfügen, und ich glaube, die meisten, die diese wirklich einmalige Grabanlage besichtigen, werden mir zustimmen: Als ich das erste Mal vor diesem Grab stand, war ich fassungslos! Da hat irgendein

beamteter Planer eine Straße geplant, mitten durch die Grabanlage hindurch! Die zuständigen Behörden haben den Plan abgesegnet, eine Baufirma fast die Hälfte des Rades weggebaggert, einplaniert, zugeschüttet und festgewalzt und das alles, damit ein Landsträßchen zwischen zwei Kuhdörfern nicht einen Bogen von 10 Metern Radius machen muß, der nämlich voll ausgereicht hätte, das Grab unberührt zu erhalten! Und das Schlimmste dabei: eine derartige Barbarei hat offensichtlich niemanden gestört, der zuständig gewesen wäre, sie zu verhindern! Betroffen und entsetzt sind darüber, wie mir schien, nur Touristen, sogar solche, die sonst nicht allzuviel Sinn für vor- und frühgeschichtliche Kultur haben.

Lingsberg

* Runensteine, Wikingerzeit ca. 1030 n. Chr.
Karte 5, Mittelschweden

Von Stockholm auf der Straße E 3 Richtung Norrtälje bis Karby, westlich Richtung Vallentuna abbiegen, in dessen unmittelbarer Nachbarschaft Lingsberg liegt.

So schändlich sich die Wikinger in fernen Ländern und oftmals auch gegeneinander aufführten, im engeren Bereich der Sippe, des Dorfes, des Gaues ist ihnen soziales Verhalten keineswegs abzusprechen.
Hierzu gehörte auch die auf etlichen Runensteinen erwähnte Gepflogenheit, zu Ehren eines Verstorbenen freiwillig schwierige und mitunter kostspielige Sozialaufgaben zu übernehmen, etwa Brücken zu bauen oder in problematischem Gelände Straßen anzulegen, die dann auch mit den entsprechenden Runensteinen markiert wurden. So machten dies auch die drei Brüder Dan, Huskarl und Svaein in Lingsberg, die einen Dammweg über ein Moor bauten und diesen dann mit den Gedächtnissteinen für ihren Vater und ihren Großvater schmückten:
»Und Dan und Huskarl und Svaein ließen den Stein errichten für Ulfrik, ihren Großvater (väterlicherseits). Er hatte in England zwei (Dänen-)gelder erhoben. Gott und die Mutter Gottes mögen den Seelen von Vater und Sohn helfen.«
Die Abbildungen der Steine siehe rechts.

Linköping

* Dom, Spätwikingerzeit ca. 1150–1200 n. Chr.
  Karte 4, Mittelschweden

Linköping liegt an der Straße E 4 zwischen Norrköping und Jönköping.

1120 wurde im Zusammenhang mit der Gründung des Klosters Vreta Linköping erstmals urkundlich genannt. Das historisch vielleicht wichtigste Datum der Stadt ist das Jahr 1152,

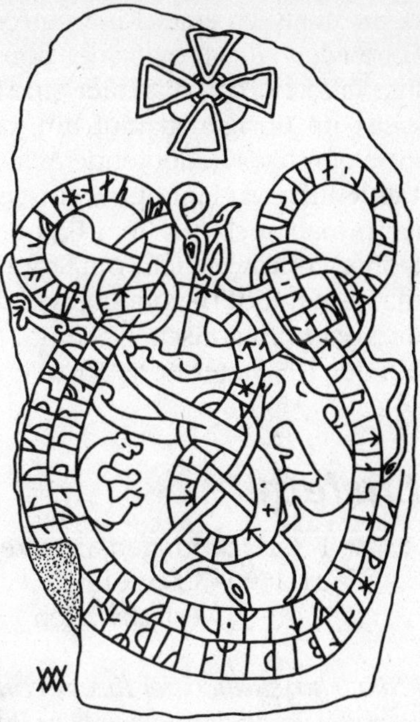

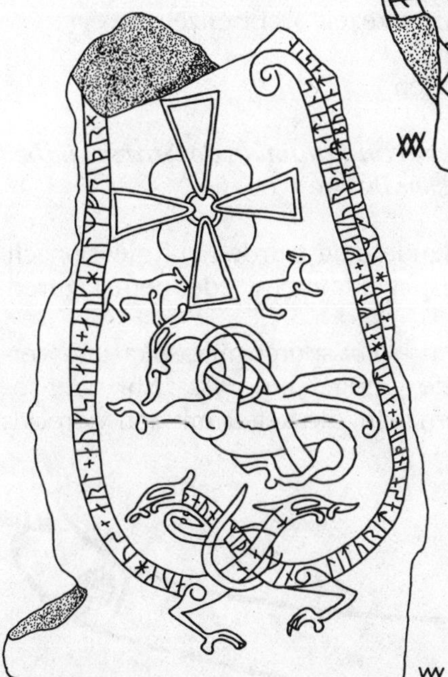

denn anläßlich eines Kirchentreffens hier in Linköping wurde Schweden zur »Provinz der Römischen Kirche« erklärt.
Die Tatsache, daß man hier eine Kirchenversammlung abhielt, weist im übrigen darauf hin, daß Linköping damals bereits eine durchaus bedeutende Ansiedlung gewesen sein muß.
Tatsächlich war Linköping einst eine »Stadt«, denn um 1150 begann man auch mit dem Bau der Hauptkirche, des heutigen Domes, nordwestlich vom Stora Torg, der im normannisch-romanischen Stil begonnen, wie das Nordtor heute noch zeigt, und dann im gotischen Stil um- und fertiggebaut wurde (wobei der 105 Meter hohe Turm erst von 1886 stammt).

Litsleby

** Felszeichnungen, Bronzezeit bis Eisenzeit
ca. 1500–300 v. Chr.
Karte 3, Westschweden

Etwa 5 km südlich der Kirche von Tanum an der Straße, die bei Tegneby westlich abbiegt. Detailkarte s. Tanum.

Rund eineinhalb Jahrtausende lang wurden auf dieser nach Westen zu abfallenden Felsplatte immer wieder neue Figuren eingemeißelt.
Die ältesten Darstellungen – Fußspuren, Swastika und verschiedene Tiere und Schiffe – mögen um 1500 v. Chr. oder sogar noch früher entstanden sein, die Reiter mit den vierecki-

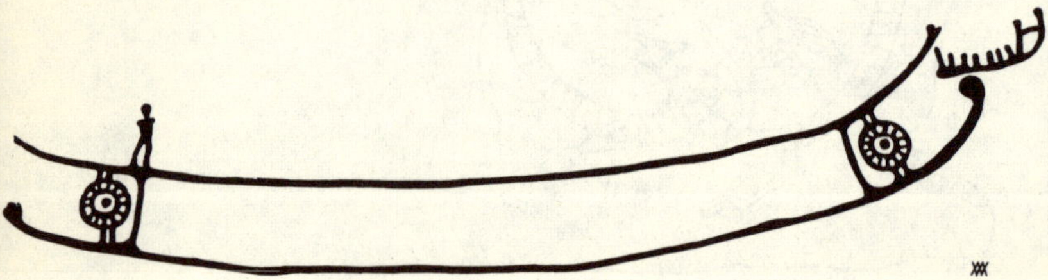

gen Schilden im obersten Teil der Platte erst Anfang der Eisenzeit, um 300 v. Chr. also.

Das Auffallendste der Litsleby-Hällristningar ist eine 2,5 Meter große, speertragende Männerfigur, die über etliche andere Bilder eingeschlagen wurde. Die gängige Erklärung hierfür lautet, daß die Religion der Bronzezeit die Abbildung des »großen Gottes« nicht erlaubte – etwas, das sie mit vielen anderen Religionen gemeinsam hätte – und daß man nur seine Fußabdrücke darstellte, wo er über den heiligen Felsen geschritten war; ein sehr schönes Paar solcher »Abdrücke« mit ausgearbeiteten Zehen findet sich links des »großen Gottes«. Später sei dann eine neue Religion aufgekommen, die die Darstel-

lung des »großen Gottes« erlaubte, und so habe man sein Abbild in Überlebensgröße über den früheren Zeichnungen in den Felsen gehauen. Einen Haken hat diese Theorie freilich, denn so zahlreiche Fußabdrücke auf Felsbildern erscheinen, und so hemmungslos man vielerorts ältere Bilder mit neueren übermeißelte, für die nachträgliche Darstellung des »großen Gottes« ist Litsleby das fast einzige Beispiel.
Den anderen Blickfang bilden zwei große Schiffe mit prachtvollen Sonnenrädern als Stevenbretter, die zum Hjortspringboot-Typ gehören und auf etwa 800 bis 900 v. Chr. datiert werden. Das untere der beiden Schiffe hat am Heck ein kleines Boot, das durchaus ein nachgeschlepptes Beiboot darstellen könnte.
Wissenschaftlich bedeutsamer freilich sind ein großes und zwei kleine Boote, die eindeutig aus Planken zusammengesetzt sind, d. h. voll aus Holz gebaut, und die mindestens auf 1000 bis 1200 v. Chr. datiert werden müssen, was die heute noch allgemein übliche »Fellboot«-Theorie doch arg ins Wanken bringt (s. auch HÄLLRISTNINGAR-SCHIFFE).
Zu bemerken wäre, daß nahezu alle Litsleby-Schiffe über einen deutlichen Deckssprung verfügen – d. h. das Dollbord biegt sich mittschiffs nach unten, während es an den Steven zu nach oben steigt – bei den meisten Hällristningar-Schiffen ist dies aus stilistischen Gründen entweder vernachlässigt oder nur leicht angedeutet, ist aber für ein seegängiges Fahrzeug fast unabdingbar.

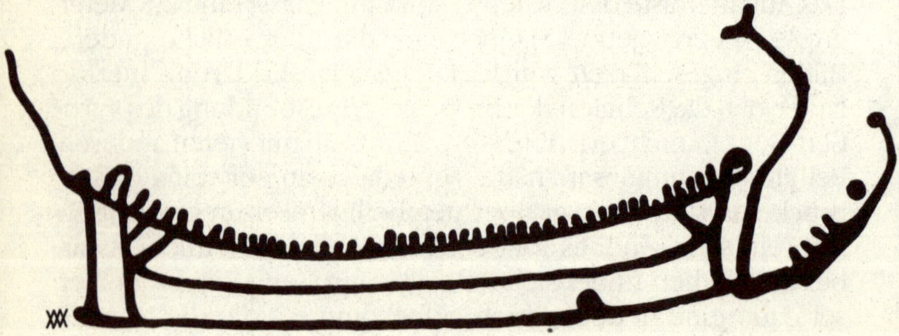

Lojsta

* Eisenzeithaus und Burg (?), Eisenzeit ca. 0–500 n. Chr.
Karte 8, Mittelgotland

Von Visby auf der Straße 142 südwärts und bei Lojsta der Beschilderung folgen.

Das Fundament der »Lojsta-Halle« wurde 1931 von John Nihlén ausgegraben, auf Grund der Funde – hauptsächlich Keramik – auf die Zeit zwischen 0 und 500 n. Chr., die jüngere Eisenzeit also, datiert, und in den folgenden Jahren unter der Leitung von Prof. Gerda Boethius und Dr. John Nihlén wieder aufgebaut. Details mögen diskutabel sein wie bei Rekonstruktionen unvermeidlich, mit seinem hohen Reetgrasdach und seinen Pfostenreihen – original wie der abgenutzte Schwellenstein und die Herdsteine – ist das Haus durchaus glaubwürdig! Für die Burg, das »Slott«, gehen die frühesten aufgefundenen Datierungen auf das 13. Jahrhundert, doch falls die entsprechenden Ausgrabungen fortgeführt werden, ist mit ziemlicher

Sicherheit anzunehmen, daß sich Befestigungsreste erweisen lassen, die zumindest in die neuere, wenn nicht gar in die ältere Eisenzeit zurückdatiert werden können. Die strategischen Gegebenheiten – zumal der Wasserspiegel noch vor hundert Jahren um 2,50 Meter höher stand – waren derart günstig, daß es sich als fast selbstverständlich anbot, dort eine Burg zu errichten.

Lund

*** Dom, Spätwikingerzeit ca. 1080–1150 n. Chr.
Karte 2, Südwestschweden

Lund liegt etwa 15 km nordöstlich von Malmö an der Straße E 66.

Um 1080 ließ König Knut der Heilige von Dänemark, zu dessen Herrschaftsbereich damals auch Teile Südschwedens gehörten, in Lund ein steinernes Gotteshaus errichten, das, wie seine ausgegrabenen Grundmauern belegen, etwa halb so groß wie der heutige Dom war und alles in allem jenem da-

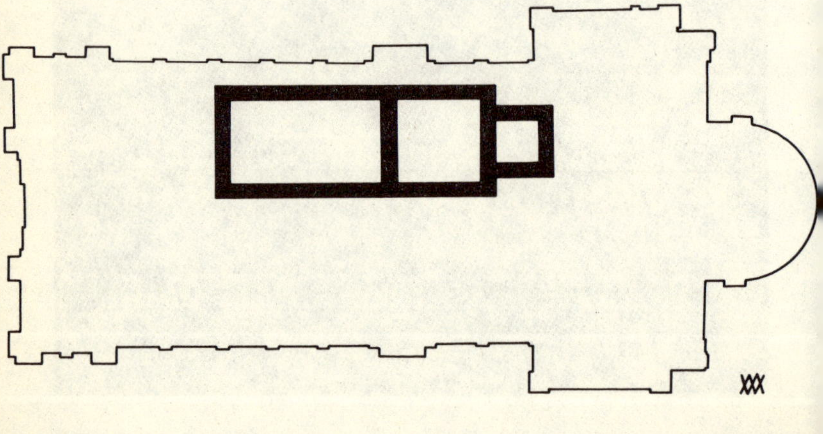

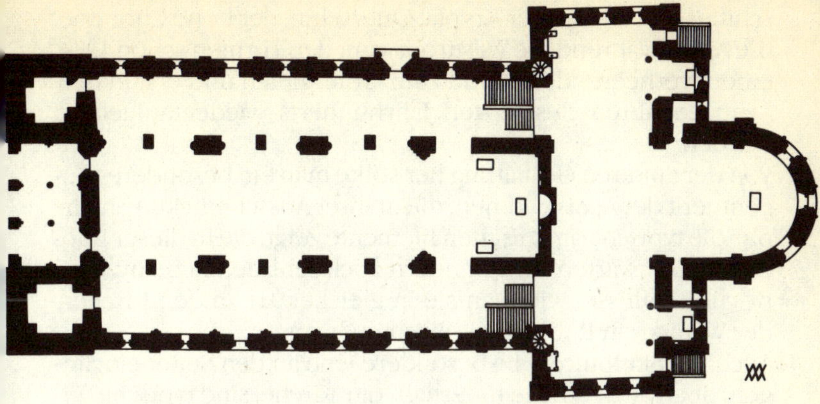

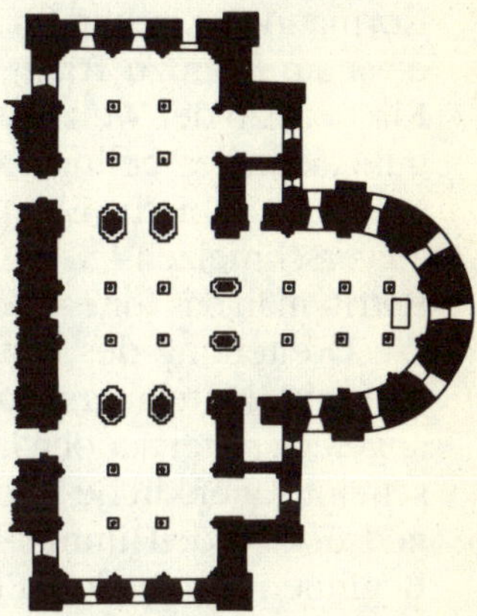

mals üblichen Schema für Steinkirchen folgte, wie wir es etwa schon aus Jelling (s. Dk/N: JELLING) kennen.

Bereits 20 Jahre später, 1103, als die Stadt Erzbischofssitz geworden war, wurde diese Kirche König Knuts wieder abgerissen, um einer für die damaligen Verhältnisse in Skandinavien geradezu gigantischen Kathedrale zu weichen, die ein gewisser Donatus auf Befehl des Erzbischofs Asker erbaute.

1123 wurde der Altar in der Krypta geweiht, 1145 dann die obere Kirche von Erzbischof Eskil.

Der Dom zu Lund zählt nicht nur zu den bedeutendsten Bauwerken Skandinaviens, er enthält auch eine große Anzahl hervorragender Kunstwerke aus den verschiedensten Zeiten. Für dieses Buch hier sind freilich nur jene Teile von Interesse, die noch aus der Spätwikingerzeit stammen.

Vom Gebäude noch aus jener Zeit erhalten sind Teile des Langschiffes, vor allem aber Krypta, Querschiff, der hohe Chor und die Apsis, während die Westfront samt den Türmen schon 1234 einem verheerenden Brand zum Opfer fielen und erst in den Achtzigerjahren des letzten Jahrhunderts wieder aufgebaut wurden.

Von der äußeren Gestaltung her sollte man ein besonderes Augenmerk der Apsis widmen, die in ihrer Ausschmückung nicht nur die typisch romanischen Elemente zeigt, die in dieser Epoche ja zu erwarten sind, sondern auch sehr deutliche byzantinische Einflüsse, wie man sie in gleicher Art an den Kirchen der Waräger in Rußland beobachten kann.

Auch die Skulpturen, insbesondere jene an den Seiteneingängen, doch auch etliche innerhalb der Kirche, sind typische Wikingerwerke, wie man sie, oft bis in Details identisch, an den Normannen-Kirchen Siziliens und ganz besonders Apuliens – etwa am Dom zu Trani, dem für mein Empfinden schönsten Kirchenbau der Welt – wiederfindet: Ein Stil ganz eigener Prägung, dem es gelingt, antik-römische, nordische, byzantinische und arabische Elemente zu einem harmonischen Ganzen zu verschmelzen.

Betritt man das Innere des Doms zu Lund, so fällt einem sofort die Dreiteilung des Raumes auf, wie er bei zahlreichen Kirchen des Mittelalters, zumal des Früh- und Hochmittelalters, angelegt, selten jedoch in dieser Konsequenz durchgeführt erscheint: Laienkirche-Priesterkirche-Totenkirche – anders ausgedrückt: Erde-Himmel-Unterwelt.

Beginnen wir mit der »Erde«, der »Laienkirche«, die selbstverständlich den größten Raum einnimmt und mit dem Langhaus identisch ist.

Am östlichen Ende teilen sich die Ebenen: Hinauf führen breite Treppen zur »Priesterkirche«, d. h. dem hohen Chor mit der Apsis, wo – für den Laien nur noch teilweise sichtbar, doch dies war ja durchaus so gewollt – die eigentlichen zeremoniellen und kultischen Handlungen zelebriert wurden, wo sich im Mysterium Himmel und Erde berührten und der Raum damit selbst zum Teil des »Himmels« wurde.

Neben den Treppen zur Priesterkirche führen andere hinab zur »Totenkirche«, zur »Unterwelt«, zur Krypta. Verwurzelt in der Erde, der Dunkelheit des Todes, trägt die Krypta auf ihren Säulen und Bögen die Priesterkirche, den »Himmel«, gemäß dem Wort des Glaubensbekenntnisses: »Abgestiegen zur Unterwelt. Auferstanden am dritten Tage.«
Verweilen wir kurz in der Krypta, dem ältesten und am meisten original erhaltenen Teil des Domes. Auch hier finden sich unverkennbare Wikingerelemente in der Ausstattung, zumal in der Gestaltung der Säulen – von denen keine zwei gleich sind – und wie wir sie von Monreale bei Palermo ausgehend in Apulien und Rußland ebenso wiederfinden wie in Nordfrankreich, England oder hier in der Urheimat der Wikinger.
Zwei eigenartige Gestalten in der Krypta verdienen noch Aufmerksamkeit: an der einen Säule, an sie gefesselt, hockt eine weibliche Gestalt mit einem Kind auf den Armen, eine andere Säule wird von einem bärtigen Mann umfaßt.
Der Mann wird heute als Samson gedeutet, die Deutung der Frau fehlt. Früher galten die Figuren als der Riese Finn samt Frau und Kind – und aller Wahrscheinlichkeit nach sind sie es auch. Denn zu jener Zeit, als die Säulen gemeißelt wurden, war christliches und heidnisches noch nicht so scharf getrennt, und viele, zumal einheimische Kleriker waren klug genug, alte Legenden und Symbole nicht einfach zu verteufeln und zu verbieten, sondern sie nach und nach in ihrem Sinne

umzudeuten und zu christianisieren, eine zweifellos erfolgreichere Methode als sturer Dogmatismus.

Universitets Historiska Museum

Am Domplatz gelegen

Das Museum enthält einige recht interessante Funde der Region, etwa die Funde des »Gillhög« bei Barsebäck (s. BARSEBÄCK) und anderes, das anzuschauen durchaus lohnt.

Malsta

❋ Runenstein, Wikingerzeit ca. 1000–1100 n. Chr.
Karte 6, Nordostschweden

Von Gävle die Straße E 4 Richtung Sundsvall nach Norden fahren, etwa 8 km nach Hudiksvall nordöstlich Richtung Malsta abbiegen; der Runenstein steht am Ende der Ortschaft östlich der Straße.

Genealogie und Ahnenkult gehörten zu den Grundpfeilern germanischer Gesellschaftsordnung, denn im Stammbaum auch des kleinsten und ärmsten Bauern fand sich irgendwo ein Adeliger, und im Stammbaum des mächtigsten und reichsten Adeligen stieß man über kürzer oder länger unweigerlich auf einen einfachen Bauern.
Und diese Tatsache gab dem Bauern die Selbstsicherheit, auch den Mächtigsten, tat er nicht gut, von seinem Podest zu schubsen, und dem Adeligen die Bescheidenheit, daß es eben nicht die Geburt war, sondern allein die Leistung, die ihm seinen Platz sicherte.
Der Malsta-Sten hat nicht nur die längste Runeninschrift in Hälsingeland, eine der längsten in Schweden, geschrieben in den

sogenannten »Hälsingerunen«, er ist auch ein ausgesprochen genealogischer Stein.

Die Inschrift der Breitseite lautet:

»Frumuntriti staina pinaaftiRfikiulfa . brisasun . inbrisiuaslinasun . inlinuasunaRsun . inunuasufaksun inufakruaspurisun kruauasmupiRfikulfis impabarlafuinpakuprun frumuntrfikiulfasunfapirunaRpisar . uiRsutumstinpinanuri . an balastin.«

Übersetzt:

»Frömund errichtete diesen Stein für Rike-Gylve, Bräses Sohn. Aber Bräse war Lines Sohn, und Line war Öns Sohn; Ön war Ovags (= Ofegs) Sohn, und Ovag war Tures Sohn. Groa war Rike-Gylves Mutter; aber sie gebar Lavvi (=Ladvi) und sie Gudrun. Frömund, Rike-Gylves Sohn, ritzte diese Runen. Wir

(d. s. Frömund und seine Brüder) suchten diesen Stein (in der Umgebung), auf Balsten.«
Auf der Schmalseite des Steines steht:
»KiulfiRuarpumlantipisu iprimbium inpanuriuika inpalanakrinpafiprasiu.« Zu deutsch:
»Gylve war Eigner von drei Gehöften in diesem Ort und weiter nach Norden zu in Via (?), weiter nach Lönnånger und schließlich nach Färaajö.«
Rike-Gylve war demnach nicht nur ein recht wohlhabender Mann, sondern entstammte zudem einer intellektuellen, d. h. Priesterfamilie, was daraus hervorgeht, daß sein Sohn Frömund erklärt, die Runen selbst geritzt zu haben, eine Kunst, die nur innerhalb ausgewählter Kreise vom Vater auf den Sohn weitergegeben wurde.

Martebo

** Bildstein, Völkerwanderung ca. 400–600 n. Chr.
Karte 8, Nordwestgotland

Von Visby aus entweder auf der Straße 148 nordöstlich bis Mörby und dort nördlich abbiegen oder auf der Straße 149 nördlich und bei Lummelunda südöstlich abbiegen. Der Stein ist heute im Waffenhaus der Kirche ausgestellt.

1971 wurde bei Restaurierungsarbeiten der Kirche von Martebo im Glockenturm ein als Fensterbank dienender Bildstein aufgefunden. Er ist einst rechtwinklig zugehauen worden und in seiner Mitte durch ein Loch für ein Pfeilerfundament beschädigt, ansonsten jedoch gut erhalten.
Das Bildmotiv ist ähnlich dem von Austers (s. AUSTERS), jedoch noch eindeutiger und klarer als dort: In der Mitte befindet sich die Weltscheibe mit im Innenring vier – Nord, Ost, Süd, West – Labyrinthen, einer Zahl, die sich auf dem Außenring zur »Zahl der Ewigkeit«, der Acht, verdoppelt, zusammen also

zwölf, jener »vollkommenen Zahl«, die, dem mathematisch bequemen Dezimalsystem zum Trotz, auch heute noch in der Zeitberechnung oder auch in der Kreisberechnung ihre unangefochtene Dominanz bewahrt hat! Über diese Weltscheibe biegt sich wiederum die tausendfüßlerartige Drachengestalt der Mitgårdschlange, des Weltmeeres, und unten finden wir das Boot, das die Mitgårdschlange überwindet und beherrscht.

Matfors

✻✻ Viereckgrab, Eisenzeit ca. 0–600 n. Chr.
Karte 6/7, Nordschweden

Von Sundsvall auf der Straße E 75 in westlicher Richtung fahren, kurz nach Matfors südlich der Straße etwa 17 km außerhalb von Sundsvall von einem Hinweisschild angezeigt.

»Starkotters grav« nennt der Volksmund diese für Nordschweden einzigartige Grabanlage nach einem in den lokalen Sagen eine bedeutende Rolle spielenden Riesen namens Starkotter, der hier begraben liegen soll.
Starkotters grav besteht aus einem ziemlich flachen, rechteckigen Rollsteinhaufen, dessen Ecken durch größere, in den Boden gesetzte Steine deutlich markiert sind, und das nach Osten zu eine ebenfalls aus deutlich »gesetzten« Steinen eine dreieckige Spitze fast wie ein Schiffsbug hat.
Während im Süden Schwedens und auf Öland Gräber dieser Art – selten freilich so gut erhalten – durchaus gelegentlich anzutreffen sind, Starkotters grav jedoch in Nordschweden absolut einmalig ist, da liegt die Vermutung nicht allzu fern, daß der hier Bestattete aus dem Süden des Landes stammte, hier verstarb und von seinen Gefährten nach heimischer Sitte beigesetzt wurde.
Sechs weitere Gräber – kleine Grabhügel und eher unbedeutende Steinsetzungen – scharen sich um Starkotters grav, wobei die beiden der Straße zu gelegenen Grabhügel wohl eher

der Wikingerzeit entstammen, während Starkotters grav selbst auf die jüngere Eisenzeit bzw. Völkerwanderung datiert wurde.

a = Einfassung mit gesetzten, niederen Steinen
b = gesetzte große Ecksteine
c = gesetzte »Bug«-Steine
d = loser Rollsteinhaufen

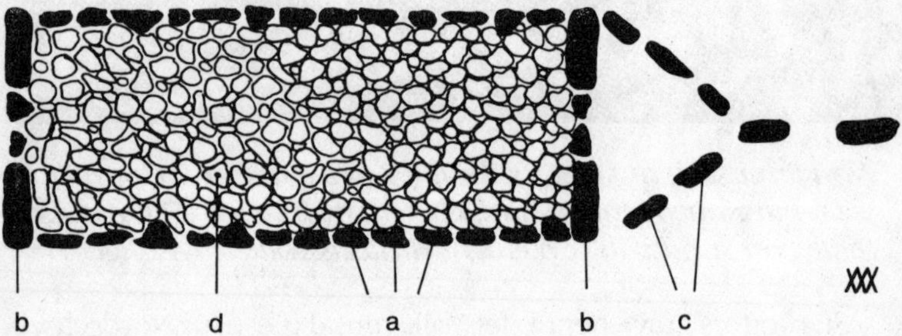

Munktorp

Kirche, Spätwikingerzeit ca. 1050 n. Chr.
Karte 5, Mittelschweden

Von Stockholm auf der Straße E 18 westwärts bis etliche Kilometer hinter Västerås zur Abzweigung der Straße 252 Richtung Eskilstuna fahren, dort südlich einbiegen und in Kolbäck auf die Straße Richtung Munktorp bzw. Köping westlich abbiegen.

Die Kirche von Munktorp wirkt eher bescheiden, ja schon fast unscheinbar. Dabei handelt es sich hier um einen der ältesten sakralen Steinbauten Skandinaviens überhaupt und auch sonst um eine der ersten christlichen Kirchen in Schweden.

Mysinge

** Grabfeld, Grabhügel, Ganggrab, Steinzeit bis Wikingerzeit ca. 2000 v. Chr.–1000 n. Chr.
Karte 9, Südwestöland

Von der Ölandbrücke auf der Straße 136 südwärts bis Resmo fahren, das Grabfeld liegt westlich an der Straße kurz nach Resmo.

Das rund einen Kilometer lange Grabfeld, das sich an der Straße 136 entlangzieht, einen knappen Kilometer nach Resmo beginnt und bis Mysinge reicht, umfaßt rund 90 Gräber – Steinsetzungen, Bautasteine und kleine Grabhügel – und wurde von der Bronzezeit, aus der 1953 ein Brandgrab gründlicher untersucht wurde, bis in die Wikingerzeit benutzt. Und wie bei den meisten anderen Grabfeldern auf Öland waren die Grabbeigaben eher bescheiden und wiesen darauf hin, daß die Toten zur bäuerlichen Bevölkerung jener Zeit gehört haben.
Die Funde werden heute in Stockholm im Statens Historiska Museum aufbewahrt.
Eine Besonderheit bilden die beiden Grabhügel, der Gynge Hög im Norden und der Mysinge Hög etwas südlicher, beide nach mythischen Königen genannt. In beiden Fällen handelt es sich um Hügel, die aus Grassodem aufgebaut wurden, also nicht um Rollsteinhügel, wie sie für Öland eigentlich typisch sind. Der Mysinge Hög, von dessen Spitze man einen herrlichen Rundblick genießt, ist der größte Grabhügel der Insel mit einem Durchmesser von 42 Metern und einer Höhe von 3 Metern.
In Mysinge östlich der Straße findet sich ein steinzeitliches Ganggrab, das auf 2000 v. Chr. datiert wird, zusammengesetzt aus 9 großen Granitblöcken und mit einem niedrigen Erdhügel abgedeckt.
Wie alle Ganggräber dieser Epoche diente auch dieses als Fa-

milien- oder Dorfgrabstätte, und so fand man die Überreste von 30 Personen, die hier einst beigesetzt worden waren.

Nämforsen

* Felszeichnungen, Steinzeit ca. 3000 v. Chr.
Karte 6/7, Nordostschweden

Von Näsåker einige Kilometer östlich zum Kraftwerk, in dessen unmittelbarer Umgebung bei Laxön, Brådön und Notön die Felsbilder liegen.

Mit etwa 200 größeren und kleineren Gruppen von Felszeichnungen verfügt Nämforsen über die größte Ansammlung von Felszeichnungen in Nordeuropa. Die Zeichnungen selbst sind freilich oft ziemlich klein, undeutlich und verwittert.
Neben relativ wenigen Menschen-, Boots- und Symboldarstellungen, die teilweise auch jüngeren Datums sind, dominieren Tiere, insbesondere Elche, wie die Abbildung links unten (nach Gustav Hallström) zeigt.

Ein interessantes Detail dieser Zeichnung – im Bild rechts und Detailzeichnung – ist eine trächtige (!) Elchkuh, die deutlich auf den Elchbullen von Drammen (s. Dk/N: DRAMMEN) und die Nøstvet-Kultur verweist, auch wenn Nämforsen insgesamt jüngeren Ursprungs ist.

Nässja

** Schiffssetzung, Ringsetzung, Vierecksetzung, Wikingerzeit ca. 500–950 n. Chr.
Karte 4, Mittelschweden

Von Örebro auf der Straße E 3 und dann der Straße 50 über Motala Richtung Jönköping südwärts fahren bis kurz hinter Vadstena eine kleine Landstraße nordwestlich nach Nässja abzweigt; das Grabfeld liegt nahe der Straße am Ortseingang.

Während man heute dazu tendiert, Friedhöfe in Gegenden abzuschieben, »um die es nicht schade ist«, legten die Skandinavier der Vor- und Frühgeschichte größten Wert auf landschaft-

lich schöne Begräbnisstätten, etwa auf einer dominierenden Hügelkuppe oder mit Blick auf das Meer oder über einem See wie in Nässja dem Vättern-See.
Das auffallendste Monument dieses Grabfeldes ist eine 44 Meter lange und aus 24 mächtigen Felsbrocken gebildete Schiffssetzung.
Eine ebenfalls auffallend große Ringsetzung wird als »Domarringar«, d. h. »Richterring« von Nässja bezeichnet, was in diesem Fall durchaus zutreffen mag, denn gelegentlich wurden diese ringförmigen Grabstätten später tatsächlich als Gerichtsstätten verwendet, wie z. B. auch in Blomsholm (s. BLOMSHOLM).
Fernerhin umfaßt das Grabfeld 13 kleinere runde Steinsetzungen und, besonders beachtenswert, eine viereckige Steinsetzung mit jeweils drei bis vier ziemlich flachen Steinen zwischen den hochgestellten Ecksteinen.
Das Grabfeld, insbesondere die Schiffssetzung und der große Steinring, wurde 1953 genau untersucht und bei dieser Gelegenheit auch gleich entsprechend restauriert. Man stellte bei dieser Gelegenheit fest, daß es sich durchwegs um Brandgräber handelt, vielfach mit recht reichen Grabbeigaben an Töpferwaren, Werkzeugen, persönlichen Gegenständen sowie auch Schmuck, so daß man das Grabfeld auf die Wikingerzeit datieren konnte.

Nasta

** Runenstein, Wikingerzeit ca. 110 n. Chr.
Karte 5, Mittelschweden

Von der Straße E 18 Eskilstuna-Örebro bei Glanshammar nördlich abbiegen, der Landstraße nach Fellingsbro bis zur Abzweigung nach Rinkaby und dieser Straße westlich folgen, nach einigen ziemlich engen Kurven nördlich am Waldrand nahe der Straße.

Der »Nasta-stenen« gilt zu Recht als eines der vollendetsten Beispiele für den Urnes-Stil. Seine Basis bildet ein dem Windhund am Portal von Urnes (s. Dk/N: URNES) nah verwandtes Hund-Drachen-Wesen und auch die Führung, Verzweigung und Überkreuzung der Rankenschlingen ist meisterhaft ausgeführt.

Die Inschrift des noch heidnischen Steines lautet: »Tored ließ diesen Stein für Lydbjörn setzen, seinen guten Sohn.«

Norrsunda

Runenstein, Wikingerzeit ca. 1000–1100 n. Chr.
Karte 5, Ostmittelschweden

Von Stockholm auf der Autobahn E 4 Richtung Uppsala, Ausfahrt Norrsunda, an der Straße nach Rosersberg.

Die Inschrift dieses im Urnes-Stil gehaltenen Steines lautet: »Gunnar und Gullög ließen diesen Stein errichten für ... ihren Sohn.«

Der rötliche, zerbrochene und nur teilweise wieder zusammensetzbare Stein zeigt nicht nur eine elegante Runenschlange im Urnes-Stil, sondern auch einen freilich arg degenerierten Nachkommen des ›großen Ungeheuers‹, wie wir es in höchstem Glanz vom Harald-Stein in Jelling (s. Dk/N: JELLING) her kennen.

Norslunda

Runenstein, Wikingerzeit ca. 1050–1100 n. Chr.
Karte 5, Mittelschweden

In unmittelbarer Umgebung von Norslunda, das man über die Straße E 4 von Stockholm nördlich erreicht.

Mit seiner beträchtlich über zwei Meter Höhe fällt dieser ziemlich späte Runenstein besonders durch seine Größe auf.

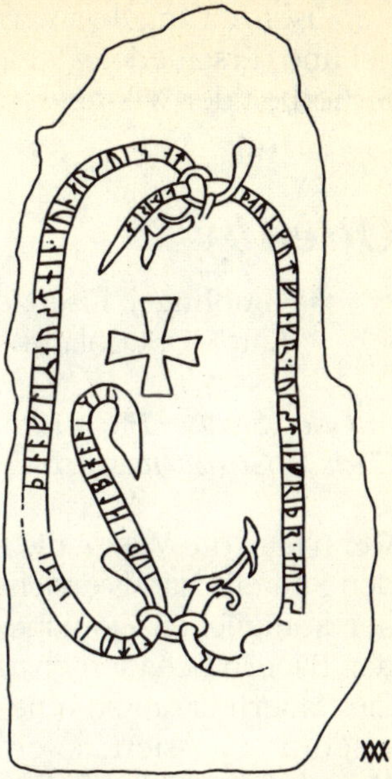

Wie auf vielen Runensteinen jener Epoche ist auch bei diesem der ausgesprochen negative Einfluß des Christentums zu beobachten, und zwar nicht nur in der Gestaltung, etwa der Schlange, die dem Christentum als heidnisches Relikt natürlich suspekt sein mußte, sondern ganz hart gesagt im handwerklichen Können. Natürlich war die Mehrzahl der Runensteine stets mehr mit Liebe und Eifer denn mit großer künstlerischer Begabung angefertigt worden (s. ADALA) und Meisterwerke wie der Nasta-Stein (s. NASTA) die Ausnahme, doch ist mit zunehmender Christianisierung ein Abrutschen der Qualität unverkennbar (s. auch UPPSALA). Die Inschrift lautet übertragen: »Kylving und Stenfrid und Sigfast ließen diesen Stein errichten für Östen, Gunnars Sohn ... Gott helfe seiner Seele.«

Örbyhus

Grabfeld, Wikingerzeit ca. 700–1000 n. Chr.
Karte 5, Ostmittelschweden

Von Uppsala die Straße 290 nördlich bis Österbybruk, dort westlich nach Örbyhus abbiegen und in Orbyhus wieder nach Süden Richtung Vendel fahren; das Grabfeld liegt unmittelbar westlich der Straße bei der Abzweigung nach Örbyslot.

Das nicht allzu große Grabfeld, das möglicherweise schon in

der Eisenzeit angelegt wurde, umfaßt etliche kleinere Grabhügel und verschiedene Steinsetzungen, die in der Mehrzahl mit Sicherheit der Wikingerepoche angehören.

Ottenby

* Grabhügel, Eisenzeit ca. 500–50 v. Chr.
  Karte 9, Südöland

Auf der Straße 136 südwärts fahren, kurz nach der Mauer Karls X. Gustav westlich der Straße gelegen.

Wenn man die Mauer, die König Karl X. Gustav 1650 quer über den Südteil Ölands errichten ließ – angeblich um das Rotwild der königlichen Domäne daran zu hindern, in den Feldern der Bauern Schaden anzurichten, tatsächlich wohl eher, um die Bauern daran zu hindern, in der königlichen Domäne zu wildern –, passiert, so erblickt man zunächst auf den westlichen Anhöhen eine Reihe von Grabhügeln.
Nahe der Straße, von dieser freilich durch Zaun und Steinmauer getrennt und somit unzugänglich, liegen drei Grabstätten recht ungewöhnlichen Typs: Auf rechteckigem bzw. schiffsförmigem Grundriß sind, die gesamte Grundfläche deckend, mehr oder minder große Rollsteine aufgeschüttet, jedoch

nicht wie bei einem Hügel in die Höhe strebend, sondern lediglich flach die Grundfläche bedeckend. Die Gräber sind heute leicht zu erkennen, jedoch in ihrer Form etwas schwierig auszumachen, da sie dicht mit Bäumen bestanden sind.

Övergran

Runenstein, Wikingerzeit ca. 1100 n. Chr.
Karte 5, Ostmittelschweden

Von Stockholm auf der Straße E 18 Richtung Enköping bei Övergran nördlich Richtung Skokloster abbiegen, an der Brücke über den Oxen.

Auf einem Grabhügel unmittelbar neben der Straße ragt der ziemlich hohe und schlanke Runenstein auf.
Wie das Kreuz zeigt, handelt es sich um einen christlichen Stein. Das »große Ungeheuer« ist zu zwei recht harmlosen Schlangen degeneriert, auch scheint es so, daß sich im Unterteil des Steines nochmals ein oder zwei Schlangen geringelt haben.
Beachtenswert ist das Kreuz: In seiner Mitte findet sich nämlich die Swastika, das Hakenkreuz, das uralte Sonnensymbol, womit das ganze Kreuzzeichen in einem keineswegs christlichen Sinne umgedeutet wurde – ein Beispiel dafür, wie wenig der

mittlerweile zur »Staatsreligion« gewordene Christenglauben tatsächlich in den Herzen der Nordgermanen Wurzeln schlagen konnte.

Överjärna

Runenstein, Wikingerzeit ca. 1050–1100 n. Chr.
Karte 5, Mittelschweden

Von Södertälje – südlich von Stockholm – auf der Straße E 4 südwärts bis zur Ausfahrt Järne, westlich der Straße liegt Överjärna.

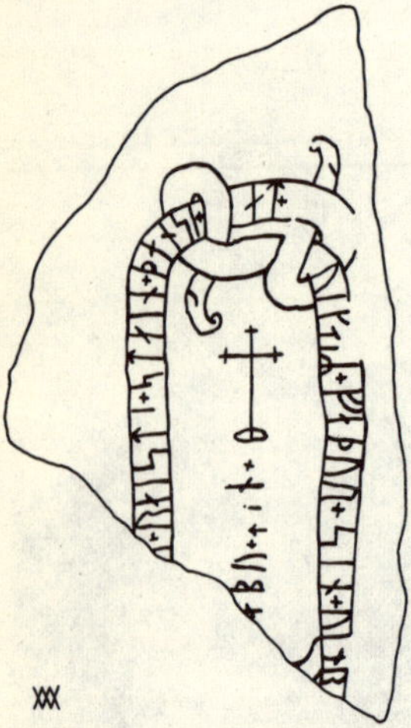

Der in die Kirchhofsmauer eingearbeitete Runenstein erinnert formal stark an den Linga-Stein (s. VIRSERUM), der ja auch aus der unmittelbaren Umgebung von Överjärna stammt. Hier wie dort bilden zwei im Oberteil des Steines mit ihren Schwänzen verknotete Schlangen das Runenband, dessen noch vorhandener Schriftteil lautet:
»+ raisti + stain + þansi + at + uikaiR + faþur + sin + uinr (tr)abu + h(a)n x«

In der Übertragung:
»... errichtete den Stein für Vigaeir, seinen Vater, (den die) ›Vinr‹ erschlagen haben.«
Die »Vinr«, oder in anderen, späteren Runeninschriften »Vindr«, sind niemand anders als die »Wenden«, von denen dieser Runenstein ein erstes Zeugnis gibt, wobei man freilich so ziemlich alles an Slawenstämmen, die an der südlichen

Ostseeküste siedelten, unter diesem Begriff zu subsumieren pflegte.

Parboäng

- ✻ Grabfeld, Steinsetzungen, Eisen- bis Wikingerzeit ca. 500 v. Chr.–1050 n. Chr.
  Karte 9, Südöland

Von der Ölandbrücke auf der Straße 136 südwärts fahren, kurz nach Grönhögen unmittelbar westlich der Straße.

Mit 160 Grabstätten aus der Zeit zwischen 500 v. Chr. und 1050 n. Chr., der älteren Eisen- bis späten Wikingerzeit also, mit Funden vor allem von Keramikresten, aber auch Werkzeugen, etwas Schmuck und persönlichen Gegenständen, mit fast durchgehend Brandgräbern, mit Rollsteinhügeln, runden, viereckigen und 4 dreieckigen Steinsetzungen ist das Grabfeld von Parboäng eines der größten und alles in allem durchaus typischen Grabfelder Ölands.
Das bemerkenswerteste Monument ist eine vier Meter hohe Kalksteinsäule, im Volksmund »Långa Maja« (Lange Maja) genannt.

Rällinge

- ✻ Freyr-Statue, Wikingerzeit ca. 1000–1100 n. Chr.
- ◇ Karte 5, Mittelschweden

Die Statuette befindet sich heute im Statens Historiska Museum in Stockholm.

Neben Odin, dem Hauptgott des germanischen Götterhimmels und Thor, dem populärsten Bewohner Walhalls, war der

Fruchtbarkeitsgott Freyr die wichtigste Persönlichkeit unter den Asen, kultisch ein Nachkomme Njords und enger Verwandter Baldurs.

Die in Rällinge in Södermanland gefundene Statuette zeigt den Gott, der auch zu den drei großen Göttern Gamla Uppsalas (s. GAMLA UPPSALA) gehörte, in seiner typischen Darstellungsform: mit Bart – Zeichen des erwachsenen Mannes –, mit Helm – Zeichen des bewaffneten, »freien« Mannes – und großem, aufgerichtetem Phallus – Zeichen seiner Eigenschaft als männlicher Fruchtbarkeitsgott. Was diese Statuette besonders interessant macht, ist, daß sie eines der ganz wenigen Götterbilder jener Epoche überhaupt darstellt.

Ramsund

** Felszeichnung, Wikingerzeit ca. 1000 n. Chr.
Karte 5, Mittelschweden

Etwa 8 km östlich von Eskilstuna von der Straße E 3 nördlich nach Sundby abbiegen, knapp nördlich von Sundby der Beschilderung folgen.

Die Jahrtausende alte, in Stein- und Bronzezeit so reich blühende Tradition der Felszeichnungen verschwand mit dem

Beginn der Eisenzeit um 200 v. Chr. und lebte in der Wikingerzeit nur ein einziges Mal wieder auf, mit der »Sigurdristningen« auf einer Felsplatte des Ramsundsberges am Ufer des Mälarensees.
Die im Ringerike-Stil ausgeführte Felszeichnung erzählt Episoden aus der Sigurdsage, der wohl beliebtesten Erzählung im ganzen germanischen Norden. In ihr mischten sich Berichte über die Vorgeschichte mit solchen über die Götter, so daß sich beispielsweise die eine Hälfte der Edda mit den Göttermythen befaßt, die andere Hälfte jedoch fast ausschließlich Episoden aus dem Sagenkreis um Sigurd gewidmet ist.
Diese Sage berichtet, daß Sigurd den Drachen Fafnir getötet habe, indem er sich in einer Grube versteckte und mit dem Schwert nach oben stieß, als der Drache über ihn hinwegkroch. Die Szene ist rechts unten dargestellt, wobei der Drachenkörper gleichzeitig in der unteren Hälfte als Runenband dient, während die obere Hälfte mit mächtigen Schuppen bedeckt ist. Ganz links liegt der enthauptete Regin, der Sigurd zu betrügen versucht hatte, mit Hammer und Blasbalg, seinen Schmiedewerkzeugen. Daneben sitzt Sigurd und brät das Herz des toten Drachen über der Schmiede-Esse und steckt dabei den verbrannten Daumen in den Mund, und »als das Blut aus dem Drachenherzen seine Zunge berührte, verstand er die Sprache der Vögel«. Diese Vögel sitzen auch schon auf

dem Baum rechts, an den Sigurd sein Pferd Grani gebunden hat.
In der Runeninschrift auf dem Drachenleib beschwört eine Frau namens Sigrid das Andenken an ihren toten Gemahl Holmger.

Resmo

* Kirche, Spätwikingerzeit, ca. 1150 n. Chr.
  Karte 9, Südwestöland

Nach der Ölandbrücke auf den südlichen Teil der Straße 136 einbiegen.

Wie die Kirchen von Gärdslösa (s. GÄRDSLÖSA) und Egby, (s. EGBY) zählt die freilich in späterer Zeit stark umgebaute Kirche von Resmo zu den ältesten auf Öland, deren beide Türme noch erhalten sind.
Im Inneren Freskomalereien, die aus der Zeit der Erbauung der Kirche stammen.

Rickeby

* Felszeichnungen, Bronzezeit ca. 1500–500 v. Chr.
  Karte 5, Mittelschweden

Ca. 4,5 km südwestlich von Enköping 50 m südwestlich der Landstraße nach Veckholm. 200 m südwestlich bei den Häusern eine weitere Platte.

Von den rund 800 Felszeichnungsfunden in Uppland sind die meisten im Raum südwestlich von Enköping zu finden (s. auch BRANDSKOGEN, BOGLÖSA).
Rund 30 Schiffe, zahlreiche Räder, Menschen- und Tierfiguren,

Spiralen, Ringe und eine Vielzahl von Fußspuren – rund 40 einzelne und 20 Paare – bedecken die ziemlich ebene Felsplatte.
Am auffallendsten ist ein großes, ziemlich tief eingehauenes Zeichen, das als der »große Stuhl« bezeichnet wird, mich eher an ein Segel erinnert, und dessen Bedeutung bislang nicht geklärt werden konnte.

Riddare

✻ Bildstein, Wikingerzeit ca. 700–800 n. Chr.
Karte 8, Nordgotland

Von Visby auf der Straße 148 nordöstlich bis Tingstäde, dort Richtung Hejnum nach Riddare – ca. 4 km – abbiegen.

Der Bildstein von Riddare, Kirchspiel Hejnum, ist einer der wenigen, die noch an ihrem Fundplatz stehen.
Der obere Teil des Bildsteines ist weitestgehend »blind«, im unteren Teil ist ein sehr schönes Langschiff zu sehen, ein Drakkar (Drachen) mit Kopf und aufgerolltem Schwanz. Wenn Schiffe dieser Art einst über die Wellen glitten, müssen sie tatsächlich ein wenig wie lebende Wesen ausgesehen haben.
Zu beachten sind die im Achtersteven gebündelt aufgestellten Speere – da sich der Schiffsführer bzw. Häuptling traditionell

im Kampf achtern, nahe dem Rudergänger aufhielt, auch selbst oft das Ruder führte, entbrannte in einer Schlacht hier gewöhnlich das heißeste Gefecht. In höchst typischer Wikingermanier sind auch die Schaumkronen der Wellen dargestellt.

Ringstad

✻ Burganlage, Wikingerzeit ca. 650–1100 n. Chr.
Karte 4, Mittelschweden

Von Norrköping die Straße 51 nordwestlich in Richtung Finspång, unmittelbar rechts der Straße bei der Abzweigung nach Grimstad.

Die allermeisten Autofahrer auf der Straße 51 werden nicht einmal einen kurzen Blick zur Seite werfen, wenn sie an dieser Wikingerburg vorüberbrausen – sehr imposant sieht sie in der Tat ja auch nicht mehr aus: Ein ziemlich flacher, eher kleiner Erdring mit einem Durchlaß (einst dem Tor) im Osten und Andeutungen von Hausfundamenten innerhalb des Ringes, das ist alles, was von der einstigen Königsburg übrig geblieben ist.
Zentrum der Anlage war einst eine mächtige Halle, die den Fyrkat-Häusern geglichen haben muß, samt einigen Nebengebäuden, umgeben von einem erdgefüllten Holzpalisadenwall, dessen Konstruktionsprinzip – nur in erheblich kleinerem Maßstab natürlich – ebenfalls dem Wall von Fyrkat geähnelt hat. Als Wohnsitz eines Häuptlings samt Clan und Gefolge einst eine durchaus imposante Anlage! Auch wer hier residierte, weiß man mit ziemlicher Sicherheit, denn die Archäologen

sind sich weitgehend einig, daß dies der in den Helgiliedern der Edda besungene Königshof von Ringstad ist.

Rök

*** Runenstein, Wikingerzeit ca. 800–900 n. Chr.
Karte 4, Mittelschweden

Von Jönköping die Straße E 4 nordöstlich in Richtung Linköping fahren, kurz nachdem die Straße den Vättern-See bei Ödeshög verläßt, nördlich der Straße vor der Kirche von Rök.

Der Rök-Stein ist unter den rund 2000 schwedischen Runensteinen der wohl berühmteste – und das zu Recht!
Mit 3,82 Metern hat er nicht nur eine imponierende Höhe, mit rund 800 Runenzeichen trägt er auch die längste Runeninschrift der Welt.
Errichtet wurde er wohl Mitte des 9. Jahrhunderts und etwa 200 Jahre später im Zuge der Christianisierung in die Zehentscheune (jene Scheune, in der die Kirchenabgaben, der »Zehent«, eingelagert wurde) eingemauert. Als 1840 die alte Kirche abgerissen wurde, bemerkte man, daß der Stein rundum mit Runen vollgeschrieben war, mauerte ihn trotzdem wieder in der Vorhalle der neuen Kirche ein, nahm ihn 1862 erneut heraus und stellte ihn zunächst im Kirchhof auf, bis er 1933 seinen jetzigen, von einem Dach geschützten Standplatz erhielt.
Daß es die Runenmeister liebten, zumindest die anspruchsvollen, ihre Texte kreuz und quer zu verschlüsseln, sie mit Kenningar anzureichern, Zahlen- und Buchstabenspiele zu treiben und Geheimrunen einzuführen, haben wir mehrfach bereits gesehen, wie beispielsweise in Busdorf (s. Dk/N: BUSDORF), Virserum (s. VIRSERUM) oder Karlevi (s. KARLEVI). Wenn dazu noch magische Elemente kamen, wie in Eggjum (s. Dk/N: EGGJUM) oder Glavendrup (s. Dk/N: GLAVENDRUP), so kann die Sache schon ganz arg kompliziert werden. Im Falle des Rök-

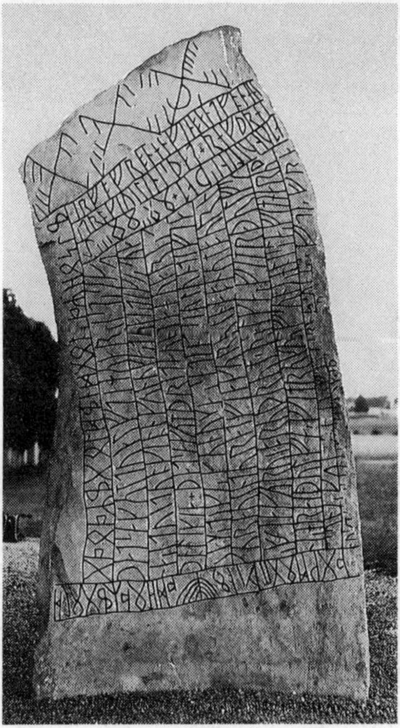

Stein so kompliziert, daß man bis heute nur einige Teile einigermaßen gesichert entziffern konnte, wobei die Deutung von Professor Elias Wesséns heute als die wahrscheinlichste gilt. Der Runenmeister des Rök-Steins, ein gewisser Varin, hat sich aber auch alle Mühe gegeben, seinen Text bis zur Unentzifferbarkeit zu chiffrieren: Daß er zweierlei Runenalphabete, einmal das altnordische mit 24 Zeichen und einmal ein spezielles »Rök«-Alphabet mit 16 Zeichen, verwendet, ist noch der simpelste Trick, Zahlenrunen – wir werden darauf gleich noch zu sprechen kommen – sind ein weiterer Kniff, und auch die »Verschieberunen«, bei der eine Rune jeweils ihren Lautwert von der unmittelbar vorhergehenden erhält, haben es in sich. Geheimrunen eigener Erfindung widersetzen sich fast total der Entschlüsselung. Wenn zu dem ganzen noch eine schwer ver-

ständliche urnordische Sprache kommt, so ist es eigentlich wirklich kein Wunder, wenn den Texten scheinbar jeglicher Sinn und logischer Zusammenhang fehlt. Wir wissen zwar, daß da schon Sinn und Zusammenhang sein müssen, doch gefunden hat man sie bislang eben erst teilweise.
Sehen wir uns wenigstens diese Teile an:
Die erste Zeile auf der Vorderseite des Steines sieht so aus:

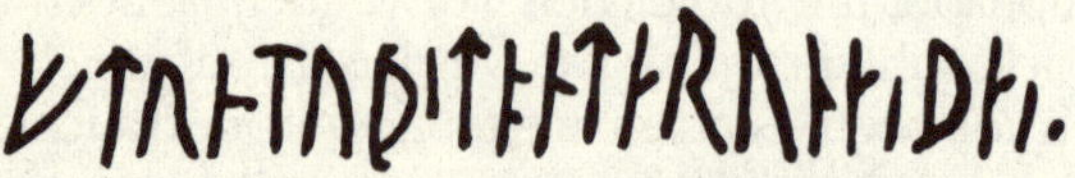

und lautet: »Aft Vuamod standa runar þar« (»Zum Gedenken an Vamund stehen diese Runen«) und fährt dann fort: »Aber Varin schrieb sie nach dem toten Sohn.«

Der folgende Text scheint sich um Mythen und Geschlechtersagen zu drehen und harrt noch der Entzifferung.
Verständlich wird der Runentext erst wieder, wo er in Verse übergeht und dem Runenmeister offensichtlich daran liegt, das Gedicht allgemeinverständlich zu überliefern:

»Tjordrik (Theoderich) der Kühne,
Führer der Seekrieger,
herrschte über die Ufer
des Reid-Meeres.
Nun sitzt er gerüstet
auf dem gotischen Pferd,
den Schild erhoben,
der Vornehmste der Märinger.«

Auch die Rückseite des Rök-Steines ist nur recht teilweise zu dechiffrieren: es ist da von 20 Königen »auf Seeland« oder 20 »Seekönigen« die Rede und von einem Schlachtfeld auf dem sie liegen, und es wird von einer Frau berichtet, die sich für die Gesippen aus Ingvalds Geschlecht opferte – ob Mythos, Sage, Überlieferung oder Zeitgeschehen, wir wissen es nicht.
Erstaunlicherweise gelang es, den geheimen Zahlencode des Rök-Steins zu knacken, der in den Kreuzen mit den Schrägstrichen verborgen ist: Teilt man das Runenalphabet in drei Gruppen ein und liest das Kreuz »von Ost nach West«, so erhält man 2:3 vom rechten Kreuz (Oberseite), also die dritte Rune in der zweiten Gruppe = I, die Unterseite ergäbe nach dieser Zählung 4:2 usw., so daß man schließlich einen Gesamttext erhält, der lautet:

»Sibbe aus Vi zeugte neunzigjährig.«

Auch für heutige Begriffe ist dies keine alltägliche Leistung, für das 9. Jahrhundert geradezu ein Wunder, war doch schon ein Alter von 90 fast unvorstellbar, bei einer durchschnittlichen Lebenserwartung, die kaum die 40 erreichte!
Daß dieser Sibbe aus Vi in seinem »biblischen Alter« nochmal

Vater geworden ist, war der Erwähnung auf einem Runenstein mehr als würdig – doch weshalb nicht im »Klartext«, sondern in komplizierte Zahlenrunen verschlüsselt?
Weil dies die optimale Möglichkeit war, einen des Lesens Kundigen – und die vielen Runensteine bezeugen, daß diese Kunst weit, weit mehr Menschen beherrschten, als man heutzutage anzunehmen bereit ist – auch tatsächlich zum Lesen zu bringen; anders ausgedrückt: nur der chiffrierte, verschlüsselte Text reizte, lenkte die Aufmerksamkeit auf sich, forderte zum intellektuellen Duell mit dem Runenmeister heraus, ähnlich den verschlungenen und nochmals verschlungenen Drachen, die den Betrachter zum »Entwirren« herausforderten.
Das gängige Bild des Germanen im allgemeinen und das des Wikingers im besonderen ist das Bild eines tumben Schlagetods, allenfalls das eines pragmatischen Machtmenschen, gewiß aber nie das eines kunstsinnigen Intellektuellen – und doch muß er es gewesen sein, zumindest »auch«, denn wenn schon nicht sein Kunsthandwerk dafür Zeugnis gäbe, dann ganz gewiß etliche seiner Runensteine.
Keine Kunst kann letztlich ohne breites – ich betone: »breites« – Publikum leben.
Ein Erik-, Eggjum-, Virserum-, Karlevi-, Rök- usw. -Stein brauchte sein Publikum, ein intellektuell gebildetes, keineswegs allzu kleines Publikum!
Es gibt eine ganze Reihe von Fällen – und entgegen dem augenblicklichen »Zeitgeist« habe ich sie aufzuzeigen gewagt –, die es dringend nötig erscheinen lassen, das Bild der Germanen, fernab jeder Idealisierung, neu zu zeichnen und zu definieren. Der Rök-Stein ist hierfür eines der signifikantesten Beispiele.

Roma Kloster

✻ Kloster, Spätwikingerzeit ca. 1164 n. Chr.
Karte 8, Mittelgotland

Von Visby auf der Straße 143 südwärts fahren, kurz nach Roma östlich entsprechend der Beschilderung abbiegen.

Es war der benediktinische Reformorden der Zisterzienser,

der im 12. Jahrhundert den Gipfel seines Glanzes erreichte und Europa mit einem dichten Netz an Tochterklöstern überzog.
Erbaut waren die Zisterzienserabteien alle nach einem ähnlichen Grundschema:
Um einen zentralen Hof waren die verschiedenen Gebäude angeordnet, wobei die Kirche gewöhnlich die Nordostecke einnahm, die übrigen Häuser dienten als Schlaf-, Eß- und Arbeitsräume für die Patres und Laienbrüder. Etwas außerhalb dieses Karrees lagen gewöhnlich die Ställe und Wirtschaftsgebäude, oft die Abtwohnung und die Gästehäuser.
Die Anlage von Roma Kloster folgte, soweit sich dies noch feststellen ließ, ebenfalls diesem Schema, das wir auch in den Klosteranlagen von Alvastra (s. ALVASTRA) und Løgum (s. Dk/N: LØGUM) wiederfinden.
Wie Alvastra und Løgum fiel auch Roma Kloster der Spitzhacke der protestantischen Reformatoren zum Opfer.
Ein Zeugnis mehr für die offenkundige Unfähigkeit vieler Menschen, mit der eigenen Vergangenheit zu leben und für den Versuch, durch Vernichten und Zerstören diese Vergangenheit umzudeuten oder ganz auszulöschen.
Von dem Klosterkomplex von Roma Kloster blieben lediglich ein paar Reste der einst dreischiffigen Basilika erhalten und zeugen in ihren edel ausgewogenen Proportionen von der einstigen Schönheit der Anlage.

Rössberga

* Ganggrab, Steinzeit ca. 2000 v. Chr.
  Karte 3, Westschweden

Von Göteborg nordöstlich der Straße E 3 bis Skara folgen, dort südlich auf die Straße 47 Richtung Falköping einbiegen und in Torbjörntorp nach Norden Richtung Broddetorp abbiegen. S. auch Karte INGATORP.

Auf einer Weglänge von nicht einmal eineinhalb Kilometern finden sich hier acht teilweise noch recht gut erhaltene Ganggräber der jüngeren Steinzeit. Mit insgesamt rund 100 solcher Grabanlagen verfügt die nähere Umgebung von Falköping über dreiviertel aller Gräber dieses Typs in ganz Schweden (s. auch INGATORP, SLUTARP).

Das Ganggrab von Rössberga ist eines der wenigen, die bislang geöffnet und wissenschaftlich untersucht wurden; es war dies im Jahr 1962.

Hierbei entdeckte man die Skelettreste von mindestens 40 Personen beiderlei Geschlechts und unterschiedlichen Alters. Die Ganggräber waren ja überall Massengräber. Vielleicht sollte man aber freundlicher von Familien-, Clan- oder Dorfgrabstätten sprechen, wo man über Generationen hinweg seine Toten beisetzte und wo man auch die entsprechenden Opfergaben, zumal Nahrung für die Toten niederlegte. Man

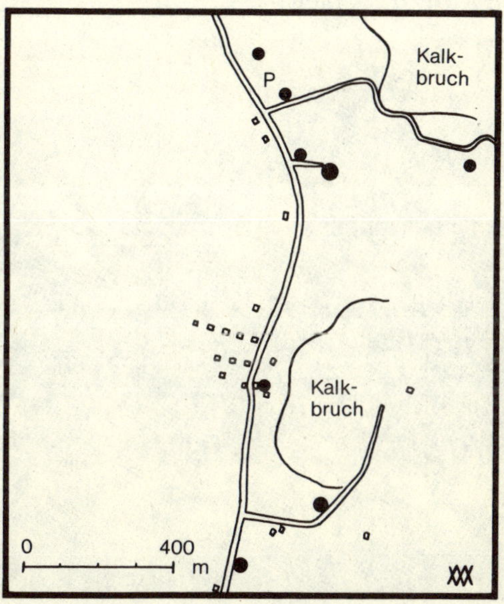

fand im Zugang zur eigentlichen Grabkammer denn auch zahlreiche Scherben von Tongeschirr, das einst diese Opfergaben enthalten hatte.
Auch die Toten selbst hatte man nicht ohne entsprechende Beigaben beigesetzt, und so wurden zahlreiche Werkzeuge und Waffenreste aus Feuerstein sowie Bernsteinschmuck gefunden.

Rytterne

* Kirchenruine, Runensteine, Spätwikingerzeit
ca. 1100–1200 n. Chr.
Karte 5, Mittelschweden

Westlich von Eskilstuna bei Tumbo von der Straße E 3 nördlich auf die Straße 58 abbiegen, bei St. Ekeby östlich auf die Landstraße nach Rytterne abbiegen.

Mit dem Bau der Kirche von Rytterne wurde im 12. Jahrhundert begonnen. Sie bestand ursprünglich aus Langhaus, Chor und Turm; die anderen Bauteile wurden im Laufe des Mittelalters hinzugefügt. 1815 beschloß man den Bau einer neuen Kirche. Am 31. Mai 1818 wurde in der alten Kirche der letzte Gottesdienst abgehalten, dann überließ man sie dem Verfall.
1937/38 wurde die Kirche ausgegraben, wobei man auch zwei eher schlichte (s. hierzu auch ADALA) Runensteine auf dem Friedhof fand.
Der eine Stein ist lediglich mit einem Bandkreuz geschmückt, der andere trägt die Inschrift: »Gudlev setzte den Stabreim und diesen Stein für Slagvi seinen Sohn. Er fiel im Osten in Gårdarike (Rußland)«.

Sanda

*** Bildstein und Steinkistenplatte, Völkerwanderung und Wikingerzeit ca. 400–1100 n. Chr.
◇ Karte 8, Mittelwestgotland

Auf dem Kirchfriedhof von Sanda wurden zwei höchst bedeutende, zeitlich beträchtlich auseinanderliegende Werke gotländischer Bildhauerkunst geborgen.

Bildstein

*** Völkerwanderung ca. 400–600 n. Chr.

Heute befindet sich der Stein in Visby, Gotlands Fornsal.

Mit 330 Zentimetern Höhe ist der Sanda-Stein der größte bislang aufgefundene Bildstein der älteren Generation. Sein Oberteil wurde zu Beginn unseres Jahrhunderts auf dem Friedhof entdeckt, der Unterteil rund 50 Jahre später bei Restaurierungsarbeiten innerhalb der Kirche.
Da diese alten Steine tief fundamentiert waren, wurden sie, um sie nach der Christianisierung zum Bau der neuen Gotteshäuser verwenden zu können, abgeschlagen, wobei sie oft noch mehrfach zerbrachen, so daß nur selten ganz erhaltene Steine dieser Gruppe überliefert sind; die jüngeren Steine hingegen fielen, dank ihrer »flachen Wurzeln« leichter um und wurden dann zur Gänze weiterverwendet.
Das zentrale Motiv dieses Bildsteins ist wieder das Wirbelrad, auf dessen Bedeutung ich bereits im Zusammenhang mit dem Bildstein von Havor (s. HAVOR) hingewiesen habe.
Um sich voll die optische Wirkung jener Wirbelräder vorstellen zu können, muß man sich vergegenwärtigen, daß diese Bildsteine ja bunt gefaßt waren; nicht anders als die mediterran-klassischen Tempel und Statuen, die ja ebenfalls farbenfroh angestrichen waren. Daß man den weißen, parischen Marmor so schätzte, hatte keineswegs den Sinn »edler Schlichtheit«, sondern nur, daß er einen ausgezeichneten Farbgrund abgab.
Für die nordischen Bild- und Runensteine sind die Farben Schwarz (eine Ruß-Talg-Mischung) und Rot (Hellrot aus Mennige bis Dunkelrot aus verschiedenen Eisenoxyden) nachgewiesen, wozu noch Weiß (Kalk) und die freilich weniger haltbaren Töne von Gelb (Erden) und Grün (Pflanzensäfte) gekommen sein mögen.
Unter dem großen Wirbelrad finden sich auf dem Sanda-Stein

zwei Spiralräder mit 8, bzw. wenn man den Zentralwirbel mitrechnet 9, und 7 Spiralen, ganz unten ein Boot mit elegant emporgezogenen Steven vom Typ des Kvalsund-Bootes (s. Dk/N: KVALSUND).

Kistenstein

* Wikingerzeit ca. 1000–1100 n. Chr.

Heute befindet sich der Stein in Stockholm, Statens Historiska Museum.

Die Szene wird in der Mitte von drei Figuren beherrscht, von denen die erste einen Speer, die zweite einen Schlägel (Keule, Hammer, Spaten), die dritte eine Sichel trägt.
Aller Wahrscheinlichkeit nach handelt es sich hier um die Götter Odin (Speer), Thor (Hammer) und Freyr (Sichel), die drei

bedeutendsten Götter Walhalls, die nach dem Chronisten Adam von Bremen zu Ende des 11. Jahrhunderts auch die »Dreieinigkeit« des heidnischen Tempels von Uppsala bildeten.
Nach einer anderen Deutung handelt es sich hierbei um eine Landvermessung – die Sichel müßte dabei als Fackel, der Hammer als Spaten gedeutet werden –, im germanischen Norden ein höchst wichtiges Ritual.

Sandegårda

✻ Bildstein, Völkerwanderung bis Wikingerzeit ca. 500–700 n. Chr.
◇ Karte 8, Westmittelgotland

Heute befindet sich der Stein in Visby, Gotlands Fornsal.

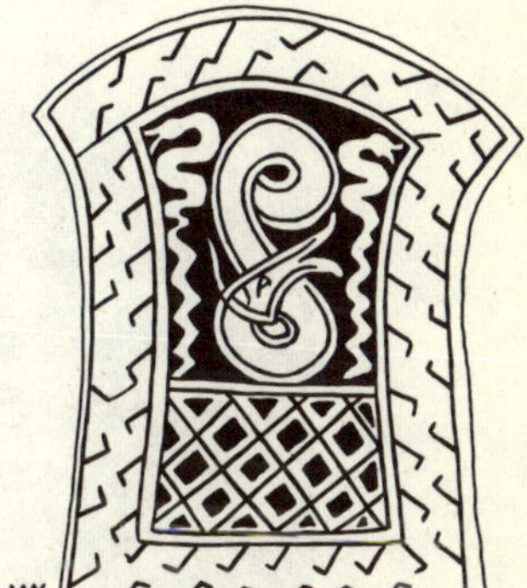

Dieser im Kirchspiel Sanda gefundene Stein stellt eine eigenartige Mischung aus vergangenen, kommenden und zeitparallelen Stilelementen dar.
Die Form des Steines ist noch völlig in der alten Tradition verhaftet (s. etwa SANDA). Die Größe von nur 75 Zentimetern läßt ihn eindeutig zu den damals üblichen »Zwergsteinen« zählen (s. SMISS/KIRCHSPIEL GARDA), wohin auch die Randbordüre verweist.
Das flächig angelegte und den Bildplatz voll ausfüllende Bildfeld – im extremen Gegensatz zur damals herrschenden Mode reiner Linienritzungen – verweist bereits unverkennbar auf die Bildsteine des neueren Typs (s. etwa HAMMARS u. v. a.). Die Ausführung des Schlangen- und Drachenmotivs verweist ein-

deutig auf den Vendel-Stil (s. VENDEL), so daß der Stein recht genau auf ca. 600 n. Chr. datiert werden konnte.

Seby

Runenstein, Wikingerzeit ca. 1000 n. Chr.
Karte 9, Öland

Auf dem südlichen Teil der östlichen Küstenstraße ca. 1 km südlich des Grabfeldes von Segerstad unmittelbar östlich an der Straße.

Der Stein fällt auf durch seine Größe, wie auch durch die ruhige, klare Linienführung seiner Zeichnung.
Die Inschrift lautet frei übertragen:
»Ingjald und Näv und Sven haben diesen Stein zu Ehren ihres Vaters Rodmar aufstellen lassen.«

Es ist noch kein christlicher Stein.
Trotzdem sind die Elemente der Spät-, der Verfallszeit unverkennbar.
Die Runenschlange ist zum reinen, kaum noch verstandenen Ornament abgesunken, die ›Irische Koppel‹ nur noch angedeutet.

Segerstad

** Grabfeld, Steinsetzungen, Bronzezeit bis Wikingerzeit
ca. 1500 v. Chr.–1050 n. Chr.
Karte 9, Südostöland

Von der Ölandbrücke zunächst südlich auf der Straße 136 bis Bårby fahren, dort ostwärts die Insel durchqueren, bei Alby wieder südwärts abbiegen; das Grabfeld liegt westlich der Straße südlich der Kirche von Segerstad.

Mit 210 Grabmonumenten ist das Grabfeld von Segerstad nicht nur das größte auf Öland, es ist auch das vermutlich älteste, das vielleicht schon in der jüngeren Steinzeit, mit ziemlicher Sicherheit in der älteren Bronzezeit (1500–1000 v. Chr.), angelegt wurde. Denn aus dieser Epoche stammt ein »Älvkvarnsten«, ein »Elfenstein«, ein Stein also, in den Schälchenhöhlungen eingehauen wurden, wie wir sie als älteste Zeichen der Hällristningar, der Felszeichnungen der Bronzezeit kennen.
Ansonsten ist hier praktisch alles vertreten, was es auf Öland an typischen Grabmonumenten vornehmlich der älteren Eisenzeit bis späten Wikingerzeit (ca. 500 v. Chr. bis 1050 n. Chr.) gab: Grabhügel, die ebenso aus Grassodem wie aus Rollsteinen errichtet worden waren, Steinsetzungen in runder, vierekkiger und Schiffsform, einzelne eher rundliche Felsbrocken ebenso wie Kalksteinnadeln und breiten Kalksteinplatten. Die archäologischen Ausgrabungen, die im Statens Historiska Mu-

seum in Stockholm aufbewahrt werden, förderten das zutage, was man bei einem Grabfeld dieser Art ohnehin erwartet hatte: Einiges an Werkzeugen und persönlichen Gegenständen, etwas Schmuck und eine ganze Menge an Scherben von Keramikwaren, in denen man einst die Speisen für den Verstorbenen zusammen mit den verbrannten Gebeinen beigesetzt hatte.

Sigtuna

** Kirchenruinen, Runenstein, Kunstgegenstände, Wikingerzeit ca. 1000–1150 n. Chr.
Karte 5, Mittelschweden

Zunächst fährt man von Stockholm aus die Straße E 4 nordwärts, auf etwa halber Strecke nach Uppsala zweigt eine Straße westlich über Mästra nach Sigtuna ab.

Um das Jahr 1000 n. Chr. von König Olov Slötkonung angelegt,

erlebte Sigtuna eine kurze, stürmische Blütezeit als Königsresidenz und Bischofsstadt. Der zum Christentum konvertierte König Olof wollte nicht im urheidnischen Uppsala (s. GAMLA UPPSALA) bleiben, und so zog er nach Sigtuna. Doch Traditionen sind zäh, und rund ein Jahrhundert später kehrten die Könige nach Uppsala, d. h. einem neuen Uppsala (s. UPPSALA), zurück, rasch gefolgt vom Bischof, der auch an den Hebeln der Macht bleiben wollte. Ein halbes Jahrhundert zehrte Sigtuna noch von seiner Glanzzeit, doch als es 1187 von estischen Wikingern überfallen, geplündert und niedergebrannt wurde, versank die Stadt in Bedeutungslosigkeit.
Von der ehemaligen Macht und Pracht Sigtunas zeugen noch die Ruinen der Kirchen St. Lars, St. Per und St. Olof. Die Stora gatan, die Hauptstraße, verläuft immer noch wie um das Jahr 1000, nur befindet sich die historische Vorgängerin rund drei Meter unter der heutigen Straße.

Umfangreiche Ausgrabungen haben die Fundamente der Häuser, die hier gestanden haben, teilweise freigelegt und untersucht. Das reiche Fundmaterial befindet sich großteils in dem Museum am Lilla torget.
Ein paar der schönsten und kostbarsten Fundstücke aus Sigtuna hat sich freilich das Statens Historiska Museum in Stockholm gesichert:
Einen aus Elchhorn geschnitzten und im schönsten Mammen-Stil (s. Dk/N: MAMMEN) gestalteten Schwertbeschlag.

Oder den ebenfalls aus Elchhorn geschnitzten, weltberühmten Wikingerkopf. Der konische Helm mit dem kräftigen Naseneisen, wie wir aus Funden wissen aus einem Stück geschmiedet, war »der« Wikingerhelm schlechthin. Der Wikinger von Sigtuna verfügt über ein höchst ausgeprägtes Kinn und macht ansonsten einen recht gepflegten Eindruck mit seinem langen, zu Zöpfchen geflochtenen Schnurrbart und dem zu einer kleinen Lockenrolle im Nacken zurückgekämmten Haar.

Die wichtige Rolle, die Sigtuna einst spielte, bezeugt auch ein

Runenstein, der heute vor der Maria-Kyrkan aufgestellt ist. Der Stein selbst ist recht schlicht, interessant ist die Inschrift: »Die friesischen Gildebrüder ließen diesen Stein errichten nach Torkel, ihrem Gildebruder. Gott helfe seiner Seele, Torbjörn ritzte (die Runen).«

Dies ist in Nordeuropa der erste Hinweis auf eine Sitte, die sich im Mittelalter weit verbreitete, daß nämlich die Kaufleute nicht mehr einzeln auftraten, sondern sich entsprechend ihrer Herkunft zu Gruppen und Gilden zusammenschlossen. Oft unterhielten sie feste Kontore, die allen Gildebrüdern zur Verfügung standen und – in unsere Begriffe übersetzt – eine Mischung aus Handelsmission und Botschaft darstellten, wodurch sie auch politisch teilweise einen recht beachtlichen Einfluß zu gewinnen imstande waren.

Simris

✻ Runensteine, Wikingerzeit ca. 850–1100 n. Chr.
Karte 2, Südostschweden

Von Simrishamn die Straße 32 südwärts Richtung Borrby, in der Ortsmitte von Simris links der Straße.

Der linke, ältere Stein ist schwer zu datieren, da die Form der Runenschlange im Borre-Stil aufkam, jedoch bis über die Jahrtausendwende in Gebrauch blieb.
Der rechte, jüngere Stein ist im Urnes-Stil gestaltet, entstand also erst nach der Jahrtausendwende. Die Inschrift weist eine Besonderheit auf. Sie lautet übertragen:
»Sigref ließ diesen Stein errichten für Forkunn ..., dem Vater von Knuts Helden Asulf. Gott helfe seinem Geiste.«

Mit Knut ist zweifellos Knut der Große gemeint, in dessen Heer sich der junge Held Asulf vermutlich bei der Eroberung Englands so sehr auszeichnete, daß er weit bekannter war als sein Vater Forkunn, weshalb dieser auf der Inschrift, und das ist nun das absolut ungewöhnliche, durch seinen Sohn näher gekennzeichnet wird.

Simrishamn

* Felszeichnungen, Bronzezeit ca. 1500–500 v. Chr.
Karte 2, Südostschweden

Etwa 1 km nördlich von Simrishamn an der Straße nach Brantevik liegen knapp westlich der Straße 4 größere und etliche kleinere Platten mit Felszeichnungen.

Die Felsplatten sind dicht mit Darstellungen von Menschen, Tieren, Schiffen und Symbolen bedeckt. Auf einer davon (Simrishamn 19) wurden auch schwache Reste einer offenbar aus der Steinzeit stammenden Zeichnung entdeckt.

Eine ganz besondere Rolle spielen auf diesen Felsbildern die großen, in Relation zu den dargestellten Menschen oft geradezu riesigen Kultäxte; daß sie tatsächlich mitunter solch gewaltige Formate aufwiesen, belegen die aufgefundenen Kultäxte in den Museen von Stockholm und København.
Die Axt – im kultischen wie im waffentechnischen Sinne – ist

eines der häufigsten Symbole der Bronzezeit, und dies keineswegs nur in Nordeuropa, sondern auch z. B. im Mittelmeer, wenn wir an Kreta denken.
Das Schwert war zwar das Abzeichen des Kriegers, also des freien Mannes, die Zerbrechlichkeit der Bronzeklinge jedoch machte es für den Kampfeinsatz nur mäßig tauglich. Die weit massivere Axt hingegen war im Nahkampf eine äußerst gefährliche Waffe, ja sie war neben dem den Germanen (Speer-Männern) heiligen Speer die Kampfwaffe schlechthin: Siegbringerin und Todessymbol in einem. Was Wunder, wenn die Axt im religiöskultischen Rahmen ihre unübersehbare Spur hinterlassen hat und, umgewandelt zu »Thors Hammer« (ursprünglich zweifellos eine Doppelaxt), noch im gesamten ersten nachchristlichen Jahrtausend als Symbol eine außergewöhnlich wesentliche Rolle spielte.

Sjonhem

****** Runensteine, Wikingerzeit ca. 1000–1100 n. Chr.
Karte 8, Gotland

Einer der drei Steine befindet sich noch an der Kirche von Sjonhem, südöstlich von Visby nach Romakloster an der Straße 145, der andere befindet sich heute in Visby, Gotlands Fornsal, ein dritter, zugehöriger ist verschollen.

Diese Steine sind in mehrfacher Hinsicht beachtenswert: In ih-

rer äußeren Form entsprechen sie den gotländischen Bildsteinen jener Epoche, in der Ausgestaltung folgen sie jedoch dem in Mittelschweden üblichen Muster mit gewissen Anklängen an den Urnes-Stil, sind also wie die Hogrän-Steine (s. HOGRÄN), eines der wenigen Beispiele von Runensteinen im engeren Sinne auf Gotland.
Zu erklären ist dies wohl damit, daß die christlichen Missionare auch »ihren« Runensteinstil mit nach Gotland brachten und sich die Jungchristen mit der Übernahme dieses Stils – es handelt sich in allen Fällen um christliche Steine – von ihren heidnischen Nachbarn zu unterscheiden trachteten und in das obere Bogenfeld, dem traditionellen Platz für Götterdarstel-

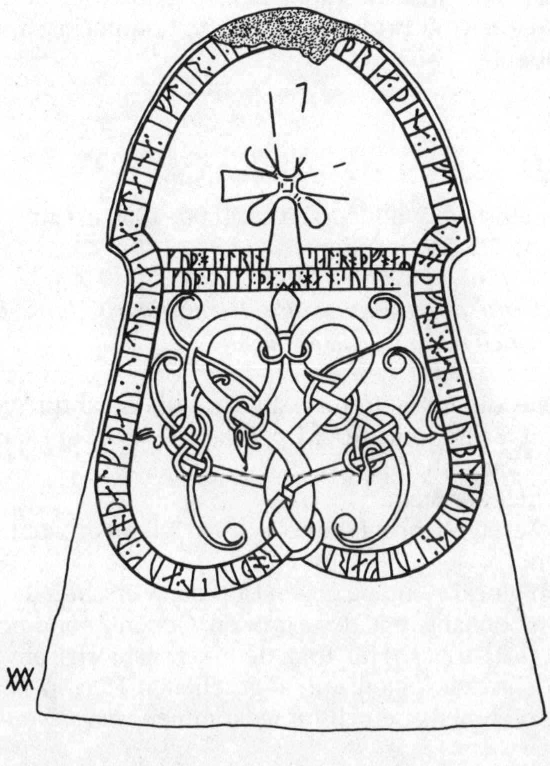

lungen auf gotländischen Bildsteinen, nun auch konsequenterweise das Kreuz einmeißeln ließen.
Sehr tief scheint das Taufwasser freilich nicht immer gedrungen zu sein, wie die Runeninschrift der Sjonhem-Steine nur zu deutlich belegt, denn hier findet sich keine Spur von christlicher »rechte-Backe-linke-Backe«-Friedfertigkeit, sondern gut altgermanisches Rachedenken, auch wenn man die Rache Gott überließ – und das wohl eher nur deshalb, weil die Bösewichter in kaum erreichbarer Entfernung wohnten.
Die Inschrift lautet:
»Rothvisl und Rothälv, diese Gatten ließen die Steine für ihre drei Söhne errichten: diesen für Rothfos. Ihn ermordeten heimtückisch die Walachen auf einer Auslandsfahrt. Gott helfe Rothfos' Seele. Gott bringe um, die ihn heimtückisch umgebracht haben!«

Sjörup

Runenstein, Wikingerzeit ca. 1000–1050 n. Chr.
Karte 2, Südschweden

Von Ystad auf der Küstenstraße 10 westwärts, kurz hinter Svarte nördlich nach Sjörup abbiegen.

»Saxi setzte diesen Stein für Asbjörn, seinen Fahrtgenossen, Tokis Sohn. Er floh nicht bei Uppsala, sondern (er) kämpfte, solange er Waffen hatte.«
So vermeldet der Stein.
Einen besseren Nachruf konnte sich ein Wikinger wohl kaum erträumen!
Von jenem glücklosen Zug gegen Uppsala war schon die Rede im Zusammenhang mit dem großen Gedenkmonument in Hällestad (s. HÄLLESTAD) für Toki, den Vater Asbjörns, einem offenbar höchst mächtigen und angesehenen Herren, der bei dem Unternehmen ebenfalls umgekommen war.

Sjusta

** Runenblock, Wikingerzeit 1070–1100 n. Chr.
Karte 5, Mittelschweden

Von Stockholm auf der Straße E 18 Richtung Enköping bis Övergran, dort nördlich Richtung Skokloster abbiegen; kurz vor Skokloster westlich der Landstraße auf einem kurzen Fußweg zu erreichen.

Die sehr elegant im Urnes-Stil ausgeführte Runenzeichnung wurde – und das ist absolut einmalig – in einen mächtigen Findlingsblock gemeißelt.
Die Inschrift lautet:
»Runa ließ das Denkmal machen für Spjallbuthi und für Svaein

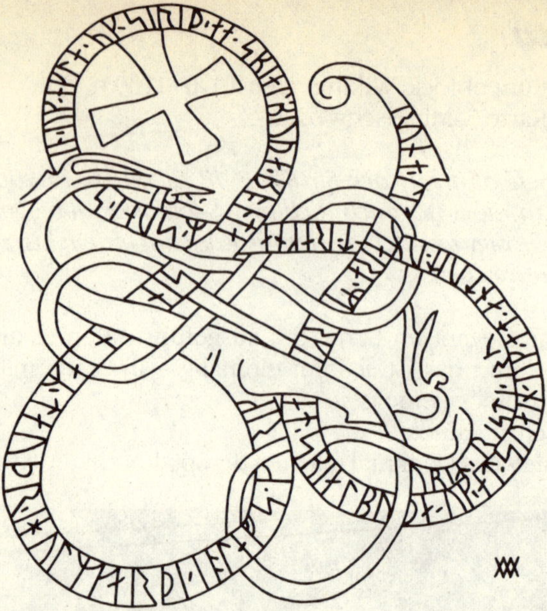

und für Andvett und für Ragnar, ihre und Haelgis Söhne, und Sigrith für Spjallbuthi, ihren Mann. Er fand den Tod in Holmgård in der Olavskirche. Øpir ritzte die Runen.«
Holmgård ist das spätere Novgorod, eine Wikingergründung, die lange Zeit auch einer der bedeutendsten Handelsplätze der Wikinger im Osten blieb. Die Olavskirche war wohl eine Kaufmannsgründung von Gotland aus, wo man den 1030 bei Stiklestad (s. Dk/N: STIKLESTAD) in der Nähe von Trondheim gefallenen König Olav den Heiligen besonders verehrte.
Zwar sind die näheren Umstände von Spjallbuthis Tod unbekannt, doch liegt die Vermutung recht nahe, daß sich die erstarkenden russischen Wikinger der skandinavischen Konkurrenz zu entledigen versuchten. Daß sie dabei nicht allzu zimperlich zu Werke gingen, erhellt die Tatsache, daß Spjallbuthi in einer Kirche ums Leben kam, was wohl eher auf Mord als einen fairen Kampf hindeutet.

Skegri

** Dolmen, Steinzeit ca. 2700–2300 v. Chr.
Karte 2, Südschweden

Von Malmö die Straße E 6 südlich in Richtung Trelleborg fahren, südwestlich unmittelbar an der Straße gegenüber der Kirche von Skegri.

Der sehr schöne Dolmen von Skegri ist ein sogenannter »langer« Dolmen mit einer rechteckigen Grabkammer in der Mitte, abgedeckt mit einem mächtigen Felsblock und am Eingang einem »Schwellen«-Stein, eingefaßt von einem Rechteck, das von mehreren großen Steinbrocken gebildet wird. Dolmen sind die älteste Form der jungsteinzeitlichen Megalith- (d. h. Großstein-) Gräber, zu denen auch die weit häufigeren Ganggräber und Steinkisten zählen.

Skokloster

** Runensteine, Wikingerzeit ca. 600–1100 n. Chr.
Karte 5, Mittelschweden

Von Stockholm nordwestlich auf der Straße E 18 Richtung En-

köping fahren und entweder kurz vor oder kurz nach Bålsta nach Norden auf die Landstraße nach Skokloster einbiegen; die Runensteine befinden sich hinter der Backsteinkirche.

Östlich der Kirche nahe dem Seeufer steht auf einem niedrigen Hügel einer der ältesten und berühmtesten Runensteine Schwedens:
Mit eingelegter Lanze trabt ein Wikingerkrieger auf seinem noch recht kleinwüchsigen Pferd daher. Auf der Rückseite des Steines trägt er sein Schwert an der Seite.
Für einen heutigen Reiter mag die Haltung des Skokloster-Reiters ungewöhnlich, ja »falsch« wirken mit dem weit zurückgelehnten Oberkörper und den nach vorn geschobenen Beinen, sie war aber für die damalige Reittechnik ausgesprochen ty-

pisch: Die Sättel jener Tage waren keine »Briefmarke unter dem Hintern« wie heute, sondern vorn und hinten hochgezogen und bequem gepolstert – Reiten war damals schließlich ja auch kein Sport, sondern eine Notwendigkeit. Wenn man sich nun kräftig in den Bügeln gegen die Rückenlehne solch eines Sattels stemmte, so wurde man praktisch eine Einheit mit dem Pferd. Klemmte man sich noch die Lanze unter den Arm, so war dem gemeinsamen Stoß von Pferd-Reiter-Lanze keine Rüstung, kaum ein Schild gewachsen – das hauptsächlich aus Fußtruppen bestehende angelsächsische Heer König Haralds II. fiel der so massiert angreifenden Reiterei Herzog Wilhelms von der Normandie 1066 bei Hastings zum Opfer.
Der Reiter des Skokloster-Steins ist fast ein halbes Jahrtausend älter als die Panzerreiter des Normannenherzogs und wird in die Frühwikingerzeit oder sogar noch davor in die späte Völkerwanderung datiert. Es ist eine Frage, ob man den Stein überhaupt als »Runenstein« und nicht besser als »Bildstein« ansprechen sollte, denn original ist seine Südseite, während die Nordseite sehr viel später mit einer Runeninschrift und sogar einem christlichen Kreuz »verbrämt« wurde.

Ein weiterer, teilweise böse beschädigter Runenstein der Spätzeit, wie das christliche Kreuz ausweist, ist nördlich der Kirche aufgestellt.

Slutarp

Ganggräber, Steinzeit ca. 2000 v. Chr.
Karte 3, Westschweden

Von Göteborg nordöstlich der Straße E 3 bis Skara folgen, dort südlich auf der Straße 47 nach Falköping fahren und weiter auf die Straße 46 nach Kinnarp einbiegen, am Ortsanfang von Slutarp nach Westen auf die Landstraße abbiegen und der Beschilderung »Slutarpdösen« folgen. S. auch Karte bei INGATORP.

Västergötland, zumal das Gebiet um Falköping, muß in der jüngeren Steinzeit über eine recht ansehnliche Population verfügt haben, denn rund 100 Ganggräber jener Epoche, das sind dreiviertel aller in Schweden, liegen in diesem Gebiet (s. auch RÖSSBERGA, INGATORP).
Die beiden großen, von der Straße aus gut sichtbaren, jedoch schwer erreichbaren Ganggräber von Slutarp gehören ebenfalls zu dieser Gruppe. Sie sind einigermaßen gut erhalten und beide verfügen heute noch über ihre gewaltigen Decksteine.

Smålandstenar

** Ringsetzungen, Eisenzeit ca. 500 v. Chr.–500 n. Chr.
Karte 2/3, Westschweden

Von Helsingborg die Straße E 6 bis Halmstad nach Norden fahren und von dort nordöstlich weiter Richtung Jönköping auf der Straße 26 bis Smålandstenar und an dessen nördlichem Ortsende den Hinweisschildern folgen.

Die Begräbnis- bzw. Denkmalformen hielten sich im nördlichen Europa über Jahrhunderte, manchmal sogar über Jahrtausende. Ringförmige Steinsetzungen kennen wir aus der Bronzezeit ebenso wie noch aus der Wikingerepoche, wo sie freilich eher selten waren.
Auch die fünf teilweise recht beachtlichen Steinkreise bzw. Ringsetzungen von Smålandstenar wären ohne entsprechende Ausgrabungen kaum exakt datierbar gewesen. Die Grabbeigaben bzw. Beifunde lassen dieses Grabfeld auf die Eisenzeit (jene Epoche also, in der weiter südlich das Imperium Romanum regierte) datieren. Es handelt sich durchgehend um Brandgräber und das Grabfeld gilt in seiner Art als das bedeutendste in Westschweden.
Die Funde, die bei den Ausgrabungen gemacht wurden, befinden sich in dem kleinen Museum.

Smiss/Kirchspiel Garda

✻ Bildstein, Völkerwanderung bis Wikingerzeit
ca. 500–700 n. Chr.
◇ Karte 8, Südostgotland

Der Stein steht heute in Visby, Gotlands Fornsal.

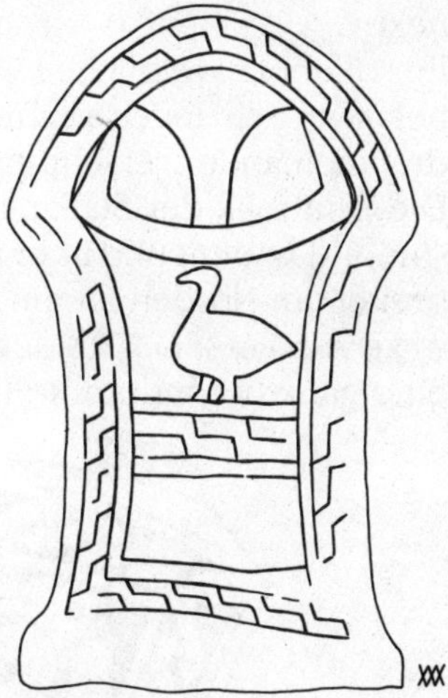

Ende der Völkerwanderung bis Anfang der Wikingerzeit behauptete sich für knapp 200 Jahre auf Gotland ein eigentlich völlig aus dem Rahmen fallender Bildsteinstil: Die Steine sind ziemlich klein – dieser hier mißt nur 73 Zentimeter Höhe – und die Zeichnungen wurden nicht, wie vor- und nachher, flächig angelegt, sondern lediglich als Linien eingeritzt.
Dominierendes Motiv sind Tiere, d. h. entenähnliche Vögel und Geweihträger, die Hirsche, möglicherweise auch Elche darstellen sollen, ferner reichlich schematisiert gezeichnete Boote mit manchmal pilzförmigen Segeln.

Smiss/Kirchspiel När

✻ Bildsteine, Völkerwanderung und Wikingerzeit
ca. 400–700 n.Chr.
◇ Karte 8, Südostgotland

Zwei höchst interessante Steine wurden aus einem Gräberfeld bei Smiss im Kirchspiel När zutage gefördert.

Schlangenstein

✻ Völkerwanderung ca. 400–600 n. Chr.

Der Stein ist heute in Visby, Gotlands Fornsal, ausgestellt.

Die volkstümlichen Bezeichnungen für die Darstellungen dieses Steines sind »Schlangenbeschwörerin« und »Schlangenhexe«.
Ein offenbar weibliches Wesen hält im Unterteil des Bildsteines zwei Schlangen in ihren Händen, während sich über ihr drei ineinander verschlungene Schlangen winden.
Die Symbolik der Schlange als Fruchtbarkeits- wie als Todessinnbild ist uralt und über nahezu alle bekannten Kulturen verbreitet, im Norden zumindest seit der Bronzezeit (s. etwa VITLYCKE, ASPEBERGET). Daß der Schlangenkult im keltischen Raum eine ganz besondere Rolle spielte, ist ebenso richtig, wie es

unrichtig ist, daß er von dort in den nordischen Raum »übernommen« worden sei. Daß es sich auf diesem Bildstein, gekennzeichnet durch die weit auseinandergegrätschten Beine der Frau, um einen Fruchtbarkeitsmythos handelte, steht wohl außer Zweifel.
Was die drei Schlangen im oberen Bildteil anbelangt, so sei auf das Wappen von Sizilien verwiesen – Sizilien, das um die Jahrtausendwende von Normannen, d. h. Wikingern, erobert und besetzt wurde –, das drei laufende Beine zeigt, zweifellos eine mißverstandene Darstellung der »Dreischlange«.

Zweikampfstein

✻ Frühwikingerzeit ca. 700 v. Chr.

Der Stein steht heute in Stockholm, Statens Historiska Museum.

Mit 90 Zentimetern Höhe gehört dieser Stein noch fast den »Zwergsteinen« (s. SMISS/KIRCHSPIEL GARDA) an. Ansonsten zeigt er bereits etliche der »klassischen« Motive der neueren gotländischen Bildsteintradition, wie das Schiff, das den Toten nach Walhall trägt.
Der Kopf des Bildsteines, später oft dem Empfang des Helden in Walhall oder einer Götterdarstellung vorbehalten, stellt hier den Tod – oder ein höchst wichtiges Ereignis – im Leben des Verstorbenen dar, einen »Holmgang«, einen jener nach exakten Regeln ausgefochtenen Zweikämpfe »im Angesicht der Götter«, die seinerzeit nicht selten als Rechtsgrundlage dienten und als »Gottesgerichte« bis weit ins Mittelalter hinein in Gebrauch blieben. Uns mag diese Form der Rechtsprechung zunächst eher als eine offizielle Bestätigung des Faustrechtes bzw. des Rechtes des Stärkeren erscheinen. Tatsache ist aber, daß in zahllosen historisch belegten Fällen der eindeutig Schwächere siegte, da der körperlich zwar stärkere, jedoch für eine ungerechte Sache fechtende Kämpfer im entscheidenden

Augenblick – »angesichts der Götter (oder Gottes)« – vielleicht nur für Bruchteile von Sekunden zögerte oder eben nicht seine volle Überlegenheit auszuspielen wagte.

Smiss/Kirchspiel Stenkyrka

✱✱ Bildstein, Wikingerzeit ca. 700–800 n. Chr.
◇ Karte 8, Nordostgotland

Der Stein ist heute in Stockholm, Statens Historiska Museum, zu besichtigen.

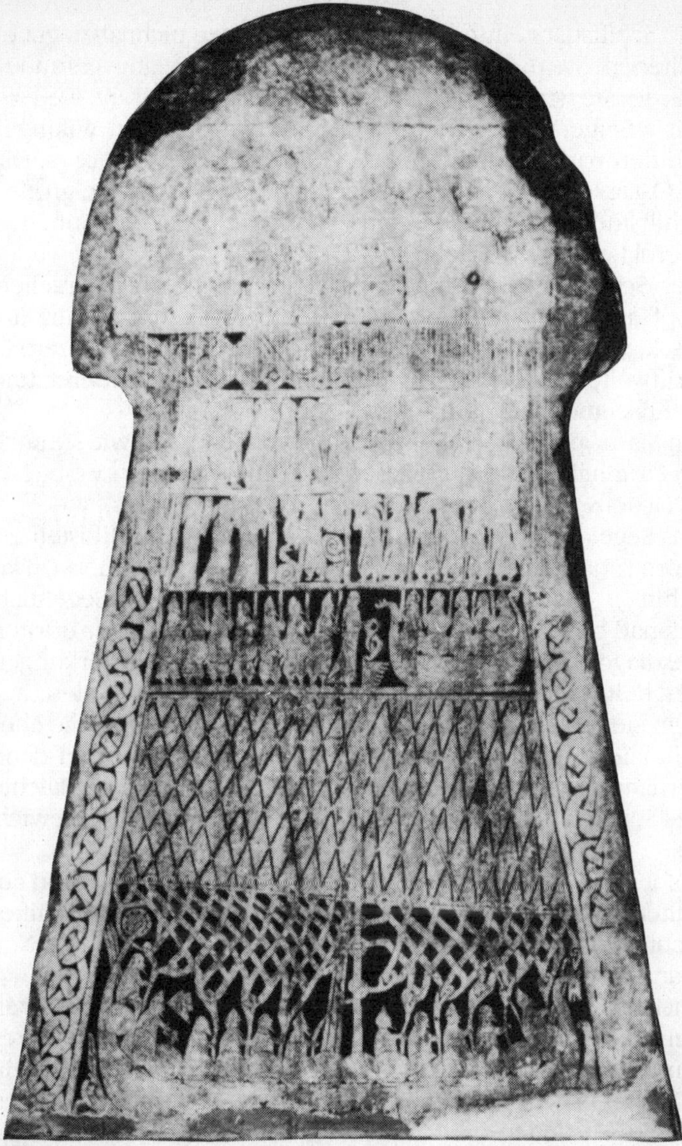

Die Schiffsdarstellung auf diesem ansonsten nicht allzu gut erhaltenen Stein ist die detailreichste, die bislang gefunden wurde. Sie ist auch deshalb so besonders interessant, weil sie, mit wenigen Jahren Unterschied, zeitlich mit den Wikingerschiffen von Gokstad (s. Dk/N: GOKSTAD) und Oseberg (s. Dk/N: OSEBERG) zusammenfällt. Wichtige, bei den beiden großen Schiffsfunden fehlende Details, zumal die Takelage, können so korrekt ergänzt werden.
Der Schiffsrumpf verfügt über einen prachtvollen Drachenkopf am Bug und einen elegant aufgerollten Schwanz am Heck, wo auf einer erhöhten Plattform, ein Bündel Speere in Griffweite, der Rudergänger – häufig mit dem Anführer und Schiffseigner identisch – sitzt.
Am Masttop steckt eine Wetterfahne von jener Art, wie sie auch im Original erhalten geblieben sind (s. KÄLLUNGE, SÖDERALA; Dk/N: HEGGEN).
Das Segel ist karriert, wie auf allen gotländischen Bildsteinen. Björn Landström meint dazu in seinem Buch »Skeppet« (»Das Schiff«): »Bekanntlich webte man in Nordeuropa Segeltuch, das naß besonders nachgab und dehnbar war. Daher dürften die diagonalen Abnäher auf den Segeln Materialverstärkungen des heimgesponnenen Leinens oder Leders darstellen, aus dem sie bestanden.« Eine andere Theorie meint, daß die eher schmalen Leinenstreifen miteinander verflochten und dann vernäht wurden; dies hätte den Vorteil einer größeren Dichte des Segels gehabt, freilich auch den Nachteil höheren Gewichtes.
Auf jeden Fall ist das farbig längsgestreifte Segel, das man auf nahezu allen Modellen des Oseberg- und Gokstadschiffes sieht, falsch; diese Art der Segel kamen auf Wikinger- und Normannenschiffen erst im 11. Jahrhundert in Gebrauch.
Auch die Takelage jener Modelle ist in der Regel falsch. Das an den beiden unteren Segelenden, den Schothörnern, angreifende Schotenpaar gab es seinerzeit noch nicht, sondern ein höchst kompliziertes System von Netzschoten mit zahlreichen Enden, an denen die Männer der Besatzung das Segel mög-

lichst flach im Wind hielten – und so altertümlich kompliziert diese Methode anmutet, so sehr beweist sie das hohe seemännische Können dieser Leute, denen es nämlich absolut klar war (erst im 19. Jahrhundert setzte sich diese Erkenntnis allgemein durch!), daß ein Segel umso besser »zieht«, je flacher es am Wind gefahren wird. Die Einführung eines Schotenpaares stellte also zwar eine technische Vereinfachung der Takelage, da nun aber das Segel mehr oder minder bauchig gefahren werden mußte, in der Wirkung jedoch keineswegs einen Fort-, sondern eher einen Rückschritt dar.

Söderala

✻✻ Schiffsfahne, Wikingerzeit ca. 1000–1050 n. Chr.
◇ Karte 5, Mittelschweden

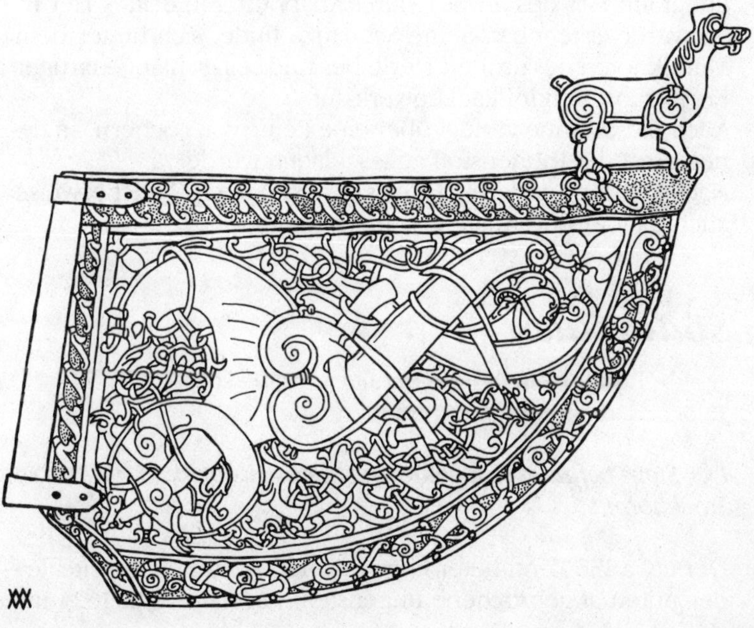

Die Schiffsfahne befindet sich heute im Statens Historiska Museum in Stockholm.

Wenn man bedenkt, daß sich immerhin in drei Fällen wikingerzeitliche Schiffsfahnen als Dekoration an Kirchturmspitzen fast ein Jahrtausend lang gehalten haben, so muß dies einst ein verbreiteter Votivbrauch gewesen sein.
Von diesen drei erhaltenen Schiffsfahnen (s. Källunge; Dk/N: Heggen) ist die von Söderala die künstlerisch und handwerklich eleganteste mit ihren vielfach verschlungenen im reinsten Ringerike-Stil ausgeführten Drachen und Schlangen.
Der Rahmen, der die durchbrochene Fläche in der Mitte umgibt, ist mit gravierten Mustern verziert. In der Mitte der Fahne, dicht von Ranken umwachsen, befindet sich ein Schlangen-Drachen, dessen Vorderbein sich in die untere Ecke streckt. Um dieses Bein windet sich ein kleinerer Drachen, der vergnügt am Fuß des großes Tieres knabbert. Ein drittes Tier ist schwerer erkennbar. Seine Schnauze findet sich hinter dem Mittelknoten des großen Tierleibes und sein schlangenartiger Körper löst sich im Rankenwerk auf.
Auch diese Fahne verfügt über eine Reihe von Löchern, an denen einst der Fahnenstoff angeschlagen wurde.
Nach Meinung anderer Historiker waren hier möglicherweise auch Bänder oder Klapperkettchen angebracht.

Södersluss

◇ Runenstein, Wikingerzeit ca. 1050–1100
Karte 5, Mittelschweden

Der Stein befindet sich heute im Statens Historiska Museum in Stockholm.

Der etwa 135 Zentimeter hohe und 120 Zentimeter breite, leider unten abgebrochene Runenstein hat schon seit 1624 immer wieder die Gemüter geschichtlich interessierter Leute bewegt, nicht weil er so besonders schön oder wohlerhalten gewesen wäre, sondern weil er eben mitten im Stadtgebiet von Stockholm stand.

Die sich in einer großen Acht windende Runenschlange trägt die Inschrift: »Karl und Athisla errichteten (diesen Stein für) Arnisl, (ihren) Vater.«
Ein offensichtlich vom gleichen Runenmeister gestalteter Stein steht in Farsta in Södermanland.

Sövall

Steinsetzungen, Eisenzeit ca. 200–550 n. Chr.
Karte 3, Westschweden

Etwa 6,5 km südwestlich von Tanumshede, rund 600 m südwestlich von Grebbestad Richtung Sövall. Detailkarte s. TANUM.

Es handelt sich um zwei dreieckige Steinsetzungen, wie sie in der jüngeren Eisenzeit aufkamen. Sie dürften zeitlich mit dem Grabfeld von Grebbestad (s. GREBBESTAD) zusammenfallen.
Im Volksmund werden sie »Kusens grav« genannt nach einem der Anführer einer schottischen Piratenhorde, die einst Grebbestad und Tanum überfallen hatte, und der an dieser Stelle erschlagen und begraben worden sein soll – was unter Umständen sogar denkbar wäre. Daß man freilich das Grebbestad-Grabfeld als den Friedhof der übrigen Schotten und gar den über 2000 Jahre älteren Vrångstad-Dolmen (s. TANUMSHEDE) als Grab des Schottenkönigs Valbert mit in die Sage einbezog, ist ohne jeden Zweifel unsinnig.

Spånga

Runenstein, Wikingerzeit ca. 1000–1050 n. Chr.
Karte 5, Südmittelschweden

Von Nyköping auf der Straße 222 nordwestlich nach Råby-Rönö, in dessen unmittelbarer Nähe Spånga liegt.

Der mit christlichem Kreuz und Schiff geschmückte Runenstein trägt die Inschrift: »Guthbjörn (und) Uddi, die errichteten diesen Stein für Guthmar, ihren Vater. Er stand mannhaft im Steven des Schiffes, liegt westwärts beerdigt, er, der starb.«

Stenkyrka

* Grabfeld, Steinsetzungen, Rollsteinhügel, Bronze- bis Wikingerzeit ca. 1500 v. Chr.–1000 n. Chr.
Karte 8, Nordwestgotland

Von Visby die Straße 149 nordwärts und bei Stenkyrka südöstlich Richtung Tingstäde abbiegen; das Grabfeld liegt an der Landstraße etwa 600 m südöstlich der Kirche von Stenkyrka.

Mit rund 1000 sichtbaren Grabmonumenten ist das Grabfeld von Stenkyrka das größte Gotlands. Freilich ist es durch Wald, Unterholz, Gestrüpp und hohes Gras recht unübersichtlich, so daß kein Gesamteindruck zu entstehen vermag.
Östlich der Straße zieht sich der größere Teil des Grabfeldes entlang eines kleinen Waldweges auf den Hof von Tuna zu, wobei dieser Weg mindestens so alt wie das Grabfeld, vielleicht sogar älter ist. Denn er schneidet keines der Grabmonumente, obwohl er recht geradlinig verläuft und sich keineswegs um die Gräber herumschlängelt. Westlich der Straße erstreckt sich das Grabfeld noch etwa 150 Meter in Richtung auf ein urbar gemachtes Moor zu.

Die Gräber, die großteils geplündert sind, bestehen in der Hauptsache aus Steinsetzungen und Rollsteinhügeln.
Im nordwestlichen Teil des Feldes, auf und an seinem höchst gelegenen Punkt, befinden sich zwei weite Steinkreise aus großen Steinblöcken, von denen einer mit einer Anzahl kleinerer Gräber bedeckt ist.
Man nimmt an, daß diese Kreise die Reste älterer bronzezeitlicher Hügel sind, deren übriges Material für die Anlage jüngerer Gräber verwendet wurde.
Aus der jüngeren Bronzezeit zwischen 1000 und 500 v. Chr. stammt eine kleine, teilweise zerstörte Schiffssetzung am südlichen Teil des Waldweges.
Die größte Anlage ist ein Rollsteinhügel, »Äuglehög« genannnt, der etwas südwestlich der Grabfeldmitte liegt, über einen Durchmesser von 17 Metern verfügt und eine teilweise versteckt liegende behauene Steinkante aufweist.
Innerhalb des Grabfeldes gibt es etliche »Wurzeln« abgeschlagener senkrechter Kalksteinplatten, möglicherweise von Bildsteinen der älteren Art, wie sie zur Völkerwanderung zwischen 400 und 600 n. Chr. in Gotland üblich waren. Ferner findet man noch 20 bis 30 behauene sogenannte »Grabkugeln«, auch eine tpyisch gotländische Grabzier; viele dieser Kugeln

sind freilich verschwunden (und das teilweise erst in jüngster Zeit).
Entsprechend den Grabformen und den wenigen Funden, die man machen konnte, war das Grabfeld von Stenkyrka von der älteren Bronzezeit bis zum Ende der heidnischen Wikingerzeit in beständiger Benutzung, wobei man sich durchaus gelegentlich bei älteren Grabmälern mit dem Baumaterial für neuere Anlagen bediente. So haben in Wahrheit hier nicht nur 1000 Tote, sondern ein Vielfaches davon, da man ja viele Gräber auch mehrfach nutzte, aus zweieinhalb Jahrtausenden ihre letzte Ruhestätte gefunden.

Stockholm

*** Statens Historiska Museum (Staatliches Historisches Museum).
Karte 5, Mittelschweden

Das Statens Historiska Museum liegt an der Narvavägen 13–17 im Stadtteil Östermalm.

Der Beginn des Aufstieges von Stockholm fällt in das Ende der Wikingerzeit und geht mit dem Niedergang von Birka zusammen. Mit dem Nationalmuset in København zusammen gilt das Statens Historiska Museum in Stockholm als das wichtigste Museum für nordische Vor- und Frühgeschichte.
Von der Steinzeit bis zur Spätwikingerzeit verfügt das Museum über hervorragende Sammlungen und Einzelstücke von erlesener Schönheit und historischem Interesse. (s. auch: ARDRE, BARSHALDERSHED, BIRKA, GAMLA UPPSALA, HAVOR, HELGÖ, HÖGSRUM, KARUMS ALVAR, KÖPINGSVIK, LILLBJÄRS, MYSINGE, RÄLLINGE, SANDA, SEGERSTAD, SIGTUNA, SMISS/KIRCHSPIEL NÄR, SMISS/KIRCHSPIEL STENKYRKA, SÖDERALA, TÄNGELGÅRDA, TJÄNGVIDE, VALLSTENA, VÄTTERYD, VENDEL.)
Leider – und auch das muß in aller Deutlichkeit gesagt werden – ist die Präsentation der Ausstellungsstücke vielfach recht un-

glücklich, zumal schreiend-bunte moderne Gemälde und andere Wanddekorationen kleinere oder fein gearbeitete Objekte hoffnungslos erschlagen.

Sundsvall

** Grabfeld, Grabhügel, Runenstein, Völkerwanderung bis Wikingerzeit ca. 500–1050 n. Chr.
Karte 6/7, Nordostschweden

Das Grabfeld liegt etwas außerhalb der Stadt, den Weg sollte man sich zweckmäßigerweise im Tourismusbüro oder im Museum der Stadt erklären lassen.

Als 1946 die Kommune Sundsvall das Grabfeld – manchmal »Högom Gravfältet« genannt – kaufte, war es in einem recht elenden Zustand. Es ist vor allem auch großzügigen Spenden zu danken, daß das Riksantikvarieämbetet (Reichsdenkmalschutzamt) das Grabfeld zwischen 1949 und 1956 nicht nur wieder herrichten, sondern auch zwei der großen und zwei

der kleinen Grabhügel ausgraben und untersuchen lassen konnte.
In dem 1949/51 untersuchten Hügel (dem zweiten von links) entdeckte man eine hölzerne Grabkammer, die aber im Laufe der Jahrhunderte unter dem 20 Meter durchmessenden Hügel zu einer nur noch wenige Zentimeter dikken Schicht zusammengepreßt worden war. Da es unmöglich war, diese Fundschicht an Ort und Stelle genau zu untersuchen, verpackte man sie in eine große Kiste und schaffte sie nach Stockholm. Dort stellte man fest, daß der vollständig bekleidete Tote mit auffallend reichen Beigaben ins Grab gelegt worden war, und zwar nicht nur mit verschiedenen Waffen, sondern auch mit Zaumzeug, Sattel, Glasbecher sowie zahlreichen gold- und silberbelegten Gegenständen, die diesen Fund zum reichsten Nordschwedens machten.
Auch der zweite große Hügel (der am weitesten rechte der großen), den man 1955/56 untersuchte, ergab hochinteressantes archäologisches Material. Von den zwei Brandgräbern hatte man im Hauptgrab die verbrannten Gebeine des Toten zusammen mit seinen verbrannten Grabbeigaben in einem großen Eisenkessel beigesetzt. Als man weitergrub, fand man unter dem Hügel Spuren vom Pflügen mit einem Häufelpflug und darunter gar noch die Reste eines Hauses, dessen Dach einst auf kräftigen Holzpfosten geruht hatte, deren verkohlte untere Enden teilweise immer noch in den Pfostenlöchern steckten.
Nach den verschiedenartigsten Untersuchungen stand fest, daß das Grabfeld wohl um 500 n. Chr., während der Völker-

wanderung also, angelegt wurde, man es aber wohl noch bis in die frühe Wikingerzeit benutzt hat, während das gefundene Haus eher der Eisenzeit angehören muß.
Auf dem Grabfeld findet sich ferner ein Runenstein, der aufgrund des Kreuzes einerseits, aufgrund seiner sonst eher altertümlichen Form etwa auf die Mitte des 11. Jahrhunderts datiert werden kann.
Seine Inschrift lautet:

ᚴᚢᚿᚢᚦᚱ ᛆᚢ· ᚦᚢᚱᚴᛆ·ᚱ ᚦᛆᚢᚿ ·ᛁᛏᚢ
ᚱᛆᛁᛋᛆ ᛋᛁ... ᛆᚠᛐᛁᚱ ᚦᚢᚱᛋᛐᛆᛁᚿ ᛋᛁᚿ
ᛁᚿ ᛆᚱᚿ ᛆᚢᚴ ᛆᚢᚿᛐᚱ ᛒᚱᚢᚦᚱ ᚼᚭᚿᛋ

»kunuþ au. þrka-r þaun-itu raisa st ... aftiR þurstain sun sin in arn auk auntr bruþr hons«, zu Deutsch: »Gunnvid und Torgärd, die ließen (diesen) Stein errichten nach Torsten, ihrem Sohn, und Arn und Ond (waren) seine Brüder.«

Täby/Östergötland

Runensteine, Wikingerzeit ca. 950–1150 n. Chr.
Karte 4, Mittelschweden

Südöstlich von Norrköping.
Straße E 66 Richtung Västervik bei Tingstad östlich abbiegen, kurz vor Täby am nördlichen Waldrand bei der Abzweigung nach Ljunga.

Auf kaum wahrnehmbaren Grabhügeln sind zwei Runensteine dicht nebeneinander aufgerichtet, wobei es sich bei dem rechten um einen heidnischen, bei dem linken um einen christlichen Stein handelt.

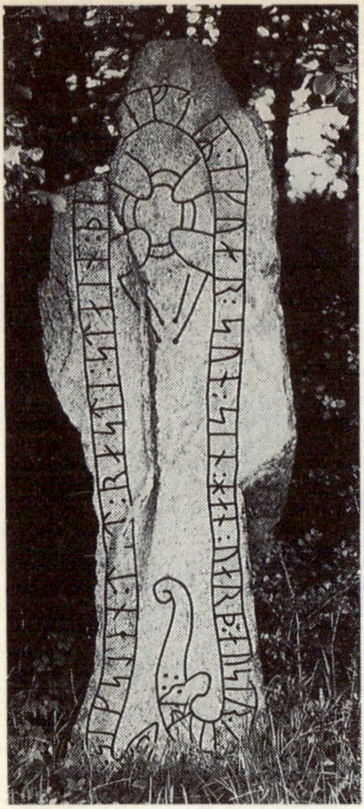 

Täby/Uppland

* Runensteine, Wikingerzeit ca. 1100 n. Chr.
Karte 5, Mittelschweden

Ca. 20 km nördlich von Stockholm, am besten über die Straße E 3 Richtung Norrtälje Ausfahrt Täby-Vallentuna zu erreichen.

»Jarlabanke ließ diese Steine zu seinen Ehren errichten, während er lebte, und baute diese Brücke für seine Seele und allein besaß er ganz Täby«, verkündet die Runeninschrift.
Wie jener Ali aus Väsby (s. VÄSBY) verließ sich auch dieser Jarlabanke, aus welchen Gründen auch immer, lieber nicht darauf, daß Freunde oder Verwandte nach seinem Tod für seinen

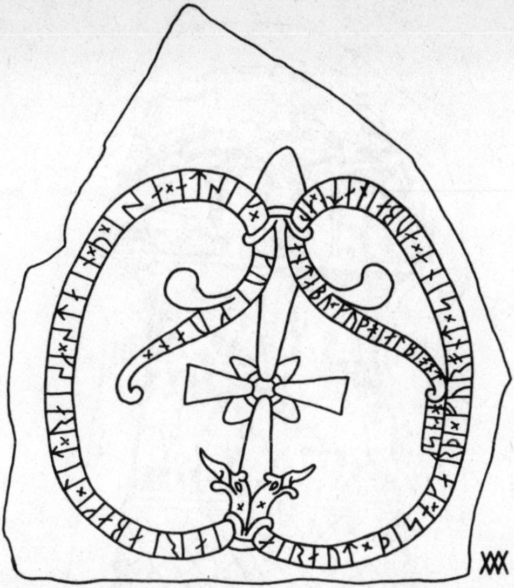

Nachruhm sorgen würden, sondern besorgte dies in höchst selbstbewußter Art gleich zu Lebzeiten selber – und hat damit sein Ziel ja auch erreicht.

Tängelgårda

✻✻ Bildstein, Wikingerzeit ca. 700–800 n. Chr.
◇ Karte 8, Nordostgotland

Heute befindet sich der Stein in Stockholm, Statens Historiska Museum.

Der Stein, der umgefallen auf einer Waldweide bei Tängelgårda im Kirchspiel Läbro gefunden wurde, gehört zum »klassischen« Typ gotländischer Bildsteine mit dem großen Schiff, Odins Raben und der Bestattungszeremonie, bei der die Schwerter mit der Spitze nach unten getragen wurden, und

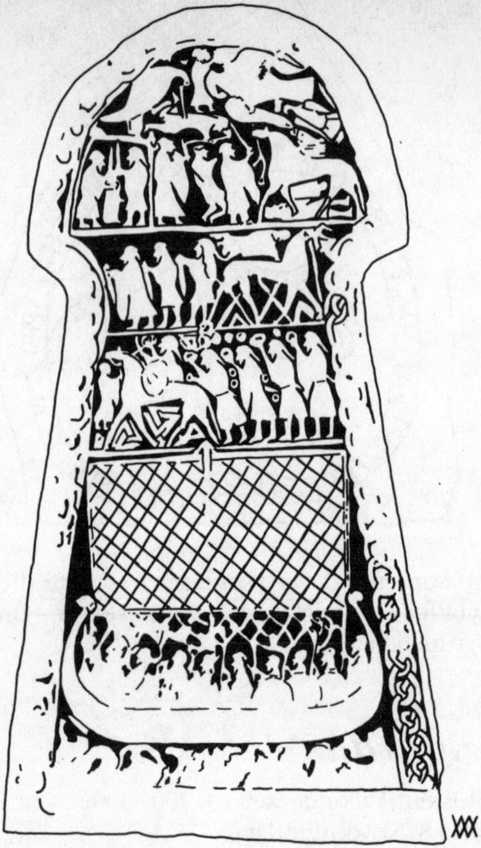

schließlich dem glanzvollen Empfang des Helden in Walhall. Besondere Beachtung verdient die Bildreihe unmittelbar über dem Schiff, in der einem Reiter – offensichtlich dem Verstorbenen – von einer Gruppe von vier Männern insgesamt 16 Ringe nachgetragen werden.
»Odin legte Eid auf einen Ring ab«, heißt es in der Edda, denn der Ring war ein magisches Treuesymbol – der »Ehering« ist es ja heute noch, oder sollte es zumindest sein. 16 Eide legte

der Verstorbene demnach im Laufe seine Lebens ab: viele, fast allzuviele, wenn wir uns der Urbedeutung des Eides – Gott zum allerhöchsten Zeugen unserer Aussage anzurufen – erinnern. Freilich ist zu vermuten, daß der Eid in der Wikingerzeit oft ebenso heruntergekommen war, wie er es heute ist.
Nur zu verständlich, wenn die Edda im folgenden Vers des Zitates zweifelt: »Wer wollte nun seinen Versprechungen trauen?«

Tanum

✻ Runensteine, Völkerwanderung ca. 400–600 n. Chr.
Karte 3, Westschweden

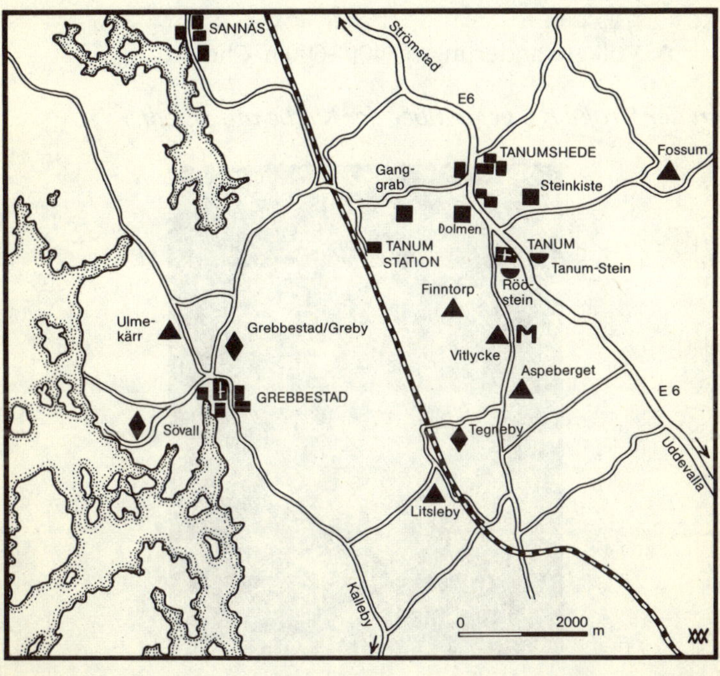

An der Straße E 6 Göteborg-Oslo.

Die Landschaft Boshuslän im allgemeinen und Tanum mit seiner näheren Umgebung im besonderen gehören zu den bedeutendsten vor- und frühgeschichtlichen Fundgebieten Nordeuropas.
Weltberühmt wurden die Felszeichnungen aus der Bronzezeit (s. ASPEBERGET, FINNTORP, FOSSUM, KALLEBY, KASEN, LITSLEBY, TEGNEBY, VITLYCKE), doch es gibt auch verschiedene interessante Grabstätten (s. GREBBESTAD, TANUMSHEDE), ein Labyrinth (s. ULMEKÄRR), Steinsetzungen (s. SÖVALL) und zwei der ältesten bekannten Runensteine in Tanum selbst.

Tanum-Stein

* Völkerwanderung ca. 400–600 n. Chr.

An der Straße E 6 gegenüber der Kirche aufgestellt.

Die sichtbare Höhe beträgt 2,35 Meter, und er ist, wie gesagt, einer der ältesten bekannten Runensteine überhaupt.
Seine sehr verwitterte Inschrift aus 20 Runen gab den Anlaß zu verschiedenen Deutungen. Der einen zufolge handelt es sich um einen Gedächtnisstein für einen gewissen Thrawinge oder Threwinge, nach anderer Meinung ist es ein magischer Stein, der denjenigen, die ihn von seinem Platz wegnehmen, mit Siechtum strafen würde.

Röö-Stein

✻ Völkerwanderung ca. 400–600 n. Chr.

Südlich der Kirche steht eine Replik. Der Originalstein befindet sich im Museum.

Der Röö-Stein, genannt nach seinem Fundort, ist über 2 Meter lang, 65 Zentimeter breit, sehr dünn und splittrig, weshalb ein Teil der Runen nicht mehr lesbar ist. Er stammt aus der Zeit des Greby-Grabfeldes (s. GREBBESTAD), gehört also auch zu den ältesten bekannten Runensteinen.
Er enthält mit etwa 60 lesbaren Runen die längste Inschrift in der alten Futhark, die in Schweden aufgefunden wurde, wobei man in folgender Reihenfolge zu lesen hat: 2. Zeile von rechts oberer Teil, 3. und 4. Zeile, 1. Zeile, 2. Zeile Rest.
Von Friesen gibt folgende Übersetzung: »Swafarr verraten, Sten ritzte ein, Ich Hrarar richtete den Stein auf für alle Zeiten«. Prof. Lindroth vertrat später dann die Ansicht, man solle »verraten« durch »schwer verletzt« ersetzen.

Felsbildmuseum Underslös

In Tanum Richtung Fossum-Bullaren bis Underslös fahren und dort der Beschilderung links folgen.

Für alle, die sich speziell ernsthaft mit Felsbildern beschäftigen, ist das private Felsbildmuseum Underslös eine Kontaktadresse ersten Ranges.
Der Leiter des Museums, Herr Gerhard Milstreu (er spricht fließend Deutsch), hat das Museum, das den Sommer über geöffnet ist, nicht nur zu einer internationalen Begegnungs- und Informationsstätte für Felsbildfreunde gemacht, er hält dort auch Kurse ab über Felsbilddeutung, Abreibetechniken und Nachtfotografie – manchmal die einzige Möglichkeit, um kaum sichtbare Details herauszuholen – und anderes mehr.

Tanumshede

* Großsteingräber, Steinzeit ca. 2500–1500 v. Chr.
Karte 3, Westschweden

Heute der eigentliche Hauptort der Gemeinde Tanum einige hundert Meter nördlich der Kirche von Tanum. Detailkarte s. Tanum.

Im Bereich von Tanumshede liegen drei steinzeitliche Grabstätten, die die drei damals gebräuchlichen Typen repräsentieren.

Dolmen von Prästgård

Steinzeit ca. 2500–2000 v. Chr.

Am südlichen Ortsende bei Prästgård.

Die älteste Form aus großen Steinblöcken mit einem Deckblock. Dieser Dolmen ist stark zerstört, man sieht noch einige der Kammersteine und seitlich umgekippt die mächtige Deckplatte. Einst muß er von beachtlicher Größe gewesen sein.

Ganggrab von Tanumshede

Steinzeit um ca. 2000 v. Chr.

Etwa 600 Meter westlich von Tanumshede, südlich der Straße nach Tanum station (Bahnhof).

Die mittlere Form steinzeitlicher Grabstätten. Wie in der jüngeren Form, der sog. Steinkiste, wurden in diesen Gräbern gewöhnlich mehrere Personen beigesetzt, manchmal 30 und noch mehr.
Dieses Ganggrab wurde in den fünfziger Jahren fachgerecht restauriert.

Steinkiste von Vrångstad

* Steinzeit ca. 2000–1500 v. Chr.

Östlich von Prästgård bei Kärra gelegen.

Gut erhaltene, freistehende Steinkiste aus vier hochkant stehenden Steinen und einer fast drei Meter langen und zweieinhalb Meter breiten Deckplatte. Auf dem Deckstein sind 22 Schalenlöcher eingemeißelt.
Im Volksmund heißt dieses Grab »Valberts garv« nach einem sagenhaften schottischen Piratenkönig, der hier gefallen und begraben sein soll – nur lebte dieser Herr etliche 2000 Jahre später!
Südlich der Steinkiste stehen Bautasteine aus der Eisenzeit.

Tegneby

* Felszeichnungen, frühe Eisenzeit ca. 300 v. Chr.
Karte 3, Westschweden

Etwa 5 km südlich der Kirche von Tanum an der Straße, die bei Tegneby westlich abbiegt, rund 100 m östlich der Litsleby-Platte. Detailkarte s. TANUM.

Zu sehen ist eine Kavalkade von Kriegern, die, wie ihre viereckigen Schilde verraten, relativ jungen Datums ist.
D. h. etwa um 300 v. Chr., zu Beginn der Eisenzeit wurden die Bilder in den Felsen gemeißelt.

Tingstad/Öland

✻ Bautasteine, Eisenzeit ca. 500 v. Chr.–500 n. Chr.
Karte 4/9, Südmittelöland

Von der Ölandbrücke zunächst südwärts auf der Straße 136 fahren, etwa 2,5 km südlich der Bårbyborg (s. BÅRBY) bei Bredinge östlich nach St. Dalby abbiegen und von St. Dalby aus ca. 3 km Fußweg nach »Tingstad flisor«.

Die »Alvaret« genannte Kalkheide ist für Öland die wohl charakteristischste Landschaftsform: ein Ödland, dessen Humuskrume über den Kalksteinfelsen nur wenige Zentimeter dick ist, bei Wärme vertrocknet, bei Nässe überschwemmt, un-

fruchtbar bis auf wenige speziell angepaßte Pflanzen, landwirtschaftlich allenfalls für ein paar Schafe nutzbar. Doch auch vor- und frühgeschichtliche Denkmäler finden sich hier.
Insbesondere auf dem »Stora Alvaret«, der den größten Teil der Südhälfte Ölands bedeckt. Eine ziemlich dicht gedrängte Gruppe solcher Monumente zieht sich von Parboäng an der Karl X. Gustav-Mauer über Svibo und Eketorp bis in die Höhe von Degerhamn. Eine zweite, nicht ganz so dichte Gruppe erstreckt sich von Bredinge bis Gösslunda.
Das eindrucksvollste Monument dieser Gruppe sind die »Tingstad flisor« (Tingstad-Platten): mächtige, hohe Kalksteinsäulen, die über den Alvaret emporragen. Sie bezeichneten einst nicht nur Grabstätten, sondern auch, wie der Name besagt, einen Thingplatz, wo Volksversammlungen, aber auch kultische Zeremonien abgehalten wurden.

Tingstad/Östergötland

* Runensteine, Wikingerzeit ca. 1000 n. Chr.
Karte 4, Mittelschweden

Südöstlich von Norrköping, die Straße E 66 Richtung Västervik fahren; Tingstad liegt östlich der Straße; die Runensteine befinden sich im Kirchhof.

In ihrer mehr redlich bemühten als sonderlich gekonnten Art sind die drei Runensteine von Tingstad höchst typisch für den allergrößten Teil der rund 2000 schwedischen Runensteine. Alle Steine stammen stilistisch aus der späten Wikingerzeit, da sie aber zum Bau der Kirche verwendet wurden, ist anzunehmen, daß es sich noch um heidnische Steine handelt. Sie müssen also um das Jahr 1000 n. Chr. entstanden sein, und gehörten möglicherweise einst zu einem kleinen Friedhof oder einer Gedenkstätte, die nahe dem Thingplatz im Bereich des heutigen Kirchhofes gelegen haben muß.

Betrachten wir die Steine von links nach rechts:
Der linke Stein wurde als Schwelle der südlichen Kirchentüre gefunden und 1941 an seinem heutigen Platz aufgestellt.
»Tola ließ diesen Stein errichten für Torlak, ihren Sohn.«
Der mittlere Stein, der an der südöstlichen Kirchhofspforte gefunden wurde, stammt möglicherweise bereits aus christlicher Zeit, denn hier ist ein Brückenbau erwähnt.
»Afrid machte diese Brücke für Hemkel und Sibbe, ihre Söhne«.
Der linke Stein schließlich wurde erst 1955 in der Langhausmauer der Kirche entdeckt und 1957 an seinem heutigen Platz aufgestellt, ursprünglich war er im Boden des Waffenhauses eingemauert. Die fast nur für das Auge des Kenners sicht- und entzifferbare Runeninschrift lautet:
»Svarthövde errichtete diesen Stein für Vigdjärv, seinen Vater.«

Tingstäde-See

** Befestigungsanlage, Wehrdorf, Wikingerzeit
ca. 990–1150 n. Chr.
Karte 8, Nordgotland

Von Visby auf der Straße 148 nordöstlich bis Tingstäde fahren. Vom Boot aus nur bei absolut ruhigem Wasser zu sehen.

Ungefähr in der Mitte des Tingstäde-Sees liegen auf dem Grund die Überreste einer mächtigen Holzfestung, die einst, so konnte nachgewiesen werden, durch einen Brand zerstört wurde, das sog. »Bulverket«.

Die Anlage ist ein exakt an den Himmelsrichtungen orientiertes Quadrat mit einer Seitenlänge von 175 Metern. Das Quadrat wurde aus in den Grund getriebenen Pfosten errichtet, die ihrerseits vierseitige, in zwei bis fünf Reihen stehende Kisten verankerten. Die Kisten selbst waren aus Balken zusammengesetzt, die an den Enden mit Löchern versehen waren und über die Pfosten gezogen wurden. Über die Kisten, die durchschnittlich 7 Meter breit waren, war ein Boden aus Balken gelegt, der Häuser in Bohlenständerwerk oder Blockbau oder einer Kombination aus beiden trug. Das ganze Quadrat war von Palisaden umgeben, die im Westen und Norden verdoppelt und aus in den Grund getriebenen astlosen jungen

Bäumen gefertigt waren. Die Anzahl der Pfosten in den Palisaden beträgt ca. 15000, ansonsten wurden rund 10000 dicke Rundbalken für die Anlage verarbeitet. Man hat berechnet, daß der Bau der gesamten Befestigungsanlage mehr als eine Million Arbeitsstunden verschlungen haben muß.
In den zwanziger und dreißiger Jahren unseres Jahrhunderts wurde Bulverket von A. Zetterling gründlich untersucht, wobei man die Baukonstruktion ziemlich genau feststellen konnte.
Datierbare Funde wurden nur wenige gemacht, ein paar Schnallen und Beschläge aus Bronze, ein Messer und ein Bronzeglöckchen, die allesamt etwa dem 11. Jahrhundert entstammten.
Die Radiumcarbon (C14)-Untersuchung ergab für die Kistenbalken Datierungen von 995, aber auch von 1100 n. Chr., für die Palisadenpfosten etwa 990 n. Chr. als Bauzeit, was mit den übrigen Funden zusammenpassen würde.
Wenn die dichten Kalkablagerungen des Seegrundes das Wasser nicht undurchsichtig machen, was nur nach einigen Tagen sehr ruhigen Wetters der Fall ist, und, angeblich im Winter durch das klare Eis, kann man am Grund des Sees das Bulverket besichtigen.

Tjängvide

Bildsteinfragment, Wikingerzeit ca. 700–800 n. Chr.
◇ Karte 8, Ostmittelgotland

Der Stein ist heute in Stockholm, Statens Historiska Museum, zu besichtigen.

Gar so gut kann es um den vielzitierten Selbsterhaltungstrieb des Menschen nicht bestellt sein. Rational gesehen ist es doch schlicht heller Wahnsinn, Soldat oder Krieger zu werden und sich dann gar noch in das Getümmel eines Kampfes mit akuter

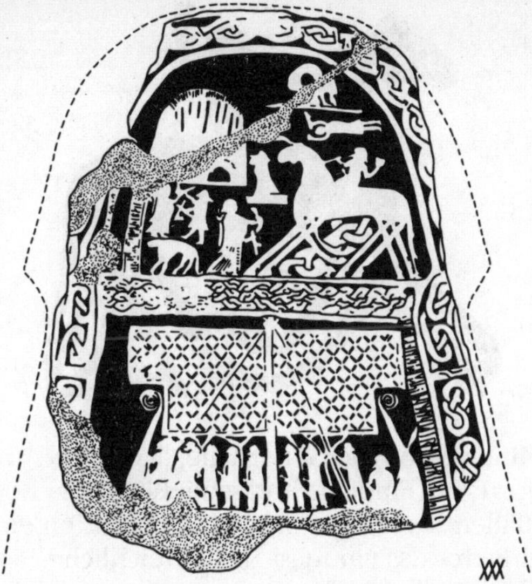

Gefahr für Leib und Leben zu stürzen. Und doch hat es zu keiner Zeit und in keiner Kultur an solch »Wahnsinnigen« gefehlt, ja es gab Zivilisationen – und gar nicht so wenige! –, deren Krieger geradezu todessüchtig waren: die japanischen Samurai nicht minder als die Wikingerhelden.
Gewiß spielte die Aussicht auf Beute und Ruhm dabei eine gewisse Rolle, doch noch erstrebenswerter war offenbar der Lohn im Jenseits für den im Kampf Gefallenen. So wie Mohammed seinen Anhängern etwa versprach, daß jene im »heiligen Krieg« gegen die Ungläubigen Umgekommenen im Paradies »sternäugige« junge Mädchen mit Wein und ewigen Liebesspielen erwarten würden. Die nordgermanische Jenseitsvorstellung für den toten Helden war durchaus ähnlich, wenn auch freilich die »Sternäugigen« durch recht handfeste Walküren, der Wein durch Met und die Liebesspiele durch ewigen Kampf ersetzt wurden.
Wie auf vielen anderen Bildsteinen, ist auch hier im obersten Feld der Empfang des Helden in Walhall Thema des Bildes:

Links im Hintergrund die Götterhalle, davor eine Walküre mit dem Methorn zum Empfang und schließlich »Er« hoch zu Roß (in Einzelfällen steht oder sitzt er auch auf einem Wagen). Schiff und Pferd, das sind fast unausweichliche Bestandteile der Reise nach Walhall in der Ikonographie gotländischer Bildsteine. Der Deutsche Dr. D. Ellmers hat dazu eine recht plausible Erklärung gefunden: Ob man nach Gotland kam oder Gotland verließ, man benützte immer das Schiff (dem ja auch sonst in den Totenkulturen zahlreicher Völker eine höchst bedeutende Rolle zukam). Wenn man dann im fremden Hafen angelangt war, so wäre es eine grobe Unhöflichkeit gewesen, und verschiedene Chronisten belegen dies, den geehrten Gast etwa zu Fuß zum Wohnsitz des Gastgebers laufen zu lassen. Man schickte ihm also ein Pferd oder auch einen Wagen. Gipfelpunkt der Höflichkeit und Ehrung war es, wenn man dem Gast sein eigenes Leibroß für diesen Weg zur Verfügung stellte. Odin – schließlich ein Herr von Lebensart – machte darin keine Ausnahme, so daß er gefallenen Helden in besonderen Fällen sogar seinen eigenen windschnellen, achtbeinigen Sleipnir entgegenschickte, wie auf den Bildsteinen von Tjängvide im Kirchspiel Alskog oder Ardre zu sehen ist (s. ARDRE, dessen Sleipnir hier vergrößert wiedergegeben ist). Dabei wäre anzumerken, daß das Götterroß schon wirklich über

Zauberkräfte verfügt haben muß, wenn es mit seinen im besten Wikingerstil verflochtenen acht Beinen noch »windschnell« laufen wollte.

Tjelders

** Schiffssetzung, Bronzezeit ca. 1000–500 v. Chr.
Karte 8, Nordostgotland

Von Visby auf der Straße 147 westwärts bis Boge fahren und dort südwärts auf die Straße 146 Richtung Gothem einbiegen, auf der Höhe von Tjelders westlich auf einen beschilderten Waldweg einbiegen und diesem ca. 1600 m folgen.

»Tjelvars grav«, wie die Schiffssetzung von Tjelders im Volksmund genannt wird, ist eine der am besten erhaltenen in Gotland.
Ziemlich exakt Ost-West ausgerichtet, besteht sie aus relativ niederen – die Stevensteine sind etwa einen Meter hoch –, jedoch ausgesucht gleichmäßigen Steinen und mit einer Länge von 16 Metern und einer Breite von 4 Metern ist sie etwas größer als der Durchschnitt.
Im östlichen Teil der Schiffssetzung fand man bei den Ausgrabungs- und Restaurierungsarbeiten 1938 eine kleine, geplün-

derte Steinkiste mit verbrannten Knochen und einigen Tonscherben, die die vermutete Datierung auf die jüngere Bronzezeit bestätigten.
Den Namen »Tjelvars grav« erhielt die Schiffssetzung deshalb, weil der in der »Gutasaga« erwähnte Tjelvar, der erste, »der das Land in Besitz nahm«, in Tjelders gewohnt haben und in der Schiffssetzung bestattet worden sein soll.

Torsburgen

** Burganlage, Völkerwanderung bis Wikingerzeit
ca. 300–1200 n. Chr.
Karte 8, Ostgotland

Von Visby über die Straßen 143, 145 und 146 in südöstlicher Richtung nach Kräklingbo, an der Kirche Richtung Östergarn östlich abbiegen und nach etwa 2 km südlich nach Hajdeby (s. auch HAJDEBY) und Torsburgen abbiegen.
Nach Hajdeby gabelt sich der Weg.
Es wird empfohlen, zunächst die rechte Abzweigung zu nehmen. Vom Parkplatz aus steigt man durch die natürliche Befestigung der Tjängvide luke zum Plateau der Torsburgen auf. Ein Aussichtsturm bietet einen hervorragenden Rundblick. Entweder man erwandert sich nun auf den zahlreichen, markierten Wegen das Gelände der Torsburgen, oder, wer dazu keine Zeit oder Lust hat, kehrt zum Parkplatz zurück, fährt bis zur Weggabelung zurück und nimmt nun den linken Weg, der ihn unterhalb erst der natürlichen, dann der künstlichen Befestigungen entlang zur Ardre luke, dem imposantesten Tordurchlaß durch die Südmauer führt.

Bis zu 68 Meter steigt die Felsformation auf, die das heute weitgehend dicht bewaldete Plateau der Torsburgen bildet, der gewaltigsten Festungsanlage Skandinaviens, in Europa nur noch vom bayerischen Burghausen an der Salzach an Größe übertroffen.
Strategisch war die Lage brillant gewählt: An drei Seiten – im Osten, Norden und Westen – brechen die Felsen des Plateaus schroff ab und bilden so eine natürliche Befestigung, die man allenfalls noch mit einer hölzernen Brustwehr zum Schutz der Verteidiger auszurüsten brauchte.
Im Süden freilich fällt das Plateau sanfter ab, zu dem Strandwall, den die postglaziale baltische Eissee vor ca. 18000 Jahren dort aufgeschüttet hat. Auf diesem Strandwall hatte man nun eine Mauer errichtet, die bis zu 7 Meter hoch, bis zu 24 Meter dick und runde zwei Kilometer (!) lang ist. 1977 wurde bei der Ardre luke unter Leitung des Archäologen Johan Engström eine Schnittgrabung durch die Mauer durchgeführt, wobei man feststellte, daß zunächst beträchtliche Mengen Kies auf dem Strandwall aufgeschüttet worden waren, darauf hatte

man einen Mauerkern aus gebranntem Kalkstein errichtet und darüber dann die Trockenmauer (d. h. ohne Bindemittel) aus Kalksteinstücken aufgeführt. Zweifellos wurde das Ganze ebenfalls von einer hölzernen Brustwehr bekrönt. Die Schnittgrabung ermöglichte auch eine genaue Datierung der Mauer mit Hilfe der C 14-Methode, wobei festgestellt wurde, daß der Unterteil der Mauer etwa um 300 n. Chr. entstanden sein muß, der Oberteil erst um etwa 800 n. Chr.. Rund 500 Jahre hindurch hat man also an der mächtigen Südmauer immer wieder gebaut, sie verstärkt und erhöht, und es ist zu vermuten, daß die Burganlage bis ins Hochmittelalter zumindest teilweise noch benutzt wurde.

Leider sind innerhalb des Burggeländes bislang so gut wie keine Ausgrabungen erfolgt und sie sind, aufgrund der durch die Größe des Objekts enormen Kosten, wohl auch nicht so bald zu erwarten. Nur sie könnten einen exakten Aufschluß darüber geben, seit wann – das Gelände ist so günstig, daß es auf dem Plateau durchaus schon ältere, der Bronze-, vielleicht sogar der Steinzeit zuzurechnende Befestigungen gegeben haben mag –, in welchem Umfang und in welcher Form – lediglich als Fluchtburgen oder teilweise mit festen Ansiedlungen – die Torsburgen einst genutzt wurde.

Die Nummern auf der Karte bedeuten:

1. Tjängvide luke (Tor)
2. Ardre luke (Tor)
3. weitere Tore
4. archäologische Durchstichgrabung
5. Grotten
6. Svartstuen (lt. Sage Thors Wohnung)
7. Hilmers stenar (3 aufrechte Kalksteinplatten)
8. Slottet (mit Mauer umgebener Fels)
9. Agmyren (unberührter Sumpf mit Ried)
10. Aussichtsturm
11. Weg nach Hajdeby mit Parkplätzen
12. Wanderwege

Bleibt die Frage zu klären, wozu eine solch riesenhafte Burganlage mit immerhin rund 5 Kilometern Umfang überhaupt benötigt wurde.

In der Gutasaga wird berichtet, daß einst wegen der Überbevölkerung jeder dritte Gotländer gezwungen wurde, die Insel zu verlassen. Die von dem Los betroffenen sollen sich unter Tor von Hajdeby auf der Torsburgen verschanzt haben, um die Heimat nicht verlassen zu müssen, wären schließlich aber doch veranlaßt worden, zunächst nach Östergarnsholme und endlich auf die Insel Dagö auszuwandern. Der Wahrheitsgehalt der Saga kann eigentlich nicht angezweifelt werden, nur daß die Torsburgen erst damals und zu diesem Zweck errichtet wurde, ist natürlich historisch nicht stichhaltig.

Was die Verwendung der Torsburgen anbelangt, so scheint festzustehen, daß sie zumindest seit der Völkerwanderung bis zum Ende der Wikingerzeit »die« Fluchtburg der gotländischen Bevölkerung schlechthin war, wohin man sich, wenn

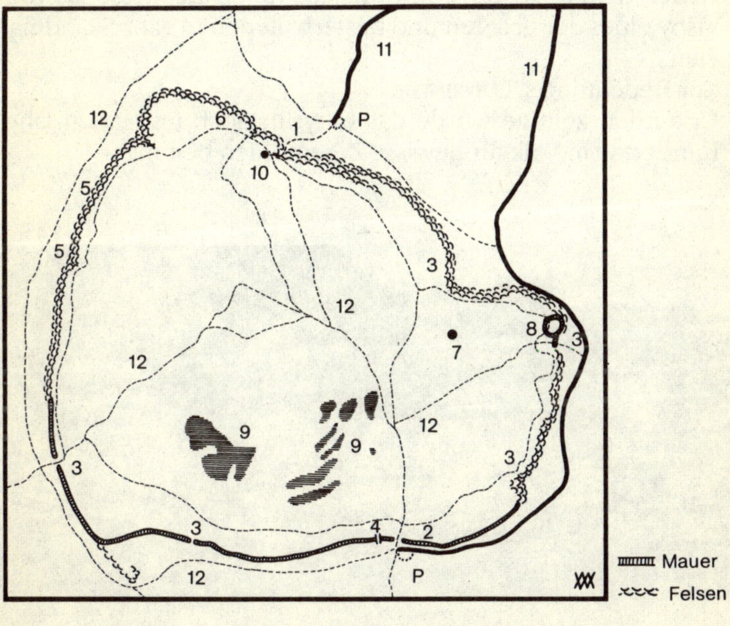

Feinde drohten, mit Sack und Pack zurückziehen konnte. Sie bot vor allem genug Platz, um den ja so außerordentlich kostbaren Viehbestand dort zumindest über eine geraume Weile am Leben erhalten zu können, da genug Weideland vorhanden war.

Trojeborg

** Labyrinth, Bronzezeit ca. 1500–500 v. Chr.
Karte 8, Westgotland

Man verläßt Visby durch die Norder-Port und fährt durch die S:t Göransgatan nordwestlich bis unterhalb des Galgberget (Galgenberg).

Neben dem Labyrinth von Ulmekärr (s. ULMEKÄRR) ist das von Visby eines der größten und besterhaltenen in ganz Skandinavien.
Zur Bedeutung s. LABYRINTHE.
Urkunden zufolge wurde das Labyrint noch im letzten Jahrhundert vom Volk für gewisse Zeremonien benutzt.

Tröno

** Kirche und Glockenturm, Spätwikingerzeit
ca. 1150 n. Chr.
Karte 6, Nordostschweden

Auf der Straße E 4 von Gävle Richtung Sundsvall fahren, nahe Norrala etwas nördlich von Söderhamn westlich abbiegen.

Die aus schweren Feldsteinquadern Mitte des 12. Jahrhunderts errichtete turmlose Kirche gehört stilistisch zur europäischen Romanik, skandinavisch eigenständige Elemente fehlen fast vollständig.
Ganz anders der Glockenturm, ein typisch spätwikingerzeitli-

cher Stabbau, dem sogar ein Dachreiter, wie wir ihn von den Stabkirchen Norwegens kennen, aufgesetzt worden ist.
Nicht nur das Konstruktionsprinzip, sondern auch Details wie die geschnitzten Stäbe (tragende Pfosten), die Holzschindeln und die Verbindungen der Stäbe unter dem Dach finden sich nahezu identisch in Westnorwegen, etwa an den Stabkirchen von Torpo (s. Dk/N: TORPO) oder Borgund (s. Dk/N: BORGUND) wieder.
Die Stabbauweise war also offensichtlich einst über ganz Skandinavien verbreitet, auch wenn sich heute nur noch in Westnorwegen Zeugnisse dieses Stils in größerer Anzahl finden lassen.

Tullstorp

** Runenstein, Wikingerzeit ca. 980–1030 n. Chr.
Karte 2, Südwestschweden

Im Westen der nördlichen Stadtgrenze von Malmö gelegen. Am besten erreichen Sie Tullstorp, wenn Sie an der Gabelung der Straßen E 6 (Richtung Helsingborg), E 66 (Richtung Lund) und 12 (Richtung Dalby) im Nordosten von Malmö exakt südliche Richtung einhalten.

Eigentlich war der »Wammensteven« (s. BROA) eine Beleidigung für das Auge des Wikingers im allgemeinen und das eines Wikinger-Schiffsbaumeisters im besonderen.
Andererseits hatte jener, und auch daran ließ sich nicht rütteln, in der Konstruktionsfestigkeit ebenso wie im Fahrverhalten, zumal der Kursstabilität, seine unbestrittenen Vorzüge.
Und so hatten denn die nordischen Seefahrer, was das Grundkonzept ihrer Schiffe anbelangte, zwei Seelen in ihrer Brust, wobei die für den optisch ungeliebten Wammensteven plädierende durchaus immer wieder einmal die Oberhand behielt, wofür die gotländischen Bildsteine von Smiss (s. SMISS/KIRCH-

SPIEL GARDA), Barshaldershed (s. BARSHALDERSHED) und Hunninge (s. HUNNINGE) ebenso wie der Runenstein von Tullstorp beredtes Zeugnis ablegen. Und während Smiss und Barshaldershed »nur« Handelsschiffe betrifft, zeigt der Bildstein von Hunninge eindeutig ein Kriegsfahrzeug, ebenso wie der Stein von Tullstorp – erkenntlich an den Schilden und den Stevenköpfen –, der nun den Wammensteven geradezu ins Extrem übertreibt.
Daß, wie kürzlich geschehen, ein englischer Wissenschaftler deshalb sich freilich dazu verstieg zu behaupten, die Wikingerschiffe hätten einen Rammsporn besessen, ist – man verzeihe mir den herben Ausdruck – blühender Unsinn!
Neben dem Schiff dominiert auf dem Stein das »große Ungeheuer«, in diesem Fall ein Einhorn, und auch stilistisch ist die-

ser Runenstein bemerkenswert, da er in einer sonst selten anzutreffenden Reinheit den Ringerike-Stil repräsentiert.

Turinge

✻ Runenstein, Wikingerzeit ca. 1000–1050 n. Chr.
Karte 5, Mittelschweden

Westlich von Södertälje an der Straße E 3 gelegen.

Die teils in Prosa, teils in Versen gehaltene Inschrift des bei der Kirche von Turinge stehenden Steines lautet übersetzt:
»Kaetil und Björn, die errichteten diesen Stein für Thorstaein, ihren Vater, Anund für seinen Bruder und die Gefolgsleute für den Gerechten, Kaetiløy für ihren Mann.
Die Brüder gehörten zu den besten Männern im Land und draußen in der Kriegerschar, hielten ihre Hausleute (Gefolgsleute) gut.
Er fiel im Kampf ostwärts in Gardariki (Rußland), Führer der Kriegsschar, der Landsleute Bester.«
Der prächtig geschmückte Stein und der äußerst selbstbewußte Text bezeugen, daß die Thorstaein-Sippe zu den mächtigsten und reichsten in der Gegend der wichtigsten Ausfahrtsstrecke in Södermanland gezählt haben müssen.

Ulmekärr

✻✻ Labyrinth, Bronzezeit ca. 1500–500 v. Chr.
Karte 3, Westschweden

Etwa 6 km südwestlich von Tanumshede an der Kirche von Grebbestad westlich abbiegen, dann nach Nordwesten Richtung Ulmekärr, westlich oberhalb der Straße. Detailkarte s. TANUM.

Labyrinthe gibt es in ganz Europa. Auch in Skandinavien hat man etliche dieser, meist mit niedrigen Steinen ausgelegten Irrgärten gefunden – nur sind sie keine »Irrgärten«, denn vom Eingang aus führen sie in zahlreichen weiteren und engeren Schleifen und Schlingen konsequent bis zum Mittelpunkt. Die Ortsbevölkerung nennt dieses Labyrinth »Trelleborgs Schloß« in Verballhornung der für solche Labyrinthe häufigen Bezeichnung »Trojaburg«, ein Name, der aus der Aeneide entlehnt ist, wo im fünften Gesang ein Reiterspiel von Jünglingen geschildert wird: »Wie einstmals auf Kreta versah man das Labyrinth mit Gängen und Räumen und Tausenden von sich schlingenden Wegen, wo man manchmal sich verlaufen konnte und nicht den Ausgang fand, und niemand die Zeichen wiederfand, denen er hatte folgen wollen. So sah es aus, als sie in unzähligen Kreisen herumschwenkten, die Söhne der Teukrer im Spiel: bald in der Flucht und bald im jagenden Angriff. Das Spiel trägt Trojas Namen und die Kämpfer nennt man Trojaner.«

Tatsache ist, daß in solchen Labyrinthen bis weit ins Mittelalter hinein, mancherorts sogar bis in die Neuzeit von der Bevölkerung rituelle Tänze aufgeführt wurden, »deren ursprüngliche Bedeutung gewesen sein dürfte, die Befreiung der Fruchtbarkeitsgöttin und ihres Gatten aus der Gewalt des Totenreiches darzustellen«.
Möglicherweise gab es auch andere Fruchtbarkeitsriten, denn demjenigen, der solch ein Labyrinth abschreitet, werden die uterus-phallischen Formen kaum verborgen bleiben, was aber – vor diesem Trugschluß sei dringendst gewarnt – kaum etwas mit Sex, sehr viel aber mit der kosmischen Weltordnung und dem »großen Drama«, auf das ich im Zusammenhang mit dem großen Felsbild von Vitlycke I (s. VITLYCKE) eingehe, zu tun hat.
Die Datierung der Labyrinthe ist äußerst schwierig.
Manche Forscher vermuten, daß sie bereits in der Steinzeit angelegt wurden, viel spricht für die Bronzezeit, in deren Hällristningar das Labyrinthmotiv in verschiedensten Variationen immer wieder auftritt.
Mit Sicherheit war das Labyrinth von Ulmekärr zur Eisen-, Völkerwanderungs- und Wikingerzeit vorhanden und wurde auch entsprechend seiner Aufgabe genutzt, woran selbst nach dem Jahr 1000 die christlichen Priester noch für lange Zeit nichts zu ändern vermochten.

Uppsala

** Runensteine, Wikingerzeit
ca. 1000–1150 n. Chr., und Museum.
Karte 5, Mittelschweden

Etwa 70 km nördlich von Stockholm gelegen; das Gelände der Universität befindet sich westlich des Domes im Zentrum.

Als man auf dem Fyris-Fluß nicht mehr länger zu dem alten

Kultzentrum (s. GAMLA UPPSALA) segeln konnte, gewann »Östra Aros«, das heutige Uppsala also, mehr und mehr an Bedeutung. Freilich war es wohl nicht nur die geologische »Landhebung« von rund 50 Zentimetern pro Jahrhundert mit der Unschiffbarwerdung des Fyriså, es war wohl auch noch mehr das Christentum, das einen den alten Kultstätten zwar nahen, jedoch »unbelasteten« Platz bevorzugte, wie es der im 13. Jahrhundert begonnene und 1435 endlich eingeweihte Dom dokumentiert.
Die 1477 von Erzbischof Jakob Ulvsson gegründete Universität ist heute nicht die größte, aber zweifellos die traditionsreichste Universität Schwedens. Ihre Bibliothek mit insgesamt 2 Millionen Bänden und 30000 Handschriften beherbergt solche Kostbarkeiten wie die in Silber- und Goldbuchstaben geschriebene Evangelienübersetzung des Gotenbischofs Wulfila († 383), den

vermutlich für den Gotenkönig Theoderich dem Großen angefertigten »Codex argenteus« sowie den »Codex Uppsaliensis«, die von etwa 1300 stammende älteste Abschrift der »jüngeren Edda«, die der große Historiker Snorri Sturluson im 12. Jahrhundert gesammelt hatte.

Das dem Dom westlich gegenüberliegende »Gustavium« beherbergt das »Museet för nordiska fornsaker« (Museum für nordische Altertümer). Gemäß dem Rang von Stadt und Universität müßte dieses Museum exquisite Schätze bergen, die Öffnungszeiten – wenige Stunden am Sonntag und auch da nicht zuverlässig – hinderten freilich nicht nur mich, trotz etlicher Versuche, in dieses Museum vorzudringen. Da die ge-

samte einschlägige Literatur ebenfalls frei von Bildern von Gegenständen dieses Museums ist, scheint dies Schicksal auch anderen Autoren widerfahren zu sein – dem Leser dieses Buches wünsche ich bei einem Versuch durchaus mehr Glück!
Auf dem Parkgelände hinter dem Gustavium sind eine ganze Reihe von Runensteinen aufgestellt worden. Samt und sonders handelt es sich dabei, wie das christliche Kreuz beweist, um Runensteine, die in der schon christlichen Epoche, d. h. nach 1050 entstanden sind, und deren Stil der von Urnes ist. Der älteste Stein ist der S. 378 links, den eine einfache, nichtsdestoweniger elegante Runenschlange und ein noch heidnisches »Dreieinigkeits«-Symbol beherrscht.

Nicht allzuviel jünger dürften die Steine S. 377 links und S. 379 links sein, die neben dem christlichen Kreuz noch die prachtvollen, unverfälschten »Urnes«-Schlangen zeigen.
Für den christlichen »Verfall« haben wir in Uppsala zwei besonders markante Beispiele: der Stein unten S. 378 rechts, der zwar noch eine klassische Runenschlange zeigt, jedoch zwischen Kreuz und Schlangenkopf/-schwanz ein seltsam verschlungenes Zeichen, das einst das »große Tier« (s. z. B. Dk/N: JELLING) war, hier freilich eher zu einem ambitionierten Regenwurm degeneriert ist. Der Runenstein S. 377 rechts demonstriert seine »Christlichkeit« damit, daß er die Runenschlange so weit als möglich im hohen Gras zu verstecken sucht. Die letzte Variante, wie sie S. 379 rechts gezeigt wird, war ohne »Drachen«, dafür mit sogar zwei Kreuzen. Es zeigt sich hier schon das Ende der Runensteine; wir müßten diese eigentlich eher auf die Spätwikingerzeit datieren (s. z. B. HÄGGEBY, KÄLLBY HALLAR).
Aus dieser Epoche stammt auch eine Reliquie, die im nordöstlichen Eck-Chor des Domes aufbewahrt wird: Der Schädel (passend zu dem in Åbo aufbewahrten Unterkiefer) sowie der einst von einem Dänenschwert durchhackte Halswirbel des 1160 in einer Schlacht umgekommenen Heiligen Erik, des Landespatrons von Schweden.
Wie überall sorgten die christlichen Missionare dafür, daß es auch in Skandinavien sehr schnell nationaleigene »Heilige« gab, wobei es für die Nordgermanen schon nötig war, daß man dafür einen König auswählte. Dieser mußte auch nach guter Germanensitte im Kampf gefallen oder doch zumindest gewaltsam umgekommen sein, was denn auch tadellos gelang mit St. Olav in Norwegen (s. Dk/N: TRONDHEIM), St. Knud in Dänemark (s. Dk/N: ODENSE) und St. Erik in Schweden.

Valleberga

✻ Kirche, Spätwikingerzeit, ca. 1150 n. Chr.
Karte 2, Südschweden

Nördlich der Straße 10 zwischen Ystad und Simrishamn gelegen.

Bereits ein erster Blick läßt erkennen, daß die Kirche von Valleberga in ihrer Geschichte mehrfach umgebaut und erweitert wurde.
Der hier interessierende Teil ist der Rundbau, der auf dic Mitte des 12. Jahrhunderts datiert wird und in den Sakralbauten der Spätwikingerzeit eine ausgesprochene Ausnahmestellung einnimmt. Die im Osten angesetzte Apsis und der kurze Langbau im Westen, der sich dem turmartigen Rundbau anschließt, stammen aus der gleichen Zeit oder sind nur unwesentlich jünger.
Beachtenswert ist auch der Taufstein, der im 12. Jahrhundert von einem gotländischen Steinmetz gefertigt wurde.

Vallentuna

Runenstein, Wikingerzeit ca. 1050–1100 n. Chr.
Karte 5, Mittelschweden

Entweder die Straße E4 von Stockholm nordwärts bis Fresta und dort östlich abbiegen oder auf der Straße E3 von Stockholm nordwärts bis Brottby und westlich auf der Landstraße nach Vallentuna.

Die Inschrift für diesen bei einem Schiffsunglück ums Leben gekommenen Mann stellt eine merkwürdige Mischung aus Stab- und Endreim dar. Zunächst der Originaltext:
»... uk X inkiber X eftiR X buanta X sin / han / troknaþi / a / holms / hafi / skreþ / knar / i / kaf þriR / eniR / kamo / af«
Übersetzt:
»... und Ingebaerg für ihren Mann. Er ertrank auf ›Holms Meer‹. Seine Knorre ging in die Tiefe, nur drei kamen davon.«
Wo »Holms Meer« genau zu suchen ist, wissen wir nicht, es wurde »Holmgarths haf«, der finnische Meerbusen also, vorgeschlagen, andere Möglichkeiten sind »Bornholms« und »Stockholms Meer«.
Der Erwähnung einer Knorre deutet übrigens unmißverständlich auf eine friedliche Handelsreise hin.

Vallhagar

Dorf, Eisenzeit bis Völkerwanderung ca. 0–600 n. Chr.
Karte 8, Westgotland

Von Visby auf der Straße 140 südwärts fahren bis zur Kirche von Fröjel und dort den Weg nach Alstäde nehmen.

24 Hausfundamente mit dem dazugehörenden Einhegungssystem (»vastar«) wurden in den Jahren 1946 bis 1950 unter der

Leitung von Mårten Stenberger und Teilnehmern aus allen nordischen Ländern ausgegraben und untersucht.
Die überaus reichen Funde, die heute teilweise in Visby im Gotlands Fornsal ausgestellt sind, umfassen vor allem Keramik und die verschiedenartigsten Gebrauchsgegenstände, nach denen das Dorf auf die jüngere Eisenzeit und Völkerwanderung datiert werden konnte. Irgendwann um 600 n. Chr. brach das Verhängnis über die offenbar recht wohlhabende Gemeinde herein, das Dorf wurde total verwüstet und scheint anschließend aufgegeben worden zu sein.
Mitten im Dorfgelände liegt ein einzelner Rollsteinhügel, der obschon ausgeplündert, auf das 2. nachchristliche Jahrhundert datiert werden konnte, während das südlich vom Dorf ge-

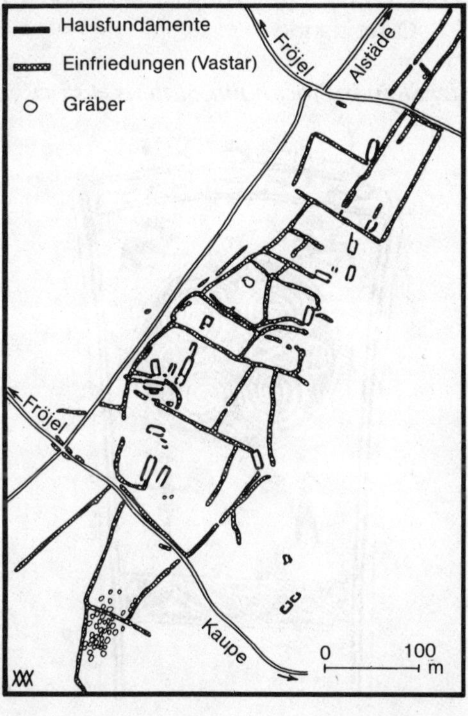

legene Grabfeld erstaunlicherweise einer älteren Epoche angehört.
Man hat zwar innerhalb des Vallhagargebietes eines der südwestlichen Häuser nach der archäologischen Untersuchung nicht wieder abgedeckt, sondern die Mauern sowie die Konstruktionsdetails im Inneren des Hauses frei liegen lassen, damit Besucher sie entsprechend studieren können, doch wie in vielen ähnlichen Fällen ist für den Laien der Besuch solcher Siedlungsausgrabungen eher enttäuschend.

Vallstena

✻ Bildstein, Völkerwanderung ca. 400–600 n. Chr.
◇ Karte 8, Ostgotland

Heute steht der Stein in Stockholm, Statens Historiska Museum.

Das Spiralmotiv ist einerseits dem Wirbelrad (s. HAVOR), andererseits dem Labyrinth (s. AUSTERS) verwandt und findet sich in den verschiedensten Ausformungen vom Schmuck bis zur Felszeichnung seit der Bronzezeit im europäischen Norden.
Im Detail beachtenswert sind die fünf Zeichen in den Spiralekken bzw. deren Mitte, von denen jedes anders geformt ist, zumal das unterste Zeichen, das sich auf dem Schild der rechten Menschenfigur wiederholt, und das wir exakt so aus dem buddhistischen Raum als Mann-Frau, Werden-Vergehen, Leben-Tod, Konstruktiv-Destruktiv usw., das bekannte Ying-Yang-Prinzip kennen.
Eine Verbindung scheint nur auf den ersten Blick unwahrscheinlich, gab es doch nachweislich sehr wohl solche Beziehungen nach dem Fernen Osten, wenn wir etwa an den Helgö-Buddha (s. HELGÖ) denken.

Vargön

* Ringsetzung, Eisenzeit ca. 500 v. Chr.–500 n. Chr.
Karte 3, Westschweden

Von Göteborg in nördlicher Richtung auf der Straße 45 bis Vänersborg fahren und dort östlich auf die Straße 44 Richtung Lidköping abbiegen.

Am Ortsende von Vargön liegt nördlich der Straße jenseits der Bahnlinie, gut zu sehen, jedoch schlecht zu erreichen, eine durchaus bemerkenswerte Ringsetzung. Bemerkenswert ist sie deshalb, weil die acht Steine keine rundlichen Felsbrocken sind, wie man sie vor allem aus der Bronzezeit kennt, sondern ziemlich flache und hohe Kalksteinplatten, wie sie auf den großen Grabfeldern der Eisenzeit etwa in Grebbestad (s. GREBBESTAD) oder Fjärås (s. FJÄRÅS) als sogenannte Bautasteine zu finden sind, womit die Ringsetzung von Vargön ebenfalls in diese Epoche datiert werden muß.

Väsby

Runenstein, Wikingerzeit ca. 1000 n. Chr.
Karte 5, Ostmittelschweden

Von Stockholm auf der Autobahn E4 Richtung Uppsala bis Ausfahrt Väsby; der Stein ist in einer Grünanlage aufgestellt.

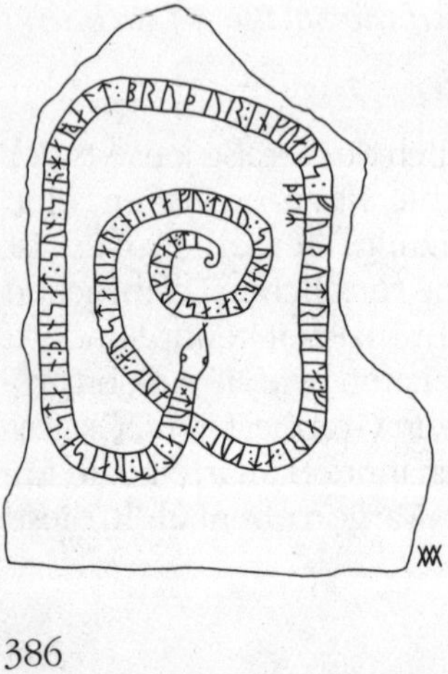

Wie jener Jarlabanke in Täby (s. TÄBY/UPPLAND) traute ein Wikinger Namens Ali auch hier in Väsby seinen Nachfahren nicht genug, um es ihnen zu überlassen, nach seinem Tod mit einem Runenstein für den erwünschten Nachruhm zu sorgen. So ließ er den entsprechenden Stein, der berichtet, wie er an den Angriffen gegen England beteiligt war und »Knuts Geld in England empfing«, eben schon zu seinen Lebzeiten errichten.

Auffallend ist der Name Ali, der für den vorderen Orient ebenso geläufig wie für Nordeuropa ungewöhnlich ist. Sollte hier ein Wikinger zum Islam übergetreten sein? So absonderlich wäre dies bei den intensiven Kontakten zur arabischen Welt gar nicht gewesen, haben wir doch auch das Beispiel, daß sich ein Wikinger sogar zum Buddhismus bekehren ließ (s. HELGÖ).

Vätteryd

** Grabfeld, Schiffssetzungen, Völkerwanderung bis Wikingerzeit ca. 400–1000 n. Chr.
Karte 2, Südschweden

Von Malmö die Straße E 66 nordöstlich fahren, nach Hurva auf die Straße 23 Richtung Hassleholm abbiegen; das Grabfeld liegt nordwestlich unmittelbar an der Straße knapp vor Sösdala.

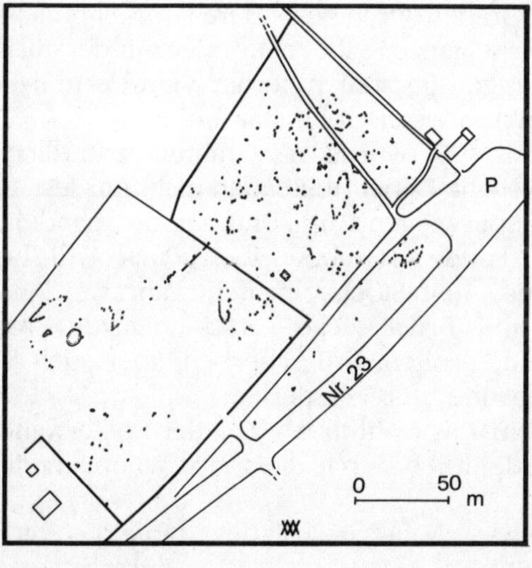

Noch zu Beginn des 19. Jahrhunderts zählte man auf dem Grabfeld von Vätteryd, einem der größten in ganz Skandinavien, noch rund 600 Steine, heute fehlt von diesen ein gutes Viertel – was verblieb ist immer noch beachtenswert genug!
Ähnlich wie bei dem Grabfeld von Hjortahammar (s. HJORTAHAMMAR), mit dem es auch sonst etliche Parallelen aufweist, ist das Vätteryd-Grabfeld ein »Volks«-Friedhof gewesen, bei dem keines der Gräber durch besondere Größe heraussticht.
Man kann eine ganze Reihe mehr oder minder gut erhaltener Schiffssetzungen feststellen, ferner Viereck- und Dreiecksetzungen, während Kreise offenbar fehlen.
Von 1955 bis 1957 wurde das Grabfeld gründlich archäologisch untersucht. Dabei stellte man nicht nur fest, daß es sich hier ganz überwiegend um Brandgräber handelt, man hat auch reiche Funde an Grabbeigaben gemacht, die heute im Historiska Museum in Stockholm aufbewahrt werden, wie Bronzeperlen und Bruchstücke verschiedenster Bronzegegenstände, Spindelrollen, Krugscherben, aber auch Silberdraht und Silberbänder und Glasperlen.
Das Grabfeld, das wohl in der Zeit der Völkerwanderung angelegt wurde, blieb durch die ganze Wikingerzeit in Benützung.
In unmittelbarer Nachbarschaft des Grabfeldes entdeckte man

die Reste einer jungsteinzeitlichen Ansiedlung samt noch erhaltenen Pflugspuren auf einem vorgeschichtlichen Acker.

Väversunda

Kirche, Spätwikingerzeit ca. 1170 n. Chr.
Karte 4, Mittelschweden

Am Ostufer des Vättern-Sees östlich der Straße 50 zwischen Jönköping und Motala.

Die aus heute weiß verputztem Naturstein gemauerte Kirche mit dem ebenfalls weiß gestrichenen Turm aus Holz wird ins späte 12. Jahrhundert datiert und entspricht weitestgehend dem Muster, nach dem damals in der Spätwikingerzeit Kirchen baute, bzw. wie man ältere Holzbauten durch Steinbauten ersetzte. Dabei war es durchaus nicht unüblich, Teile der Kirche wie den Glockenturm – ob freistehend (s. GLOCKENTÜRME) oder auf das Langschiff aufgesetzt wie im vorliegenden Fall – auch weiterhin aus Holz zu zimmern.
Auch der seitlich gelegene, vorgebaute, eigens überdachte Eingang entspricht alter Wikingertradition (s. Dk/N: FYRKAT).

Växjö

Runenstein, Wikingerzeit ca. 1000–1050 n. Chr.
Karte 2/4, Südschweden

Der Runenstein befindet sich am Dom von Växjö.

Die Inschrift lautet:
»Toki – Toki, der Wikinger – errichtete den Stein für Gunnar, den Sohn Grims, Gott helfe seiner Seele.«
Sie waren ja alle keine Kinder von Traurigkeit, die Nordlandhelden, aber wenn sich einer wie dieser Toki den offiziellen Spitz- oder Beinamen »der Wikinger« verdient hat, so muß er es schon ganz besonders arg getrieben haben. Verschiedene Wissenschaftler vermuten, daß Piraterie der ständige Lebensunterhalt dieses Herrn gewesen sein muß. Sein christlicher Glaube scheint ihn dabei nicht im mindesten behindert zu haben.

Vendel

** Grabfeld, Völkerwanderung und Frühwikingerzeit
ca. 500–800 n. Chr.
Karte 5, Ostmittelschweden

Von Stockholm die Straße E 4 nordwärts fahren Richtung Gävle, bei Läby nordöstlich Richtung Örbyhus abbiegen; die Kirche von Vendel liegt unmittelbar westlich der Straße.

Bei der Erweiterung des Friedhofes der Kirche von Vendel 1881/82 entdeckte man eine Gruppe von 14 Bootgräbern aus der Zeit zwischen 500 bis 800 n. Chr., der späten Völkerwanderung und frühen Wikingerzeit also, die nach diesen Funden den Namen »Vendel-Epoche« und ihre Kunstform die Bezeichnung »Vendel-Stil« erhielt.

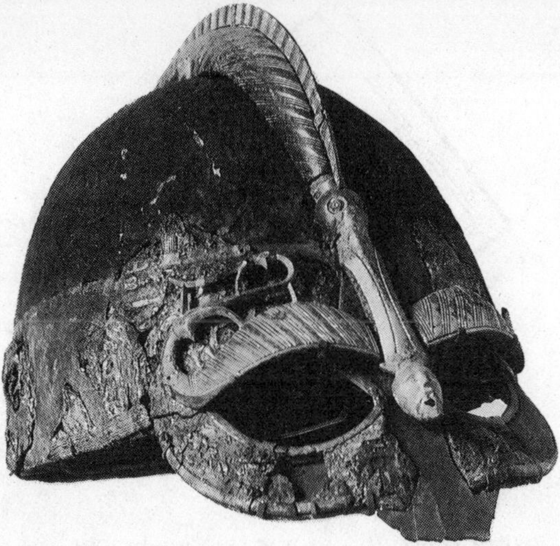

Das leichte, luftdurchlässige Deckmaterial hat zwar organische Stoffe wie Holz, Gewebe und Leder restlos verrotten lassen und die doch noch recht rüden Ausgrabungsmethoden jener Tage haben manches zerstört oder einfach festzuhalten vergessen, doch zumindest blieben die Fundstücke erhalten und verschwanden nicht wie noch wenige Jahre früher üblich (s. z. B. Dk/N: BORRE); sie sind heute zum größeren Teil im Statens Historiska Museum in Stockholm ausgestellt, zum kleineren Teil – zusammen mit etlichen ganz hervorragenden Repliken – im Waffenhaus am Kirchhofseingang von Vendel selbst. Von den Booten, in denen die Toten beigesetzt wurden, ist das Holz vollständig verrottet gewesen, so daß die Form nur anhand der Erdverfärbungen und der noch vorhandenen Eisennieten festgestellt werden konnte. Es müssen ziemlich schlanke Boote gewesen sein, zwischen fünf und neun Meter lang und dem Kvalsund-Boot (s. Dk/N: KVALSUND) wohl ähnlicher als den Gokstad-Booten (s. Dk/N: GOKSTAD) oder gar dem ja eher plump gebauten Gävle-Boot (s. BJÖRKE).

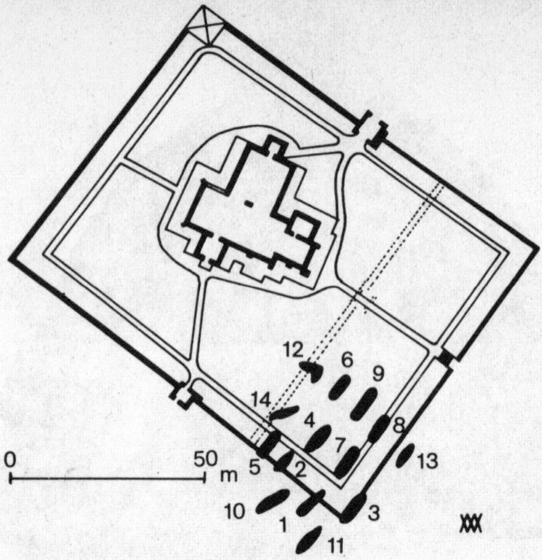

Beladen waren diese Boote mit reicher Fracht, die dem Verstorbenen auch im Jenseits ein absolut standesgemäßes Leben ermöglichen sollten.
Nehmen wir als Beispiel das Grab 14:
Direkt um den Verstorbenen gruppierte man seine persönlichsten und wichtigsten Dinge:
Den Helm (1) mit rundem Helmdach und ausgeprägtem Nasen-Augen-Schutz, einer Variante der »Grimme« (s. Dk/N: THORSBERG). Der Schild (2), dessen Holz zwar verschwunden, dessen Buckel und sonstigen Beschläge jedoch noch gut erhalten sind. Das Schwert (3) – gerade in Vendel hat man Schwerter mit sehr kostbar gearbeiteten Griffen, Parierstangen, Knäufen und Scheidenbeschlägen gefunden. Der Speer (4), die fast kultische »Germanen«-(Speermänner)-Waffe. Und als ultima

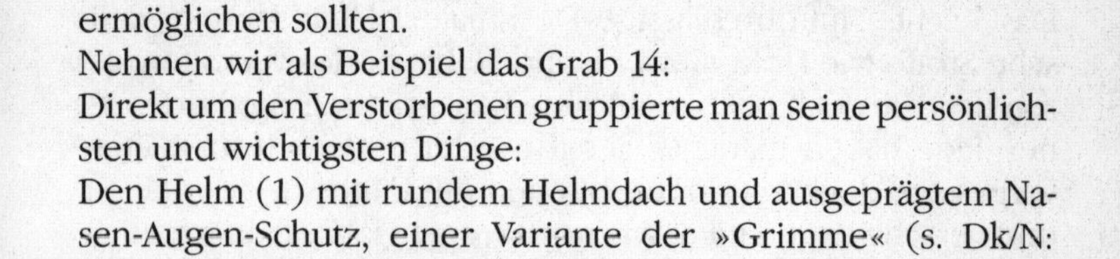

ratio im Kampf das Messer (5), von denen man im Grab 14 gleich zwei fand.

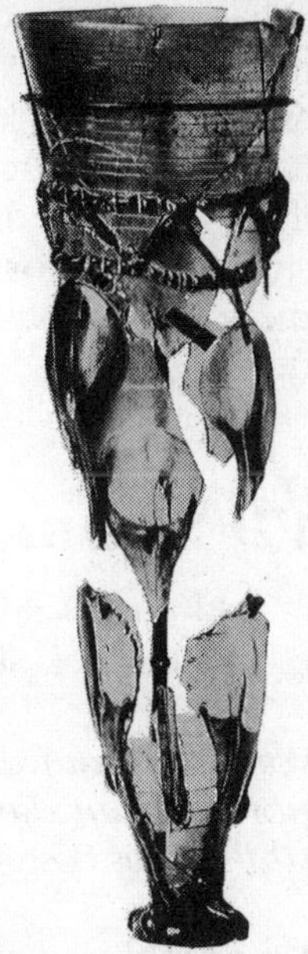

In den Tod begleitet haben den Verstorbenen seine treuesten Freunde:
Sein Pferd (6), von dessen Sattel (7) man ebenfalls noch Reste fand, und seine beiden Hunde (8 und 9), wobei der mit 9 bezeichnete Hund ein höchst stattliches Exemplar gewesen sein muß, das möglicherweise auch zum Kampf abgerichtet war.
Doch auch, daß der Verstorbene im Jenseits ansonsten gut versorgt sei, ließ man sich angelegen sein. Man versorgte ihn mit einer Schere (10), um Bart und Haar zu stutzen und allzeit ordentlich und gepflegt auszusehen, einem eisernen Kochkessel (11) – neben Waffen und dergleichen wurden die verschiedensten Koch- und Haushaltsgeräte in den Gräbern von Vendel gefunden, so z. B. in Grab 12 ein kostbares, aus dem Rheinland importiertes Trinkglas – und natürlich Eßbares, das in lebendigem Zustand den Reichtum eines Mannes demonstrierte und in Form von Knochen auf uns gekommen ist, wie Schweineschinkenknochen (12), Rinder- (13) und Schafknochen (14), und um das Vieh zusammenzuhalten, legte man ein Joch (s.

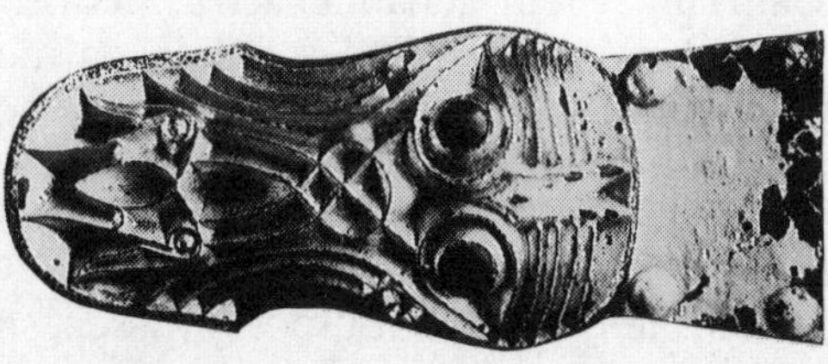

z. B. auch Dk/N: MAMMEN) ins Grab, dessen Beschläge ebenfalls erhalten sind (15).
Am kunst- und kulturhistorisch wichtigsten freilich sind die zahlreichen Beschläge aus oftmals vergoldeter Bronze, die in ihrer Eigenart den Vendel-Stil ausmachen, und deren stark strukturierte, ornamentale Formen den immer mehr und mehr ins Ornament gehenden »Wikinger-Stil« bereits erahnen lassen.

Virserum

✻ Runenstein, Wikingerzeit ca. 1050–1100 n. Chr.
Karte 4, Südostschweden

Von Växjö auf der Straße 23 nordöstlich bis Rosendal, dort nördlich auf die Straße 138 abbiegen; der Runenstein steht südlich des Postgebäudes von Virserum.

Ursprünglich stand dieser Stein auf dem Grabfeld von Linga in der Gemeinde Överjärna in Södermanland. Das Kreuz auf seiner Rückseite weist den Stein als christlich aus, die Vorderseite ist von zwei Schlangen, deren Schwänze sich oben verknoten, beherrscht.
Die Inschrift lautet auf der Vorderseite:
»Haelgulf errichtete diesen Stein für Thorfast, seinen Schwager, Disa für ihren Bruder.«
Und auf der Rückseite:
»Disa machte (das Denkmal) für ihren ... (Bruder).«
Soweit wäre am Linga-Stein, genannt nach seinem ehemaligen Standort, nichts Außergewöhnliches, wären da nicht einige Zeichen auf seinem abgebrochenen, heute verlorenen, jedoch auf einem Foto von 1896 noch vorhandenen Oberteil (in der Zeichnung gestrichelt), die zu einer Gruppe von »Gemeinrunen« gehören.
Wie wir vom Erik-Stein (s. Dk/N: BUSDORF) wissen, sind die ge-

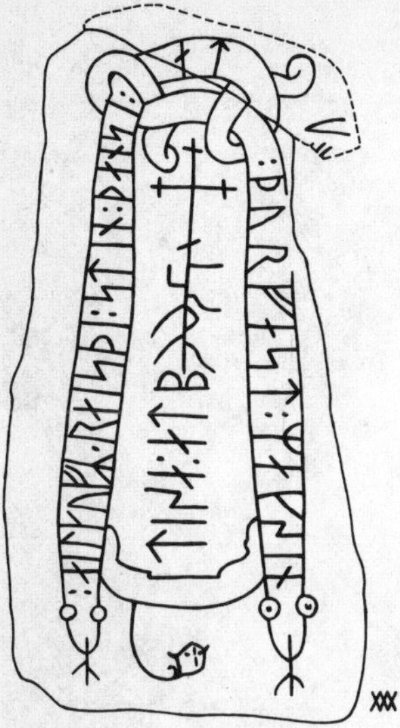

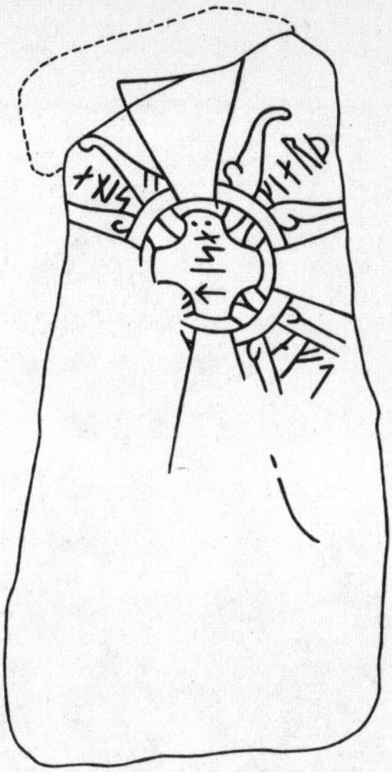

heimen Botschaften jener Geheimrunen eigentlich in der Regel gar nicht geheimnisvoll, sondern spiegeln nur den Spaß der Runenmeister am Chiffrieren und Verschlüsseln wider, wie es etwa der Meister des Karlevi-Steines (s. KARLEVI) bis zur Vollendung betrieben hat. Aus den vorhandenen Runen und den in solchen Fällen meist notwendigen Ergänzungen hat man drei Textvarianten herausgeknobelt:
»(ua)rþ u(ti) tuþ r (i) Uþ(ikik)u« oder »u(istr) tuþ r (i) u(ikik)u« oder »tuþ r (i) u(astr) u(akum)«, was soviel bedeutet wie: »(Er) fand draußen (oder: westwärts) den Tod im Wiking (oder: auf westlichen Fahrtstrecken).«

Visby

*** Stadt, Kirchen, Museum, Wikingerzeit
ca. 900–1150 n. Chr.
Karte 8, Westgotland

Visby ist die Hauptstadt von Gotland.

Bereits zur Wikingerzeit war Visby eine außerordentlich wichtige Stadt, von der aus beispielsweise in Nowgorod (Holmgård) der »Hof« gegründet wurde.
Die ehemalige Wikingersiedlung lag in dem Bereich, der heute durch folgende Straßen eingegrenzt wird:
Fiskarporten und Krottornet (Pulverturm), die aus dem 10. Jahrhundert stammen, S:t Drottensgatan, Södra Kyrkogatan, Hästgatan, Donnersplats.
Dem Namen nach zu urteilen war Visby außer einem Hafen- und Handelsplatz auch ein Kultplatz (s. auch TROJEBORG).

Museum

*** Gotlands Fornsal

In der Strandgatan 14 untergebracht.

Neben einer hochinteressanten und reichen Sammlung von der Steinzeit bis zur Wikingerzeit sind es natürlich vor allem die Bildsteine, die die Bedeutung dieses Museums für den an Vor- und Frühgeschichte Interessierten ausmachen.
Visbys Gotlands Fornsal ist einmalig! (s. auch: AUSTERS, BARSHALDERSHED, BROA, HAVOR, HOGRÄN, HUNNINGE, IRE, KÄLLUNGE, LARSARVE, LEVIDE, SANDA, SANDEGÅRDA, SJONHEM, SMISS/KIRCHSPIEL GARDA, SMISS/KIRCHSPIEL NÄR.)

Vitlycke

*** Felszeichnungen, Bronzezeit ca. 1500–1000 v. Chr.
Karte 3, Westschweden

Etwa 2 km südlich der Kirche von Tanum, westlich der Straße; östlich der Straße oberhalb des Parkplatzes liegt das Felszeichnungsinstitut mit einem kleinen Museum. Detailkarte s. TANUM.

Das große Felsbild von Vitlycke ist das wohl berühmteste seiner Art in ganz Schweden. Die 7 Meter hohe und 22 Meter breite, nach Südosten geneigte Felssplatte grenzte einst, wo heute der Bach fließt, an den innersten Teil einer schmalen Meeresbucht.
Bedeckt ist die Platte mit über 400 Zeichnungen, davon sind ungefähr 165 Schälchen, 160 Menschen, Tiere und Symbole und etwa 90 Schiffe, die in ihren Größen zwischen 15 Zentimetern und 3,6 Metern variieren.
Bereits im letzten Jahrhundert erregte die Platte die Aufmerk-

samkeit der Forscher; 1848 bildete Axel Emanuel Holmberg die ersten Zeichnungen in seinem Buch »Skandinaviens Hällristningar« ab; 1884 folgte ihm dann der Däne Lauritz Baltzer mit seinem zweibändigen Werk »Hällristningar från Bohuslän«, der auch schrieb: »Der Felsen, auf den diese Felszeichnungen eingehauen sind, neigt sich 30 bis 35 Grad gegen die Horizontalebene und ist glatt und ebenmäßig, weshalb die Jugend ihn zum Rodeln verwendet hat, im Winter auf gewöhnlichen Rodelschlitten und im Sommer auf Steinen. Dadurch haben die Zeichnungen natürlicherweise in deutlichem Maße gelitten, ein umso größerer Schaden, da diese Felszeichnung eine von den merkwürdigeren in Bohuslän sein dürfte.«
Die große Popularität dieses Felsbildes hat dazu geführt, daß man ihm auch in den Deutungsversuchen mehr Energie gewidmet hat als anderen, und tatsächlich konnte die Bedeutung etlicher Figuren und Figurengruppen entschlüsselt werden: Da ist etwa (rechts unten) die Anbetung der heiligen Schlange, die in zahllosen Religionen als Gott der Fruchtbarkeit wie als Todesgott eine seltsam zwitterhafte Rolle spielt.

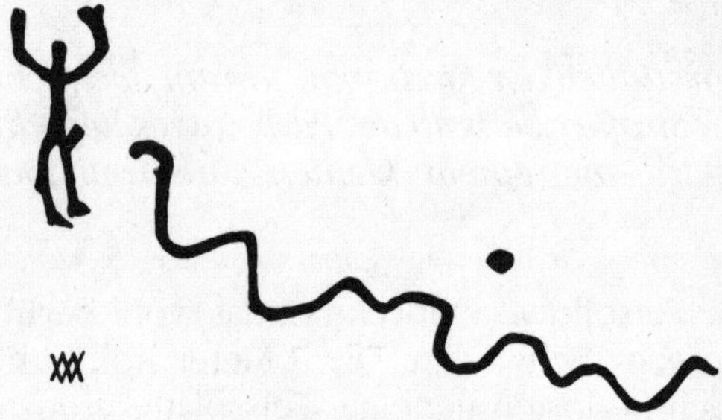

Oder da ist der Donnerwagen (links der Schälchenreihe, ziemlich weit oben), der von einem gehörnten Tier gezogen wird und dessen Fahrer ebenfalls einen mit Hörnern versehenen Helm trägt. Der Kreis, auf dem der Lenker steht, kann als Rad gedeutet werden, es könnte aber auch ein kultischer Kesselwagen sein, wie er aus der Bronzezeit gefunden wurde, mit

dessen rumpelnder Fahrt der Donner nachgeahmt wurde – das schwedische Wort »åska« (donnern) bedeutet eigentlich »des Gottes åkning« (fahren) –, um den befruchtenden Regen zu beschwören, worauf auch die Fruchtbarkeitsschlange vor dem steil aufgerichteten Phallus des Lenkers hinweist. Beachten sie auch seine »Blitz«-Finger. Thor in seinem von Ziegenböcken gezogenen Donnerwagen dürfte ein direkter Sohn oder Enkel dieses Gottes sein.

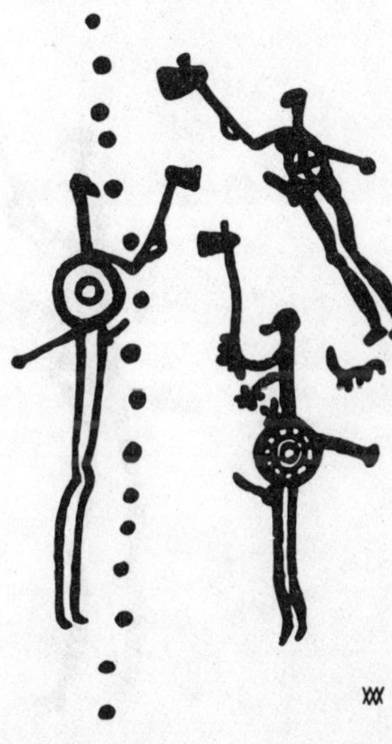

Doch nicht nur einzelne Figuren kann man deuten, bei näherer Betrachtung wird, zumindest meiner Meinung nach, sogar eine Gesamtkonzeption sichtbar: das »große Drama«, das sich in der Natur wie im menschlichen Leben immer und immer wiederholt.

Rechts auf der Nordseite der Platte zieht sich von oben bis unten eine Schälchenreihe wie eine Grenzlinie hin, an der drei

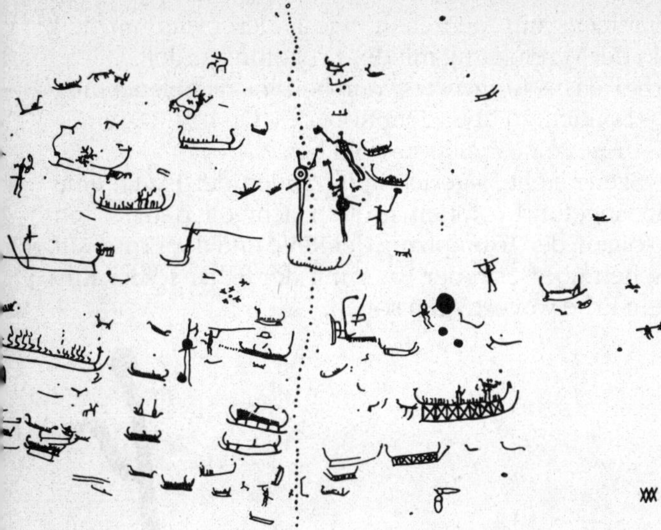

mit Äxten, Schilden und Schwertern bewaffnete Männer agieren. Man hat diese Szene zunächst als politischen Grenzstreit interpretiert, nur gab es in der Bronzezeit noch keine Grenzen in unserem heutigen Sinne; wohl gab es aber die geistig-religiöse Grenze zwischen den von Norden herandrängenden Göttern der Kälte, der Dunkelheit, des Winters, des Todes und dem Gott des Lichtes, der Wärme und der Fruchtbarkeit.
Das zweite Bild dieses Zyklus steht folgerichtig im Zenit der Platte, das sogenannte »Brautpaar«: ein schwerttragender Mann und eine langhaarige Frau in geschlechtlicher Vereinigung, hinter ihnen der mit seiner Axt segnende Gott:
»Trage den Hammer herein,
die Braut zu trauen,
lege Mjölnier
in den Schoß der Jungfrau«,
wie es in dem (erheblich jüngeren) Thrymslied heißt; der Donnergott also auch hier in seiner Rolle als Fruchtbarkeitsbringer, wobei es sich bei dem »Brautpaar« selbstverständlich

sowohl einerseits um Menschen, wie andererseits um den Lichtgott in der Vereinigung mit der Erdgöttin handelt.
Man beachte das – freilich fast nur bei Spezialbeleuchtung sichtbare – Sonnenrad über dem Kopf des Axt- bzw. Hammergottes, das diese seine Funktion wohl beweist.
Die dritte Szene steht folgerichtig im Süden der Platte, eine Prozession, angeführt von dem großen Lichtgott, dem sieben Personen folgen: der Triumphzug der Reife und der Ernte. Auf den Menschen übersetzt: der Vater mit der Schar seiner Kinder, die sein Erbe weitertragen sollen.

Wieder in der Mitte der Platte unter dem »Brautpaar« (jedoch nicht an ihrem Fuß, wie man zunächst nun vermuten könnte), beugt sich eine Frauengestalt über einen liegenden Mann, dessen Füße ein Boot berühren: der »Tod« des Lichtgottes und die trauernde Erdgöttin. Doch es ist nur ein scheinbarer Tod, wie das übergroße Geschlechtsorgan des Gottes und eine uterusartige Einmeißelung vor dem Bauch der Göttin zeigen. »Wenn das Samenkorn in die Erde fällt und stirbt, bringt es tausendfältige Frucht«, wie es in der Bibel heißt.
Diese vier Szenen in der oberen Plattenhälfte gehören der

sichtbaren Welt an, dem »Tagbogen« der Sonne. Die untere Hälfte ist der transzendentalen Welt des »Nachtbogens« vorbehalten.
Das Boot, das den »toten Lichtgott« wegbringt, erscheint hier noch einmal am Fußpunkt der Plattenmitte, allein schon durch seine Größe von rund 3,6 Metern als besonderes Fahrzeug, als »Götterschiff« ausgewiesen. Mit ihm kehrt der »tote Gott« zum Ausgangspunkt seiner Fahrt zurück, wie der Sonnengott, dem er ja nahe verwandt ist, allnächtlich den Himmelsozean unter der Erde von West nach Ost wieder zum Aufgangspunkt zurück befährt, und wie jeder Verstorbene den Weg vom Tod zur neuen Geburt zurücklegt.
Das »große Drama« als Jahreszyklus, Menschenleben oder Völkerschicksal ist in seinen Urelementen so alt wie die Menschheit und mehr oder minder deutlich in jeder Religion wiederzufinden. Es haben sich auch zahlreiche damit zusammenhängende Bräuche – die Vertreibung der Winter- und Dunkelheitsdämonen (woraus sich unser Karneval entwikkelte), die Kürung von Maiköniginnen, das Aufrichten eindeutig phallischer Maibäume, Sonnwendfeuer, Feldumgänge, Ernteprozessionen und vieles andere – erhalten, wobei der christliche Firnis den heidnischen Brauch oft nur hauchdünn zu überdecken vermag.
Die Darstellung des »großen Dramas« machen das Felsbild von Vitlycke I nicht nur zu einem der berühmtesten, sondern auch zu einem der bedeutsamsten, zumal dieses Felsbild im Kern seiner Darstellungen, wozu auch das »große Drama« gehört, sehr alt ist. Es entstand gewiß nicht nach 1000 v. Chr., wahrscheinlich sogar etliche Jahrhunderte früher. Das soll natürlich nicht heißen, daß spätere Zeiten nicht ebenfalls Bilder

in diesen Felsen schlugen, von denen das jüngste, ein Mann mit großem Speer und viereckigem Schild (schräg links unter dem Donnergott des »Brautpaares«) auf etwa 300 v. Chr. datiert werden muß.
Südlich des Hauptbildes von Vitlycke hat man sechs weitere Felszeichnungen entdeckt, die man auf einem etwa 500 Meter langen Rundweg besichtigen kann (s. Detailkarte).

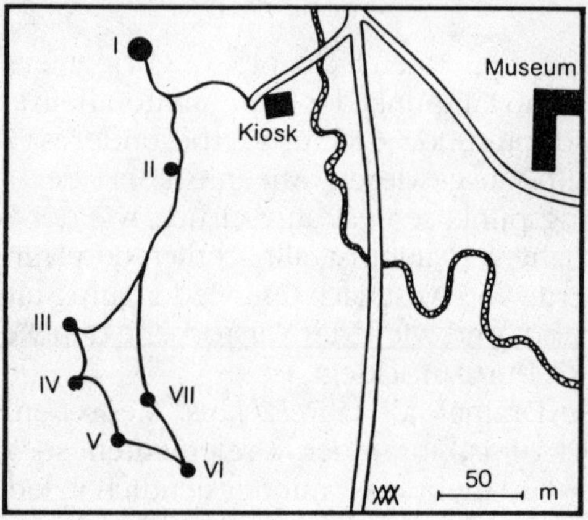

Vitlycke II
Auf einem schmalen, von Wasser überronnenen Felsstück findet sich ein Schiff mit deutlichem Decksprung (vergl. hierzu auch Litsleby).

Vitlycke III
Drei ziemlich schwach erkennbare kleine Schiffchen.

Vitlycke IV
Insgesamt 15 Schiffe, etwa 40 Schälchen und vier Menschenfiguren, von denen drei offenbar Jagd auf sechs große, langhalsige Laufvögel machen.

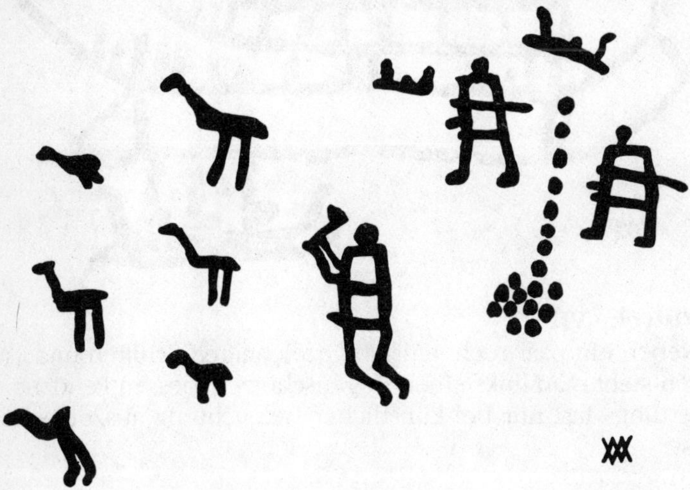

Vitlycke V
Die fünf kleinen Schiffe, ein Männchen und ein Tier sind auf dem stark verwitterten Felsen nur schwer zu erkennen.

Vitlycke VI
Neben einem Mann mit Schwert und mehreren Tieren ist ein Kultboot, das möglicherweise an Deck eines größeren Schiffes steht, mit sieben Gestalten beachtenswert. Eine davon steht und hält eine Kultaxt in die Höhe, die anderen knieen und hal-

ten längliche Gegenstände in den Händen, der zweite von links bläst in ein Horn, das mit den Goldhörnern von Gallehus (s. Dk/N: GALLEHUS) starke Ähnlichkeit aufweist.

Vitlycke VII

Neben ein paar recht einfach gezeichneten Schiffen und Tieren sieht man links einen Bogenschützen, dessen Pendant allerdings fast nur bei künstlicher Beleuchtung auszumachen ist.

Karten

1 Übersichtskarte
2 Südwest-Schweden
3 West-Schweden
4 Südost-Schweden
5 Mittel-Schweden
6 Nordost-Schweden
7 Nord-Schweden
8 Gotland
9 Öland

Kartensymbole:

■ Steinzeit ca. 2500–1500 v. Chr.
▲ Bronzezeit ca. 1500–500 v. Chr.
◆ Eisenzeit ca. 500 v. Chr.–500 n. Chr.
◡ Völkerwanderung ca. 300–800 n. Chr.
● Wikingerzeit ca. 700–1050 n. Chr.
✚ Spätwikingerzeit ca. 1000–1200 n. Chr.

◙ Funde aus mehreren Epochen
bzw. sich überschneidenden Epochen.

M Museum
○ Stadt (ohne Funde zur Orientierung).

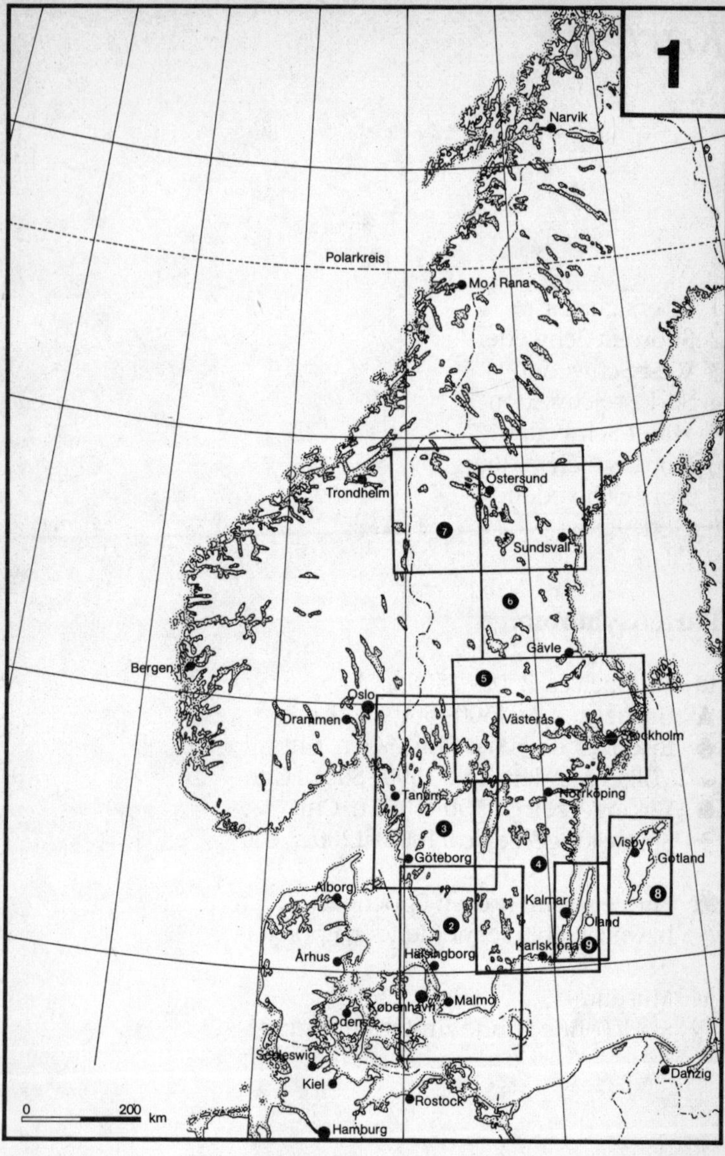
1
Narvik
Polarkreis
Mo i Rana
Trondheim
Östersund
7
Sundsvall
6
Gävle
Bergen
5
Oslo
Drammen
Västerås
Stockholm
Tanum
Norrköping
3
Visby
Göteborg
Gotland
4
Alborg
Kalmar
8
2
Öland
Århus
Hälsingborg
Karlskrona
9
København
Malmö
Odense
Schleswig
Kiel
Danzig
Rostock
0
200
km
Hamburg

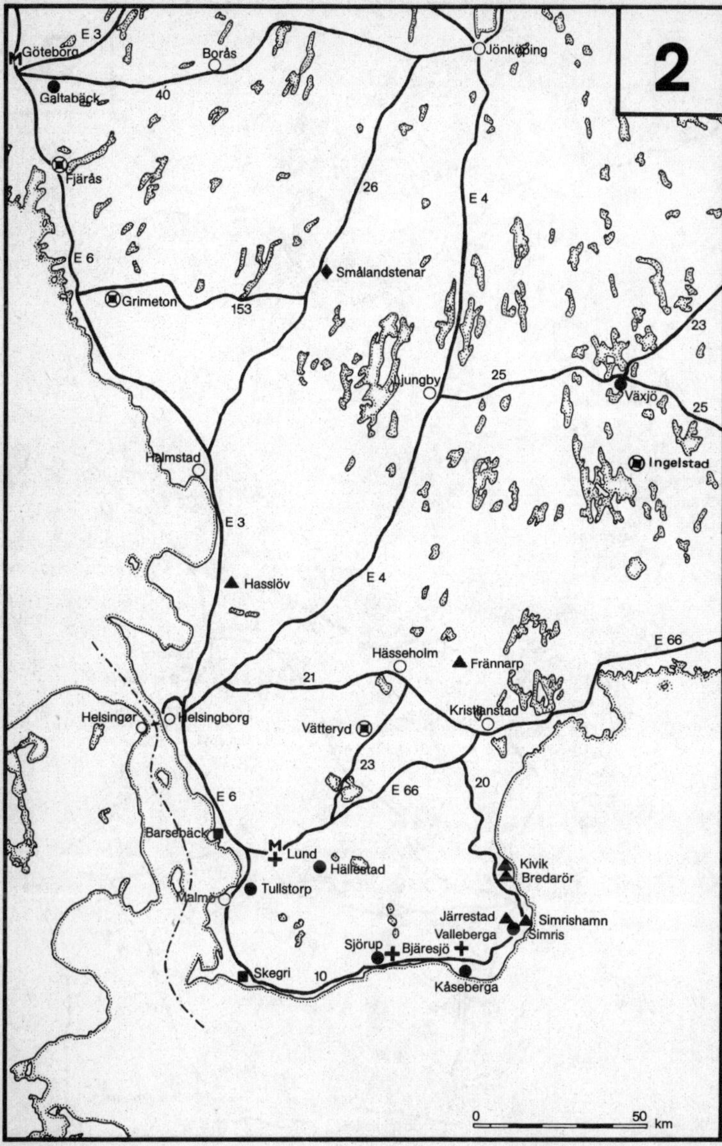
2
E 3
Göteborg
Borås
Jönköping
Galtabäck
40
Fjärås
26
E 4
E 6
Smålandstenar
Grimeton
153
23
Ljungby
25
Växjö
25
Halmstad
Ingelstad
E 3
Hasslöv
E 4
E 66
Hässeholm
Frännarp
21
Helsingør
Helsingborg
Kristianstad
Vätteryd
23
20
E 6
E 66
Barsebäck
Lund
Hällestad
Kivik
Bredarör
Tullstorp
Malmö
Järrestad
Simrishamn
Valleberga
Simris
Sjörup
Bjäresjö
Skegri
10
Kåseberga
0
50
km

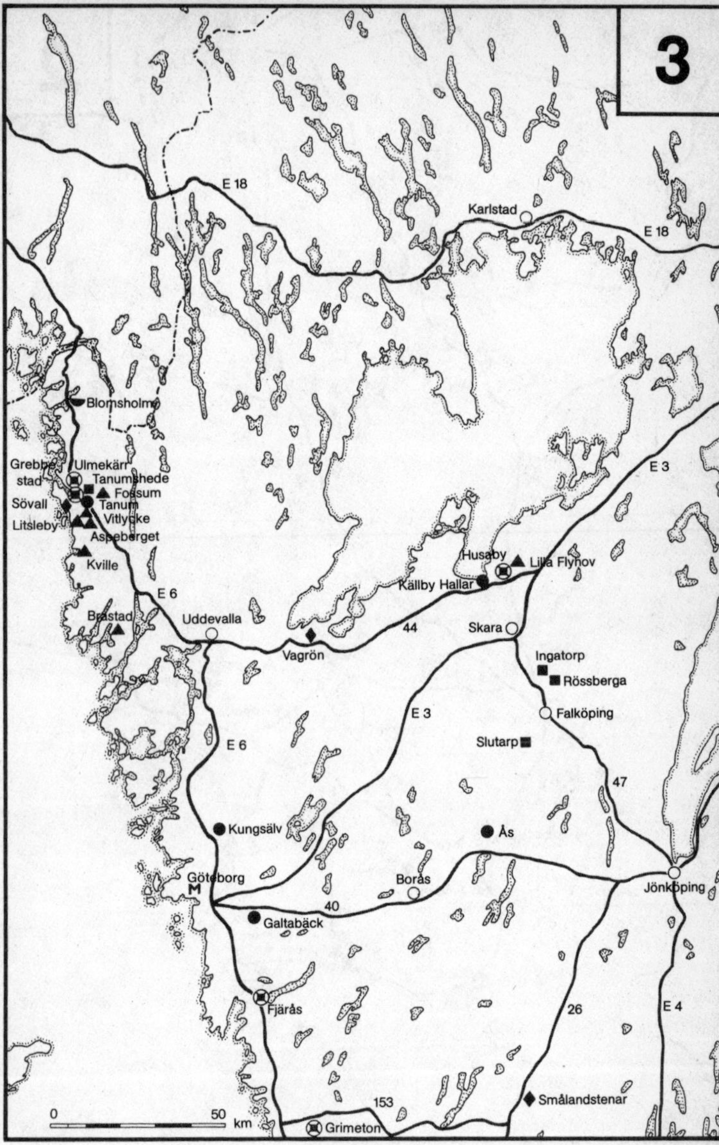
3
E 18
Karlstad
E 18
Blomsholm
Grebbestad
Ulmekärr
Tanumshede
Fossum
Sövall
Tanum
Litsleby
Vitlycke
Aspeberget
Kville
E 6
Brastad
Uddevalla
Vagrön
44
Husaby
Lilla Flyhov
Källby Hallar
Skara
E 3
Ingatorp
Rössberga
E 3
Falköping
Slutarp
E 6
47
Kungsälv
Ås
Göteborg
Borås
Jönköping
40
Galtabäck
Fjärås
26
E 4
Smålandstenar
153
0
50
km
Grimeton

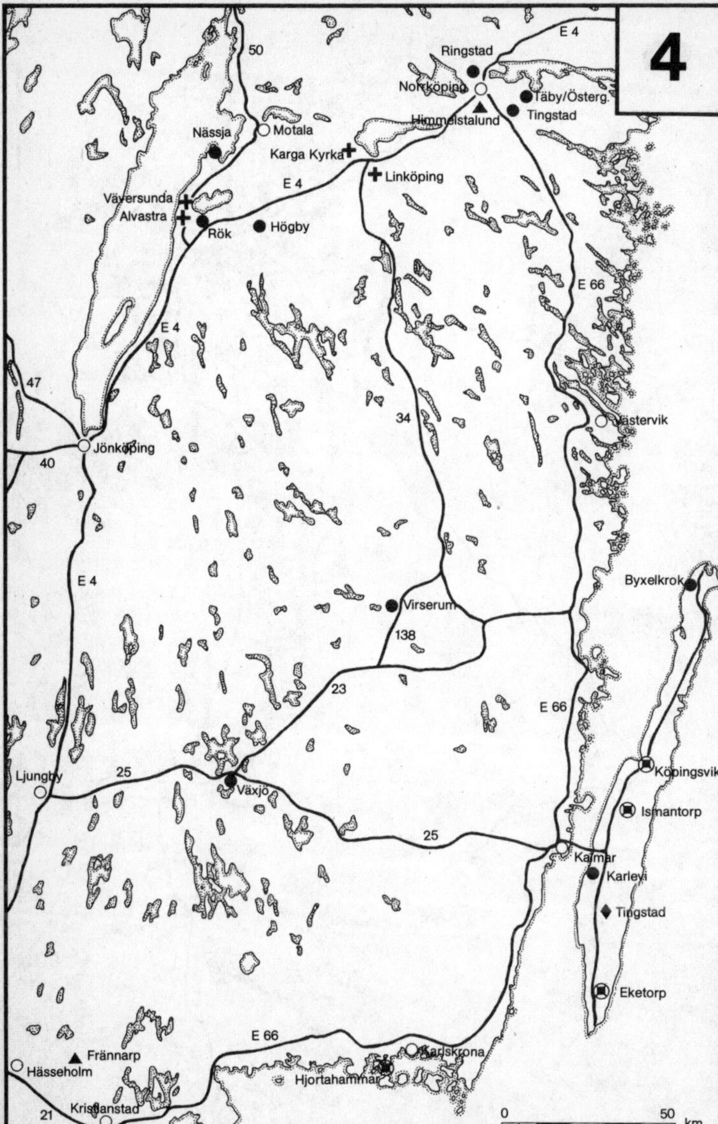
4
E 4
50
Ringstad
Norrköping
Täby/Österg.
Himmelstalund
Tingstad
Nässja
Motala
Karga Kyrka
Linköping
E 4
Väversunda
Alvastra
Rök
Högby
E 66
E 4
47
34
Västervik
Jönköping
40
E 4
Byxelkrok
Virserum
138
23
E 66
Ljungby
25
Växjö
Köpingsvik
Ismantorp
25
Kalmar
Karlevi
Tingstad
Eketorp
E 66
Frännarp
Karlskrona
Hässeholm
Hjortahammar
21
Kristianstad
0
50
km

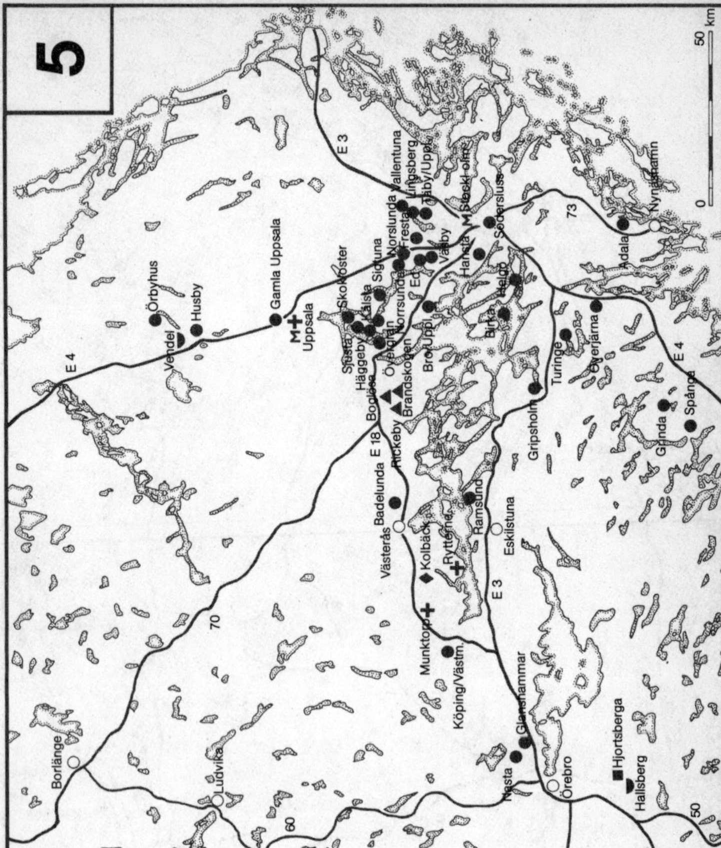
5
Örbyhus
Husby
Vendel
E 4
Gamla Uppsala
Uppsala
E 3
Vallentuna
Lingsberg
Täby/Uppl.
Norslunda
Fresta
Sigtuna
Skokloster
Kålsta
Sjusta
Häggeby
Övergran
Norrsunda
Ed
Väsby
Bro/Uppl.
Brandskogen
Hansta
Söderslussen
Birka
Helgö
Turinge
Överjärna
Adala
Nynäshamn
73
E 18
Rickeby
Badelunda
Västerås
Kolbäck
Ramsund
Eskilstuna
Gripsholm
Munktorp
Köping/Västm.
Glanshammar
Nästa
Örebro
Hjortsberga
Hallsberg
50
Grinda
Spånga
Karlstad
Borlänge
Ludvika
60
70
0
50 km

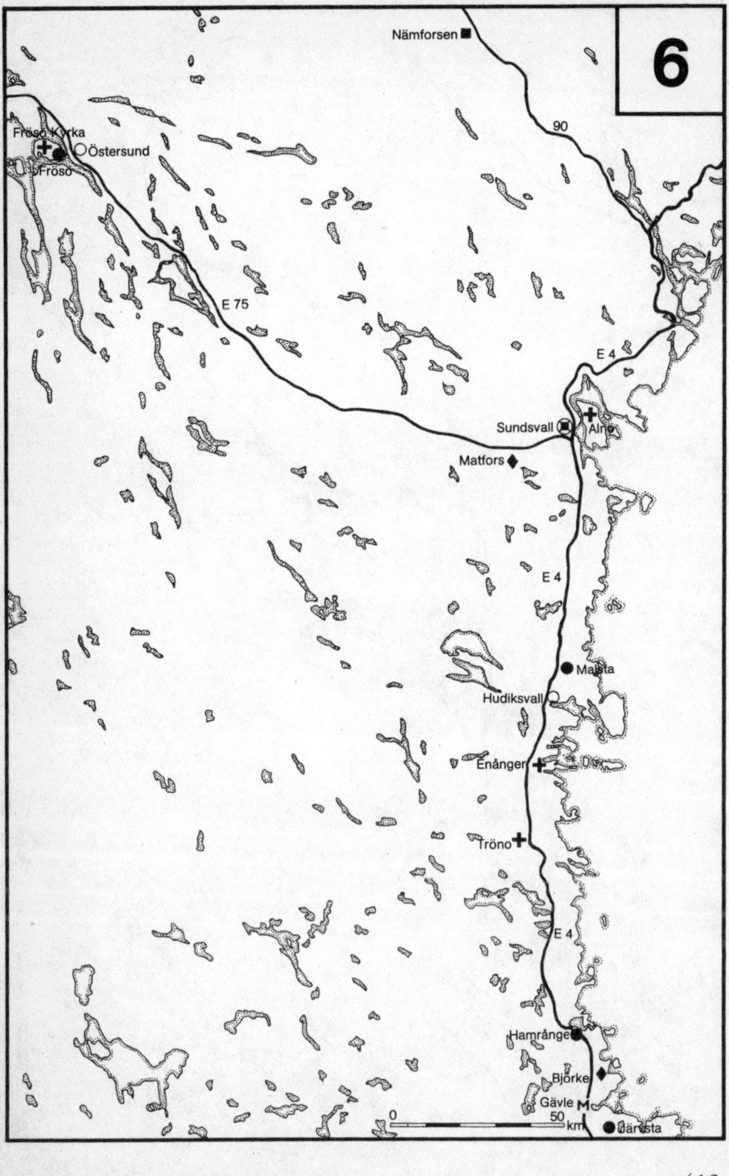
6
Nämforsen
90
Frösö Kyrka
Östersund
Frösö
E 75
E 4
Sundsvall
Alnö
Matfors
E 4
Malsta
Hudiksvall
Enånger
Tröno
E 4
Hamrånge
Björke
Gävle
0
50
km
Järvsta

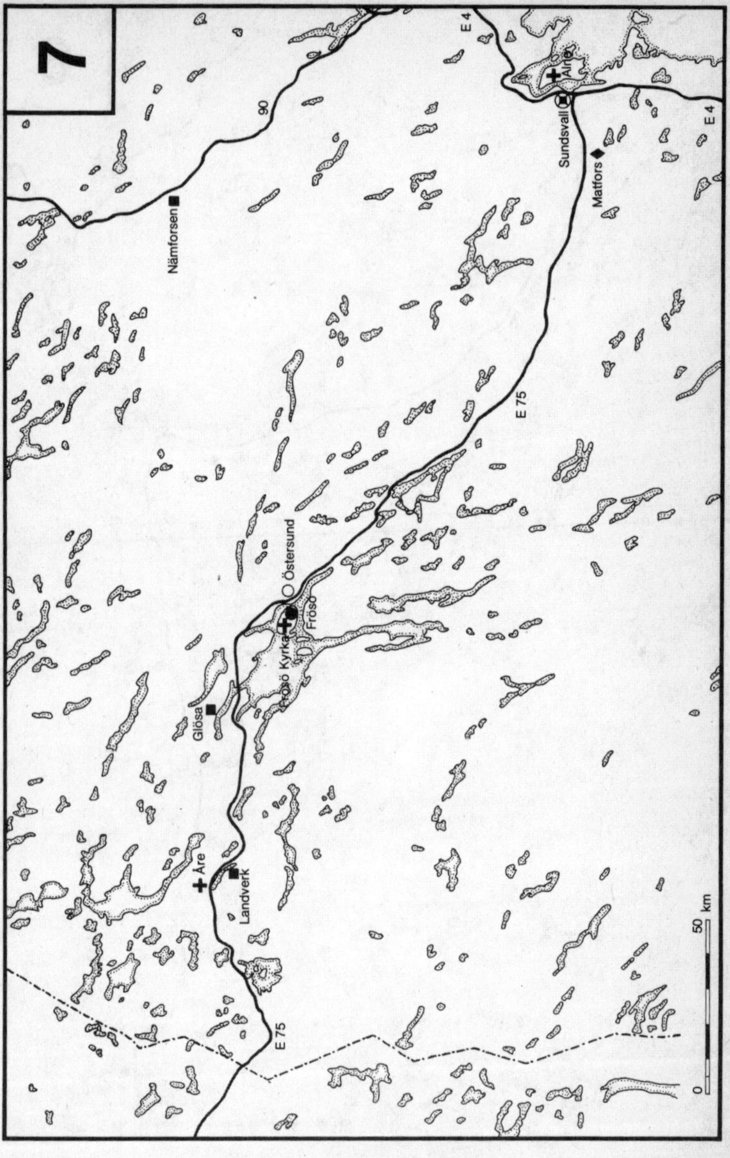
7
90
E 4
Alne
Sundsvall
Matfors
E 4
Nämforsen
E 75
Östersund
Frösö
Frösö Kyrka
Glösa
Åre
Landverk
E 75
0
50 km

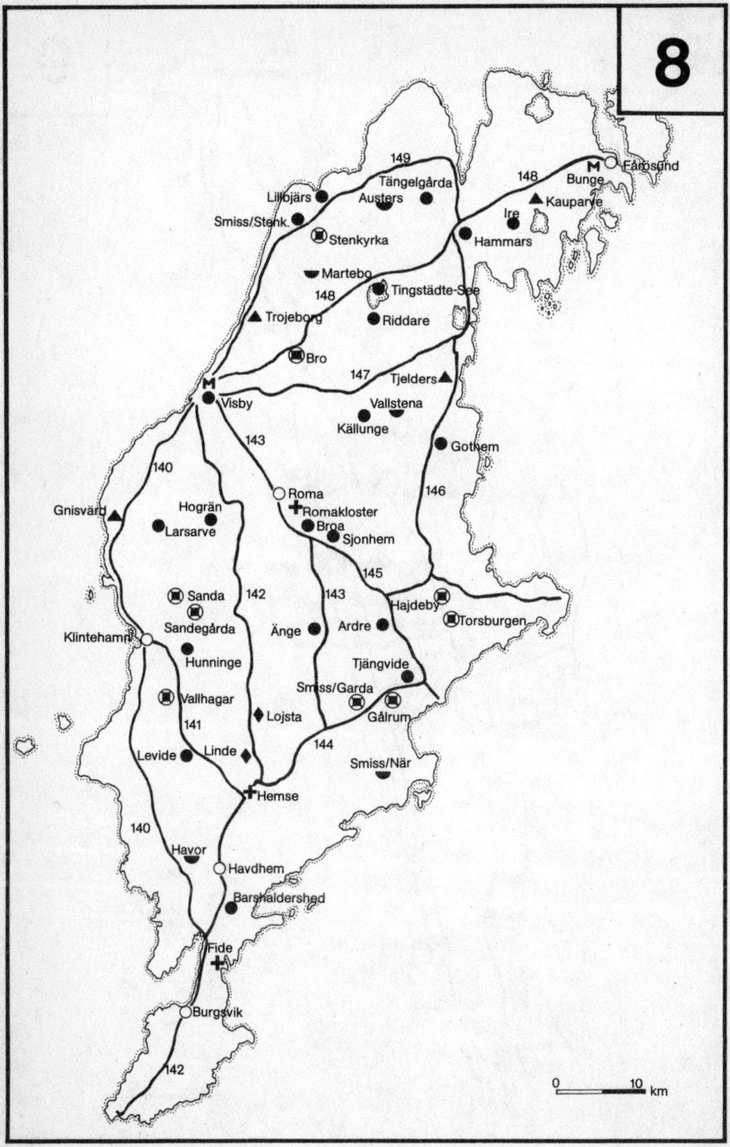
8
149
148
Fårösund
Bunge
Tängelgårda
Lillbjärs
Austers
Kauparve
Ire
Smiss/Stenk.
Stenkyrka
Hammars
Martebo
Tingstädte-See
148
Trojeborg
Riddare
Bro
147
Tjelders
Visby
Vallstena
Källunge
143
Gothem
140
Roma
146
Gnisvärd
Hogrän
Romakloster
Larsarve
Broa
Sjonhem
145
Sanda
142
143
Hajdeby
Sandegårda
Änge
Ardre
Torsburgen
Klintehamn
Hunninge
Tjängvide
Smiss/Garda
Vallhagar
Gålrum
Lojsta
141
144
Linde
Levide
Smiss/När
Hemse
140
Havor
Havdhem
Barshaldershed
Fide
Burgsvik
142
0
10
km

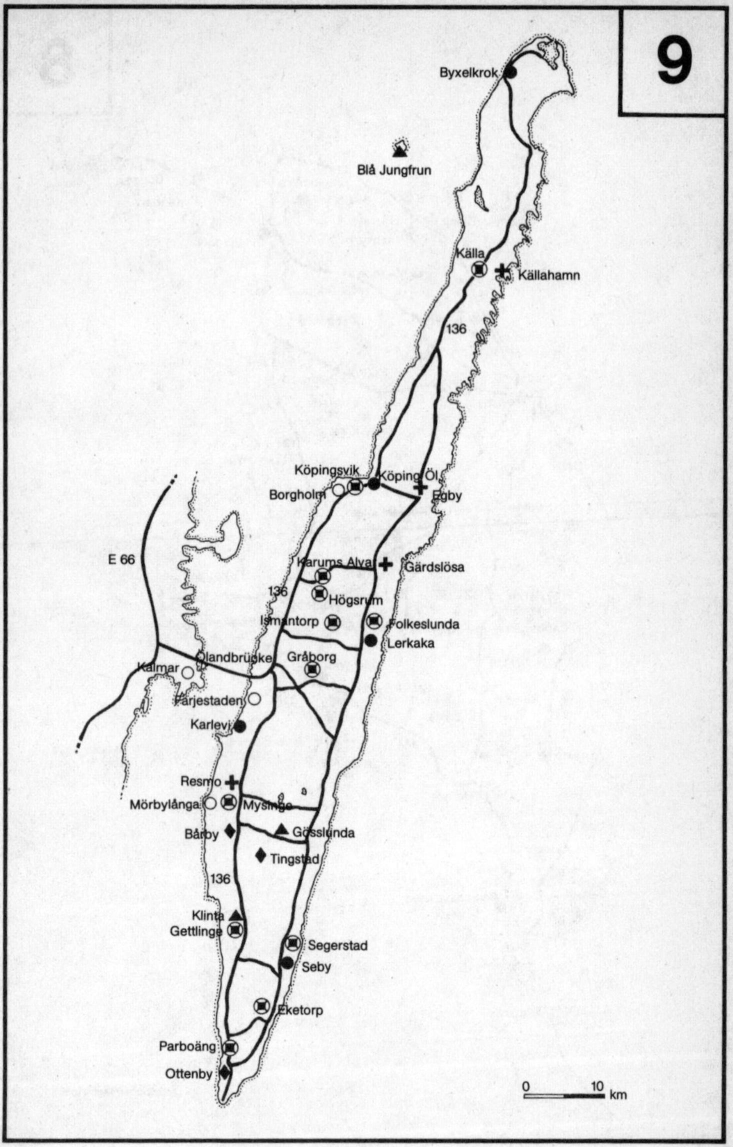
9
Byxelkrok
Blå Jungfrun
Källa
Källahamn
136
Köpingsvik
Köping Öl
Borgholm
Egby
E 66
Karums Alva
Gärdslösa
136
Högsrum
Ismantorp
Folkeslunda
Lerkaka
Ölandbrücke
Gråborg
Kalmar
Färjestaden
Karlevi
Resmo
Mörbylånga
Mysinge
Bårby
Gösslunda
Tingstad
136
Klinta
Gettlinge
Segerstad
Seby
Eketorp
Parboäng
Ottenby
0
10
km

Sachregister

Ortsregister

Namensregister

Sternregister

Bildquellennachweis

Eketorp, Museet 140, 141, 143
Gävle, Länsmuseet i Gävle 111, 189
Güdingen/Saar, Marie E. P. König 200
Polling, Elisabeth Gaudlitz-Holzschuher 27
Stockholm, Antikvarisk-Topografiska Arkivet 131, 209, 266, 300, 338
Stockholm, Statens Historiska Museet 68, 69, 108, 195, 296, 321, 322
Vendel, Museet 391, 393
Visby, Gotlands Fornsal 86, 313, 339
Vitlycke, Svanbergs Förlag 228, 358

Alle übrigen Fotos, Zeichnungen und Karten vom Verfasser.